映画の声を聴かせて

フランス・ヨーロッパ映画人インタビュー

魚住桜子

Entretiens avec des voix marquantes du cinéma français et européen

Sakurako Uozumi

（上）パリ６区、サン・ジェルマン・デ・プレの馴染みのカフェでのアンナ・カリーナ

（前頁）『勝手にしやがれ』撮影現場。左の新聞を読んでいる人物がピエール・リシアン、中央、後姿のジーン・セバーク、カメラを覗くラウル・クタール、その横に立つジャン＝リュック・ゴダール（ピエール・リシアン旧蔵、提供＝ソン・ヨンヒ）

（※以下、提供元の記載がない写真の撮影は魚住桜子）

パリ１４区、ダゲール通りの事務所兼住居でのアニエス・ヴァルダ

パリ６区、サン＝シュルピス広場でのマリー・リヴィエール

（上）ピアノの前のエリック・ロメールとフランソワーズ・エチュガライ（提供＝エチュガライ）
（左下）アマンダ・ラングレ　（右下）シャルロット・ヴェリ

『マックス、モン・アムール』撮影現場。中央が大島渚監督、カメラを覗いているのがラウル・クタール（提供＝クタール）

（上）ラウル・クタール監督『コルヴェッジに降りた外人部隊』撮影現場。左がジーン・セバーグ、右がクタール（提供＝クタール）
（下）*Pas si méchant que ça*（1974）撮影現場。左からジェラール・ド・パルデュー、レナート・ベルタ、監督のクロード・ゴレッタ（提供＝ベルタ）

（上）『満月の夜』撮影現場。左からレナート・ベルタ、エリック・ロメール、パスカル・オジエ
（下）撮影現場でのレナート・ベルタ（ともに提供＝ベルタ）

『ホーリー・モーターズ』撮影現場。中央、カロリーヌ・シャンプティエ、右がレオス・カラックス監督（提供＝シャンプティエ）

（上）『ショア』撮影現場。左からクロード・ランズマン監督、カロリーヌ・シャンプティエ、撮影監督のドミニク・シャプイ
（下）撮影現場でのシャンプティエ（ともに提供＝シャンプティエ）

パリ９区、モンマルトルの自宅でのジャン＝クロード・カリエール

『ローラ』スチル、アヌーク・エーメとアラン・スコット　©British Film Institute

（上）ジュリエット・ビノシュ　（下）オリヴィエ・アサイヤス

（上）ドニ・ラヴァン　（中央）ルイ・ガレル　（下）マチュー・アマルリック

（上）事務所でのマノエル・ド・オリヴェイラ監督
（下）左からベルトラン・タヴェルニエ、クリント・イーストウッド、ピエール・リシアン（提供＝リヨン、リュミエール映画祭）

パリ16区、ピエール・プルミエ・ド・セルビ通りの事務所でのエリック・ロメール

映画の声を聴かせて

フランス・ヨーロッパ映画人インタビュー

目次

II　ヌーヴェル・ヴァーグの波のひろがり

9　映画の兄妹

10　シネアストとその分身

III 映画の終わり…

凡例

・映画作品名は『』で括り、適宜（）内に製作年の下二桁を記した。
・日本未公開または邦題が定まっていない作品名は、適宜イタリック体で原題を併記した。
・内容の補足は、短いものは（）に括り本文中に示し、長いものは▼を付し脚注として説明を設けた。
・各インタビューの冒頭、脚注欄にインタビュイーのプロフィールを記した。

まえがき
なぜフランス映画に惹かれ、ヨーロッパの映画人にインタビューするようになったのか

毎週日曜日の夜は、「日曜洋画劇場」を楽しみにしていた。淀川長治さんの独特の語り口が大好きな、夢見がちでぼんやりとした少女時代を過ごした。そんな、不幸でもなく幸せでもない子ども時代、わたしには映画を見ること、好きになった映画を何回も繰り返し見ることが心の拠り所だったような気がする。

八〇年代の終わり、高校に入ってからは学校帰りに語学学校（関西日仏学館、現アンスティチュ・フランセ関西）でフランス語を習うようになった。怠慢で不精な私はすぐに挫折してしまったけれど、じきにフランス映画に魅せられていった。山田宏一さんの著書に出会ったのもその頃のことだ。

山田さんの幸福感あふれる筆致に魅せられ、いますぐ映画館に走りたいという衝動に駆られたことはもう、数えきれないくらいある。当時の東京ではミニシアターがブームに。それはまた同時にレンタルビデオの時代でもあって、私は自然なかたちでエリック・ロメールが好きになった。その頃フランス語教材として、駿河台出版社から『緑の光線』や『友だちの恋人』など、ロメール映画のシナリオが出版されていた。だから彼の描く映画の世界は遠いようでありながら、どこか身近に

も感じられたものだ。そしてフランス語で書かれたロメールの「ことば」は、私の人生におけるはじめての〝恋愛教科書〟でもあったのだ！

生きたフランス語に触れたい——その想いが募って一九九八年、二四歳の時にフランスに渡った。語学学校に籍を置きながら、連日のように映画館に通うようになる。名画座の特集で小津安二郎や成瀬巳喜男、増村保造を知って、エルンスト・ルビッチに熱狂した。そして二〇〇〇年、帰国した私は東京で少しずつ、映画や暮らしにまつわる文章を書くようになった。

二〇〇三年、初めてカンヌ映画祭に参加する。この世界的な映画の祝祭空間で、人々は朝から夜更けまで何本もの映画を見て、思い思いのことばを交わし合う。〝三度の飯より映画が好き〟な人間たちで、その場所は溢れかえっていた。むせ返るような熱気……この強烈な体験からはじまって、以降カンヌ映画祭には一五年間、通い続けることになる。

二〇〇四年、カンヌで出逢ったフランス人ジャーナリストと結婚。パリに移住する。それを機に私にとって映画は、より一層身近なものになった。

フランスでは友人・知人同士がお互いを自宅に招き合って、食事とおしゃべりを楽しむ。それは交流を深め広げていくための潤滑油で、そのようにして彼らは関係を築いていく。だから面識のなかった広報担当や批評家、ジャーナリストといった夫の仕事仲間とそのパートナーを、わが家に招き入れるようになった。私のフランス語力では正直、彼らの丁々発止のやり取りにはとてもついていけなかったけれど……その場所では年齢や性別、国籍の違いなど関係ない。

でも映画のことだったら、話したいことはいくらでもあった。彼らはハリウッド映画も日本のアニメも、同じ目線で真剣に議論を戦わせる。たとえば『となりのトトロ』は決して、子どもたちの専売特許じゃないのだ！

フランスで専業主婦は、失業者よりも肩身が狭い。〝従属する女性〟に強いアレルギー反応を示す。それは女性が社会進出するために戦ってきた歴史があるからなのだが……

渡仏直後は、「自分の世界を作らなきゃ」とは思っていたものの、日仏間の習慣や常識の違いに慣れていくのに精一杯。そんな私を見て、周囲にいた人は編集者を紹介してくれたり、ずいぶんと世話を焼いてくれた。時にはレストランガイドの覆面調査員や出張料理人の仕事を紹介してくれたりもして、無鉄砲な私はなんにでも挑戦してみた。

それと並行して、夫のインタビューにアシスタントとして参加するようになる。時には挑発しながら、相手の言葉を引き出す。日本人の感覚からすれば攻撃的にも見えるそんな〝フランス流取材術〟は、私には真似できないなと思っていた。

そんな私もやがて、単独でのインタビューを敢行するようになる――

取材前日まで、私は相手のかかわった映画をできる限り見て、その世界にどっぷり浸る。そしてインタビューの現場では、全神経を耳に集中させる。センサーを二〇〇パーセント稼働させて、相手の話のリズムに呼応するようにするためだ。

フランスの映画人たちは、ずいぶんとくつろいで取材を受けているにように見えた。映画についての魅力を情熱的に、たっぷり時間をかけて語ってくれる。曖昧な答えでお茶を濁すことなどない。「イエス」「ノー」とはっきり意思表示する。取材する私とされる側、そのあいだに上下関係なんてない。〝個人としての私〟に対して、率直なことばを返してくれる。――そんな人と人との向き合い方自体に、まずカルチャー・ショックを受けた。

私はインタビューの場面でかならず、相手と同じ飲み物を注文することにしている。それは「相手の心の氷を溶かす」ためのおまじないみたいなものだ。

アンナ・カリーナとはロゼワインを飲んで、ホロ酔い加減になった。マチュー・アマルリックとは真冬のカフェテラスで、コニャックを酌み交わした。ジャン・グリュオーは彼の自宅で、とっておきだというニッカウイスキー「余市」を振る舞ってくれた。

マリー・リヴィエールやアマンダ・ラングレといったロメリエンヌ（ロメール女優）たちとの〝おしゃべり〟のお供は、いつも決まって紅茶。甘党のバーベット・シュローダーとは、ラズベリーとピスタチオのマカロンのケーキを食べながら——そういえば俳優として出演した『モンソーのパン屋の女の子』で、彼はサブレを何枚も食べていたっけ！

それは私にとって、映画体験そのものだった。いくつもの声に触れながら私は、映画の声を聴いているように感じていたのだ。

時にはインタビューの席で「誰々からの話も聞いたほうがいい。紹介しましょう」と先方に確認をとることもなく、連絡先を教えてくれることもあった。そんな風にピエール・リシアンやアンドレ・S・ラバルトからは、何度も救いの手を差し伸べられた。

どうしても会いたい映画人がいるからという理由で、ヴァカンスの行き先を決めたこともある。

二〇〇九年、私はポルトガル北部ポルトに暮らすマノエル・ド・オリヴェイラの自宅を訪ねた。当時三歳だった私の娘のシッター役を買って出てくれたのは、オリヴェイラ夫人のマリア・イザベル。念願だったインタビューの間、彼女は私の娘と一緒に『マダガスカル』のＤＶＤを見ていたという！

二〇一二年には南仏バイヨンヌ、隠居したラウル・クタールのもとへ。昼食を挟んで六時間もの間、話しを聞くことができた。ラウル・クタールは土地で一番と評判の菓子店まで車を飛ばし、宝石のように美しいケーキを何種類も用意してくれた。

そしてずっと会いたいと願っていたのは、私をフランスにまで導いてくれた、エリック・ロメール。若かりし頃のロメールはメディアに一切顔を見せないと言われていて、インタビュー実現の難易度は、とびきり高かった。

二〇〇五年、『三重スパイ』の公開の時は、あえなく取材拒否。でも二〇〇七年、『我が至上の愛　アストレとセラドン』のときには幸運にも、取材に応じてくれたのだ！

シャンゼリゼ通りに程近いピエール・プルミエ・ド・セルビ通り、二二番地。建物のインターフォンにはロメール、ゴダール、バーベット・シュローダー／ビュル・オジエの名前が連なっている。なんという映画的物件！　私の心は踊った。

実際に会ったロメールは思っていた以上に大柄で痩身、そして猫背気味。骨や関節に問題を抱えているのか、体が動かしづらそうに見えた。ところがいったん口火を切ると猛烈なスピードで映画から文学、音楽、哲学まで話題は広がり、本棚から次々と本を取り出しての解説がつづく。まさしく、ロメール映画に登場する人物たちそのものの姿！

彼の新作を見ることはもう、叶わない。しかし溌剌とした息吹溢れる映画の中に、いまでも軽々、生き続けているように感じるのだ。

そしてロメールへの会見を機に、ますます私は映画人へのインタビューにのめり込んでいくことになる――。

そのようにして二〇〇七年から二〇二〇年、敬愛する映画人から話を聞いてきた。インタビューの時間は、二度と戻ってくることはない。準備不足や緊張感からうまくいかなかったこともある。でも、だからこそ、心が通い合ったように感じられたインタビューができた時の歓びは、何ものにも代えがたい。

さて、私に語りかけてくれたたくさんの〝声たち〟が、一冊の本というかたちになった。これ以上の映画体験など、望みようがない。

魚住桜子

I　ヌーヴェル・ヴァーグをたずねて

A LA RECHERCHE DE LA NOUVELLE VAGUE

1 アンナ・カリーナ、ゴダールを語る

アンナ・カリーナ　*Anna Karina*

恋と映画の時代

『勝手にしやがれ』（59）で鮮烈にデビューしたジャン＝リュック・ゴダールは、つづく『小さな兵隊』（60）のヒロインにモデルをしていたデンマーク娘を選んだ。――ゴダールに見出され女優となったアンナ・カリーナは、以降『女は女である』（61）、『女と男のいる舗道』（62）、『はなればなれに』（64）、『アルファヴィル』（65）、『気狂いピエロ』（65）、『メイド・イン・USA』（66）、の六本の長編、そしてオムニバス映画『愛すべき女《め》・女《め》たち』のなかのひとつ、愛の終わりが色濃い中編『未来展望』（67）を一緒に作った。ゴダールの六〇年代、いわゆるアンナ・カリーナ時代のミューズはやがて、自らメガホンを取ることにもなる。

二〇一八年二月、フランスではアンナ・カリーナの初監督作『ともに生きる』*Vivre ensemble*（73）

がリバイバル上映されていた。それに先駆け私は、彼女にインタビューする幸福な機会に恵まれたのだ。

サン・ジェルマン・デ・プレの目抜き通りにあるブラッスリーに姿を見せたアンナ・カリーナは、大スターとは思えないほどの人懐っこさで、天真爛漫な笑顔をみせてくれた。ゴダールと共に六〇年代を駆け抜けた「イコン」の輝きは、いまだ健在だった。

ゴダール - カリーナ時代

――今年二月、一九七三年にあなたが初めて監督された『ともに生きる』*Vivre ensemble* が、リバイバル上映されました。その監督作についてうかがう前に、あなたが映画界に入られたきっかけからお聞かせください。

アンナ・カリーナ（以下、ＡＫ）　私はデンマークの首都・コペンハーゲンで、生まれ育ちました。私はうんと若い頃から、エレベーター係やキャバレーの歌手として働いていました。なぜって私を産んだ時の母は、あまりに若すぎたからです。だから子育てに専念できず、私は祖父母のもとに預けられて育ちました。

ところが四四年の三月、私が四歳半の時に、祖母がスペイン熱で亡くなってしまったんです。その後に預けられた里親とは折り合いが悪く、私は一七歳の冬に、故郷を飛び出したんです。

小さなカバンを一つ抱えて、私はパリにあるデンマークの教会にたどり着いた。身寄りもなく、もちろんお金もなかった私は、牧師さんの紹介で、小さな女中部屋に住むようになったんです。そ

アンナ・カリーナ
Anna Karina
一九四〇〜二〇一九。女優。デンマーク、コペンハーゲン生まれ。一七歳で渡仏し、パリでモデルの活動をするかたわらゴダールの『小さな兵隊』（60）の主役に抜擢。以後『女と男のいる舗道』（62）、『はなればなれに』（64）、『気狂いピエロ』（65）、『アルファヴィル』（65）、『メイド・イン・ＵＳＡ』（66）といった六〇年代のゴダール作品に続けて出演し、ヌーヴェル・ヴァーグのミューズとして輝きを放った。私生活では一九六一年、

こで、自分で描いたデッサンを売ったりモデルをしたり……といったような、その日暮らしの生活を始めたのです。

そんなある日、幸運にもサン・ジェルマン・デ・プレのカフェ「ドゥ・マゴ」で撮られた私の写真が女性週刊誌「エル」の表紙を飾ることになった。それで「エル」の編集部を訪れると、とびきりエレガントな女性の姿が目に飛びこんできました。「あなたの名前は?」そう訊かれた私は、「ハンヌ・カレン・ブレーク・ベイヤーです」と答えました。すると彼女は「それはよくないわ。今日からはあなたは、アンナ・カリーナと名乗りなさい」。それが私とココ・シャネルとの出会いだったのです。

——あなたの名づけ親は、あのココ・シャネルだったのですか!

ところであなたがファッション界へと進んだ背景には、洋装店を営んでいた母親の影響もあるのでしょうか? あなたのお母さんはデンマークの巨匠、カール・テオドール・ドライヤーの遺作『ゲアトルーズ』(64)で衣装を担当していますね。お母さんとドライヤーは、コペンハーゲンで知り合ったのでしょうか。

AK いいえ。母とドライヤーを引き合わせたのは私です。彼の息子のエリック・ドライヤーは政治記者として、デンマークの新聞社「Politiken」のパリ特派員をしていたんです。私がモデルだった頃、そのエリック・ドライヤーと知り合った。彼はパリから故国へと発信するテーマを探していました。そこで私を題材にして、「パリのデンマーク娘」という記事を書いたのです。そんな経緯があって、私は彼の父である偉大な映画監督カール・テオドール・ドライヤーと出会った。その縁で私はドライヤー監督に、母のブティックを紹介したのです。彼はその店をとても気に入ってくれて、『ゲアトルーズ』の衣装を母に任せることに決めた。主演女優のニーナ・ペン・ロードの衣装

ゴダールと結婚し、六四年に離婚。七〇年代以降も女優、監督、歌手としてマルチに活動した。

は、すべて母の手によるものなのですよ！

――あなたはモデルから映画界に転進されて、六〇年にゴダールの長編第二作『小さな兵隊』のヒロインに抜擢されました。そして翌六一年、ゴダールと結婚する。あの時は大変な騒ぎだったそうですね。曰く、「フィルム・フランセ」という業界紙にゴダールが「『小さな兵隊』の主演女優兼恋人を募集中」という広告を出した。それに応募してきたあなたに出会った――そんなスキャンダラスな記事が出ました。

AK　当時の私はまだフランス語がよく分からなかったので、そういった類の記事には目を通していませんでした。でも後からそのことを聞いて、本当に驚いたものです。当時の酷いゴシップ記事を読んだ時には絶望的な気持ちになって、一晩中泣き明かしたものです。だって私はその広告に応募したどころか、そんな広告さえ読んだことがなかったのですから！「恋人募集中」なんて……とんでもない！

　ジャン＝リュックから呼び出されたのは、『小さな兵隊』が初めてではありません。彼の長編デビュー作『勝手にしやがれ』の時にも、出演依頼があったんです。でもそれはジーン・セバーグの演じたヒロインのパトリシアではなく、ほんの小さな役でした。でも、サン・ジェルマン・デ・プレのアパートで上着を脱ぐ必要があると聞いて、即座にお断りしたんです。私はその頃、石鹸のCMやコーラの広告写真のモデルをしていたから、簡単に脱ぐとでも思ったんでしょう。でも私は祖父母から厳しく育てられたし、まだ未成年でもあった。映画で裸になるなんて、想像すらできませんでした。

――そんな経緯があって、どうして『小さな兵隊』へ出演することになったのでしょう？

AK　ジャン＝リュックに対しては悪い印象しか持っていなかったから、もう二度と会うことはないと思っていた。でも同じサン・ジェルマン・デ・プレ界隈に住んでいた俳優友だちのクロード・ブラッスールから、絶対に『小さな兵隊』へ出演すべきだと強く勧められたんです。「ジャン＝リュック・ゴダールは天才だから！」と。

――クロード・ブラッスールとあなたは、後に『はなればなれに』(64)で共演なさっていますね。

AK それでも最初は依頼を断ったんですよ。そうしたら、ジャン＝リュックが私のアパートに、抱えきれないくらいの大きなバラの花束を持ってやってきたんです。そして「どうか私を許してほしい」と涙ながらに訴えかけられた。だから私はつい情にほだされて、『小さな兵隊』に出演することになってしまったのです。

――まるで映画のようなエピソードですね。あなたは『小さな兵隊』が公開されて、映画界に華々しくデビューするはずでした。しかしアルジェリア戦争を批判的に描いているという理由で、この映画は三年近くもの間、公開禁止になってしまった。あなたはこの映画が政治的な題材を扱っていることを、知っていましたか？

AK まさか……だってジャン＝リュックはいつも撮影直前に、走り書きのようなダイアローグを渡してきたのですから！　役者には撮影当日のまさに朝、そのダイアローグが届けられる――彼の映画はすべてこのやり方。一貫していましたね。私はジャン＝リュックのこのやり方に慣れていましたし、だからその流れにすんなりと入っていくことができた。でもそれなりの覚悟が求められていたのは確かです。

――その『小さな兵隊』からゴダール自身が「アンナ・カリーナ時代」と呼ぶ、六〇年代の伝説的な「ゴダール・カリーナ映画」が連作されていくわけですね。

AK ローザンヌでのエピソードをお聞かせしましょう。『小さな兵隊』の撮影前、ジャン＝リュックの友人に招かれて、あるレストランに行った時のことです。ジャン＝リュックとは撮影が決まってから三ヵ月近く一緒にいたけれど、恋愛に発展するような付き合いにはなっていませんでした。だってその時私には、別の恋人がいたのですから。

私とジャン＝リュックとそのレストランで、向かい合わせで座っていた。その時初めて私たちは見つめ合いました。すると彼はテーブルの下からそっとメモを渡してきて、それからスッと立ち上がって店から出ていってしまったのです。恋人が隣に座っているわけですから、私はそれはもう、気が気ではなかったです。

ジャン＝リュックからのメモには、こう記されていました。「愛している。深夜〇時にジュネーブのカフェ・ド・ラ・ペで」まったく、シンデレラじゃあるまいし！

ところが他のみんなと宿泊先に戻った後、私ははげしい眩暈《めまい》に襲われたんです。ジャン＝リュックには三ヵ月間ずっと、女優として見られてはいた。でも触れられたことなどは、一度だってありませんでした。でもその時に私は、まるで磁石に引き寄せられるように彼に惹かれている自分に気付いたのです。

カフェ・ド・ラ・ペへ向かう。私にはそれ以外の選択肢はなかった。そして深夜〇時、私はその場所に向かって、大きく広げた新聞を読んでいるジャン＝リュックの前に立っていたんです！　それなのに彼はビクともしない。あの時の数分……それはまるで一時間のようにも感じられたわ！　ようやくジャン＝リュックはゆっくりと顔を上げ、こう言ったのです。

「さあ、行きましょう」

そして翌朝、私が目を覚ますと、隣にジャン＝リュックの姿が見当たらないのです。午前一一時頃になって、彼は大きなカバンを抱えて戻ってきたんです。そのカバンにはバラと、真っ白なドレスが入っていました。

――ロマンチックな話ですね。

AK 私はその衣装を『小さな兵隊』で着ました。モノクロで撮影されたから、観客にははっきり分からないかもしれない。でもこれは私にとって恋と映画、どちらの意味でも想い出深いドレスなのです。

『小さな兵隊』の撮影が終わり、われわれはパリに戻って来ました。「あなたをどこに送り届ければいい？」そうジャン＝リュックから訊かれたのです。小さなスーツケース以外、私はもう何も持っていなかった。恋人も、住む場所さえも……。「私をどこかへ連れて行ってくれないかしら？だって、あなたが私の世界の中心になったのですから」と答えました。ジャン＝リュックには呆れ顔をされましたが（笑）、そうやって彼とのホテル暮らしが始まったのです。その頃のジャン＝リュックはずっと、ホテル住まいでしたから。

結婚してからも彼は、三ヵ月ぐらい家を空けることはしょっちゅうでした。煙草を買いに行くと言ってふらっと消えてしまう。それが日常で、まだ二〇歳そこらの子娘だった私にとって、それは耐え難いものだったわ。

でも、いつもプレゼントを抱えて戻って来て、「さあ、どこに行っていたか当ててごらん？」って私に訊ねるんです。何しろジャン＝リュックには世界中に、映画の友人がいましたから。スウェーデンではベルイマンに、イタリアではロッセリーニに会って……といったようにね。

――ゴダールは、とても行動力のある人だったのですね。

AK 彼ほどエネルギッシュな映画人を、私はこれまで見たことがありません。ジャン＝リュックは逆立ちで歩くだけじゃなく、そのまま階段を降りることだってできるんですから！　足も速いし、スキーも水泳も大した玄人だし。まるでプロのスポーツ選手のようでした。ジャン＝リュックは、普段はぼさっとした身なりをしているから気づかないかも知れません。でもアスリートのような見事な体格をしていたのです。

夢はミュージカル・コメディに出演すること！

――あなたとゴダールは、六四年一二月に離婚しています。「アンナ・カリーナ時代」以降のあなたは、どのように過ごされていたのでしょうか。たくさんの映画に出演されていたとは思うのですが、残念ながら日本では公開されていない作品も多いのです。

AK　私はものすごく働いていたわよ！　撮影でしょっちゅう家を空けていて、やっと帰宅したら、仲間が勝手に住んでいるなんてことも、よくありました。「少なくとも、私のベッドで寝ることだけは禁止よ！」そこだけはきつく、釘を刺しましたけど（笑）。

ヌーヴェル・ヴァーグの時代以降も、私はコンスタントに映画に出演していました。中にはヴィスコンティの『異邦人』（67）、ジョージ・キューカーの『アレクサンドリア物語』（69）、ファスビンダーの『シナのルーレット』（76）といった巨匠たちとの仕事もあった。

でも、なんといっても思い出深いのは、セルジュ・ゲンズブールと共演したTV映画『アンナ』（67、ピエール・コラルニック監督）ですね。だってミュージカル・コメディに出演するのは、小さい頃からの夢だったんですもの！　私はそもそも歌手ではないし、当時はフランソワーズ・アルディやシルヴィー・ヴァルタンの絶頂期。だからどうして私にオファーが来たのか、まったく分からなかった。それまでも私は劇中で歌ったことはあったけれど、それほど重要な場面ではなかったのです。

──『女は女である』(61)はミュージカル調の楽しい作品でしたし、あなたが歌って踊るシーンを見ていて、私の方も心踊りました。

AK 『女は女である』は大好きな映画です。『気狂いピエロ』(65)でも、私は二曲歌っていますよ。でも『アンナ』では、私のためにゲンズブールが、全曲書き下ろしてくれたんです! *Sous le soleil exactement*〈太陽の真下で〉という曲をご存知ですか? 〈太陽のすぐ下その近くでも どこかでもなく まさに太陽の真下で〉とリフレインされる。ゲンズブールはエレガントでユーモアがあって、無垢な心を持ってもいた。私は特に、彼のユーモアが大好きでした。収録の合間に彼と私はブラッスリーで、一緒に赤ワインを飲みながらチーズを食べたりしていました。そして逆さ言葉でふざけ合っては、笑い転げたりしていたわ。まるで子ども同士みたいに。本当は私の監督デビュー作『ともに生きる』の音楽は、彼にお願いしたかった。でもジェーン・バーキンとのアルバム「メロディ・ネルソンの物語」のロンドン収録と重なってしまい、その願いは叶わなかったの。

映画監督アンナ・カリーナ

──『ともに生きる』についてお聞かせください。あなたはゴダールのミューズとして有名ですが、監督作があることはあまり知られていません。今でこそフランスでは女優がメガホンを取ることは、ある種のステイタスになっています。でも当時はかなり画期的なことだったのではないでしょうか。

AK もちろんアニエス・ヴァルダのような女性監督は既にいたけれど、映画を撮る女優はいませんでした。フランスで映画を撮った最初の女優は、たぶん私だと思います。当時の映画界は完全な男社会でしたから、「女優に映画が撮れるものか」と一笑に付された。それでも私は自分でシナリオを書き、プロデュースまでしたのです。配給会社を探すためにも奔走もしました。それでも、あの作品を撮ってよかったと思っています。どんな女優も、長編とまでは言わなくても短編映画を一度は撮ってみるべきだと思います。そうすれば監督という仕事の難しさを知ることができますし、映画がどのように作られていくのか、その過程が理解できる。それだけでも映画を監督したことは私にとって、意義のある経験になりました。そして幸運なことに『ともに生きる』は劇場公開の前に、カンヌ映画祭の批評家週間に選ばれもしたのです。

――批評家や観客の反応はいかがでしたか？

AK　カンヌの批評家週間にフランス代表として選ばれただけでも光栄なことです。それに批評家からの評判も悪くはなかった。すべての人から評価されたわけではないけれど、批評家に抹殺された映画でもなかったんです。でも当然、優れた監督がいい役者になれるとは限らないように、役者がみんないい映画を撮れるとは言えませんよね。

私は準備万端整えて、あの映画に臨みました。前に一年間NYに住んでいたことがあったので、舞台はパリとNYを選んだ。あの頃私には、NYに多くの仲間たちがいたのです。それに今でもそうだと思うけど、あの当時の若者たちにとってNYで撮影することは、憧れだったのです。

――NYに住んでいたことがあるとは、知りませんでした。

AK　NYにはロケでも訪れていますよ。NYでのはじめての撮影は、TVシリーズの『アイ・スパイ（I SPY）』（65〜68）。ロバート・カルプとビル・コスビーとの共演で、私は英語でしゃべるロシアのスパイを演じたのです。アメリカ入国の際に「何をしに来たのですか？」と訊かれた私は「アイ・スパイ！」と答えた。そうしたら、入国審査官の目が点になっちゃった（笑）。アメリカへの入国許可の書類はすべて揃えて来ていましたから、すんなり入国はできたけれど。
『ともに生きる』のNYでの撮影ではスーパー16のフィルムを使ったのですが、すべての場所で撮影許可が下りたわけじゃなかった。だからほぼ隠し撮り（笑）。撮影監督のクロード・アゴスティーニはセントラルパークの木陰に隠れ、誰にも見つからないよう撮影しなければならなかった。警察の目を警戒しなければならないし、それに通行人がカメラを直視されたらNGになってしまう。

――無許可撮影というと『はなればなれに』で主役の三人、あなたとクロード・ブラッスール、サミー・フレーがルーヴル美術館を駆け抜けるシーンを思い出します。

AK　警備員の目を盗んで、撮影時間はわずか三分。リハーサルなしのぶっつけ本番でした。ジャン＝リュックと作った映画の中でも、最も思い出深いシーンだわ。

――『ともに生きる』のあらすじをたどると、七〇年代前半のフランスの社会状況をとてもよく反映している気がします。まじめな大学教師のアランが、ある日サン・ジェルマン・デ・プレのカフェでボヘミアンの女性・ジュリーと出会い、恋に落ちる。彼女と生活を共にするにつれて、アランは頻繁に授業を休講するようになって、ついには大学に行かなくなってしまう。

ジュリーはアランをNYに連れて行きますが、そこでヒッピーの享楽的な生活に耽るようになった彼は、すっかり人が変わってしまうんですね。パリに戻った後もアルコールとドラッグ浸りの毎日で、妊娠したことが分かって生活を一変させたジュリーとは対照的な状態になっていく……。

フランスは六〇年代から七〇年代、パリ大学の学生運動に端を発した五月革命を経て、社会道徳が大きな変化を遂げた――なぜあなたはこのような時代背景をモチーフにした映画を撮りたいと思ったのでしょうか？

AK　この映画で私が描きたかったのは、当時を象徴するような物語、あの時代のサン・ジェルマン・デ・プレでよく見られたような光景なのです。

——当時、カフェで出会った男女が恋に落ちるというようなことは、頻繁にあることだったのでしょうか？　確かにサン・ジェルマン・デ・プレは恋の始まりにぴったりな、絵になる場所ではありますが……。

AK　大学教師でまじめなアランは、堅実な生活があるのに、彼とは対照的な生活を送っていたジュリーに惹かれ、ヒッピー文化に溺れていってしまう。逆に彼女は妊娠をきっかけに、まっとうな人生を歩もうとする。もちろん私はジュリーのような人生は送っていないし、私と彼女はまったく別のキャラクターです。でも当時、私の周りにはこのような人たちがたくさんいた。その日暮らしをする人は街に溢れかえっていました。そしてその大半が、男性だったのです。

——どうして男性の方が多かったのでしょう？

AK　分からないわ。いい質問だけど答えられない。特に男性の意志が弱かったとは思えないし……。私はドラッグなんて一度もしたことがないけれど、当時は非法なのに堂々と流通していました。劇中、ジュリーは子供ができたことで、少しずつ現実に向き合うようになっていく。無意識かも知れませんが、この先に何が待ち受けているか、彼女は気付き始めたのです。

一方、アランはジュリーのヒッピー仲間からの影響で、すっかり人が変わってしまった。いま自分に何が起こっているのか、彼にはまったく分かっていない。親になる責任を負わなければならない。その現実が、まるで見えていないのです。いや、見えていないというよりも、大人になることを拒否している。

人が誰かと出会うことで、決定的に変わってしまうことがある。私はそれを描きたかった。価値観が反転してしまう、そんなエピソードを語りたかったのです。もちろん、恋人の妊娠をきっかけに大人としての自覚を持つ男性だって、たくさんいるけれどね。

——この映画の主題は現代にも通じる、普遍的なものです。

AK　そうね……あの時代とドラッグの問題は切り離せない。でもこの映画の男と女の問題は、いつの時代にも起こりうることではあると思っている。

ゴダール‐カリーナ時代「以降」

——あの時代はゴダールにはどんな影響を与えたのでしょうか。ゴダール作品は六八年以降、どんどん商業主義から離れていきました。
AK　私はジャン＝リュックが撮った作品を、すべて見ているわけではありません。映画のスタイルだけではなく、彼自身もまた大きく変わってしまったのです。それはなぜか、私には分からない。おそらく誰にも理解できないでしょう。
——ゴダールの現在について、何かご存知ですか？
AK　まったく知らない。最後に会った日すら覚えていないわ。
——あなたたちは一九八七年、ティエリー・アルディッソンというプレゼンターが司会を務めるTV番組で、再会したことがありますね。
AK　あれはもう、完全に騙し打ちだった！　ジャン＝リュックも番組に招かれていることは、私には聞かされていなかったの。ゲストは私一人だと思っていた。一五〇台ものカメラが廻っているリアリティ・ショーに、しかもドッキリ出演させられたみたいで……自分が見世物になったような気がして、あれは悪夢のような時間でした。二〇年ぶりの再会がTVカメラの前だなんて！「泣くためにTV局に来たんじゃないだろう?」」、ジャン＝リュックからはそう言われたけれど、彼とは素晴らしい時間と同じくらい、悲しい時間も過ごしたわけですから……。

——その番組で、ゴダールは映画史上に輝く女優と監督のコンビの例を、いくつも挙げています。D・W・グリフィスとリリアン・ギッシュ、オーソン・ウェルズとリタ・ヘイワーズ、ジャン・ルノワールとカトリーヌ・ヘイスリング、ロベルト・ロッセリーニとイングリッド・バーグマン……彼らのようにわれわれも、幸福なカップルだったと。

ところで五月革命の頃のゴダールを描いたミシェル・アザナビシウスの『グッバイ・ゴダール!』(17)はご覧になりましたか?

AK　いいえ、見たいとも思いません。六八年の五月革命の真っ只中にいたジャン＝リュックの物語をいま描くことが、彼に対するオマージュだとは思えない。もしかしたら私には、別の人(当時のゴダールの妻で、『グッバイ・ゴダール!』の原作者で女優のアンヌ・ヴィアゼムスキー)に対する嫉妬心があるのかもしれませんが……。ジャン＝リュックを演じたルイ・ガレルは私の友人で、彼の父親フィリップ・ガレルも大切な仲間です。ルイ・ガレルはジャン＝リュックよりもずっとがっしりした体格で、二人はまったく似ていない。でも彼がいい役者であることは、よく知っています。

それでもジャン＝リュックを過去の人のように語る映画には、嫌悪感を覚えてしまう……。

——ご自身は五月革命の頃、どのように過ごしておられましたか。六〇年代から七〇年代は女性が妊娠中絶やピルを服用する権利を獲得し、性が解放された時代でもありました。

AK　当時は五月革命が社会を大きく変動させるとは、思っていませんでした。そういったことは、時間が経過してから気付くものです。たとえばブローニュの森の池でCM撮影をしていて、カメラを乗せる移動車のタイヤがパンクして、立ち往生したこと——そんな断片的な記憶しかありません。

私の世代の人間だったら、かえってあの時代のことをはっきり思い出せないんじゃないかしら……。女性が多くの権利を手にした。それは確かに素晴らしいことだと思います。だって八七年まで女性は小切手を持つことすらできなかったし、仕事をするには夫の許可を得る必要があったのですから！

とはいえ、私があの時代を生きたことはかけがえのないことですし、それに対する後悔の念などまったくありません。だってジャン＝リュックはもちろんヴィスコンティ、ファスビンダーといった素晴らしい才能に巡り会うことができたのですから。彼らのおかげで世界中を旅することまでできて……本当に幸せな映画人生だったわ。

（二〇一八年二月六日　パリ六区、ブラッスリー、ヴァジュノンドにて）

追記　アンナ・カリーナは、二〇一九年一二月一四日、七九歳で逝去した。

2 フランソワ・トリュフォーを探して

一九八四年のフランソワ・トリュフォーの死からもう、三〇年もの歳月が流れた二〇一四年。シネマテークでは大々的な回顧展が行われ、彼の特集を編んだ雑誌がキオスクを埋めつくし、パリの街にトリュフォーの顔が溢れかえった。まさにトリュフォー熱が再燃した年である。

トリュフォーが二六歳の時に自身の少年時代をテーマに撮った『大人は判ってくれない』(59)は、ヌーヴェル・ヴァーグの勝利宣言をした記念碑的作品だ。以後、二五年で残した長編は、二一本。すべてが傑作というわけではないかも知れない。でもそのどれもがトリュフォーの愛に溢れた、魅力的な映画ばかりだ。

アントワーヌ・ドワネル・シリーズの第三弾『夜霧の恋人たち』(68)の、あの素敵なエピソードを見るたびに、私の心は踊る。

アントワーヌは憧れの年上の人妻(デルフィーヌ・セイリグ)の前ですっかり上がってしまっている。それで「はい、マダム」と答えるところを「はい、ムシュー」と言い間違えてしまうのだ。慌てふためき彼は全てを投げ捨て、階段を一息に駆け降りる。後日、アントワーヌを捕まえたその夫人はこう言った。「男が浴室に入ったらすでに、女は裸になっていました。「失礼しました、マダム」と言えば、それは礼儀正しいことです。でもそこで、「失礼しました、ムシュー」と言ったのなら、それは機転です」。

これはトリュフォーの身に起こった「言い間違い」体験に基づいているという。私はアントワーヌが動揺する姿をいつ何度見ても、新鮮な感動を覚えるのだ。ユーモアや優しさ、愛の歓びと苦しみ、そして、人生の厳しさや理不尽さ――それらについて私は、トリュフォーの映画から教わった。

一九八四年、五二歳の若さでトリュフォーがこの世を去った三日後。告別式で弔辞を読んだのは、名作『夜霧の恋人たち』、『家庭』(70)の脚本を手掛けてもいるトリュフォーの「同志」脚本家クロード・ド・ジヴレーだった。いまでも心に残っているその言葉を、山田宏一さんの『トリュフォー、ある映画的人生』(平凡社、一九九一年)から抜粋する。

フランソワは自分をこの世でかけがえのないユニークで絶対的な存在などとは考えなかった。最後の最後まで、彼はこの上なく謙虚でした。自分を過信し、傲慢にうぬぼれることを心から恥じていたのです。敬愛するジャン＝ポール・サルトルの言葉を引用しつつ、彼はいつも言っていたものです。「自分をこの世に必要不可欠な存在であると信じて疑わない人間はみな人でなしだ」と。

フランソワのすばらしさは、愛することも愛されることも知っていたことでした。彼の映画『暗くなるまでこの恋を』のなかの台詞そのままに、彼は「愛」そのものでした。

(中略)

ただ一つ、フランソワの死について言えることは、彼に最も親しい友人たちも、彼から最も遠く離れた観客たちも、同じ一つの心を持った親密な仲間のように同じ一つの深い悲しみを感じ、噛みしめているということです。フランソワの映画そのものが世界中の誰の心にも親密によびかけるものでした。

フランソワの個人的な冒険、身振りの一つ一つが、まるでわたしたち一人一人の生き方そのもののように思われ、気にかかるものでした。そこにフランソワの映画的創造の成功の秘密があったことはたしかです。

私はトリュフォー没後三〇年を機に、クロード・ド・ジヴレーに話を聞いてみたいと思い連絡を試みた。

クロード・ド・ジヴレー Claude de Givray
私は生きている限りフランソワのことを語り続けるでしょう

ジヴレーとトリュフォーは一九四八年、まだお互い十代の頃に知り合った。短編『あこがれ』(57)の助監督を務めてからジヴレーとトリュフォーは「同志」となる。それ以来ふたりはトリュフォーの最期まで、家族ぐるみの付き合いを続けたのだった。

不屈の人物

――今年(二〇一五年)、シネマテークでトリュフォーの大々的な回顧展が催されます。彼がこの世を去ってもう三〇年にもなりますが、観客たちはどんな反応を見せるのでしょう?

クロード・ド・ジヴレー(以下、CG) フランソワは学校をさぼって、モンマルトル界隈の映画館で人生を学びました。おそらく彼が映画から生きる術を学んだように、彼の映画も人生の指針となってほしかったのだと思います。フランソワは、とりわけ学生に見てほしいと言っていました。トリュフォー映画は世界中のどんな人の心にも呼びかけるものです。フランソワの個人的な体験やしぐさが、まるでわたしたち一人一人の生き方そのもののようでもあり、感情移入せずにはいられませ

クロード・ド・ジヴレー
Claude de Givray
一九三三〜。脚本家、監督。フランス、ニース生まれ。元国立映像音響芸術学院(FEMIS)教授。二四歳の時、トリュフォーの短編二作目『あこがれ』(57)の助監督を務める。以来、トリュフォーの作品を脚本面から支え『夜霧の恋人たち』

ん。古典的な題材であっても、あたらしい視点があることが魅力です。特に彼が描いた女性像、彼が恋した女優たちは、なんとオリジナリティーがあって、なんとすばらしいパーソナリティの持ち主だったのでしょう！

――あなたとフランソワ・トリュフォーとの出会いをお聞かせください。

CG フランソワとは一九五一年、私が一八歳、彼が一九歳の時に出会いました。エリック・ロメール主催のシネクラブ「カルチエ・ラタン」や毎週火曜日の「ステュディオ・パルナス」のシネクラブにお互い通っていたのです。トリュフォーはシャブロル、ロメール、リヴェットといった『カイエ・デュ・シネマ』派の仲間たちと一緒に来ていました。ある日、「ステュディオ・パルナス」の上映会で、たまたま彼と向かい合って話す機会に恵まれたんです。短編『あこがれ』（57）の助監督を探しているというので、「心当たりはないが車の運転ならできる」と答えたら、その場で私を助監督に採用してくれたのです。その頃、フランソワは運転免許証を持っていませんでしたから。ずいぶんと後になって彼は免許をとりますが、私たちは常に親しい関係でした。私の妻がトリュフォーの製作会社「レ・フィルム・デュ・キャロッス」の初代の秘書をしていたこともあり、彼の死まで家族ぐるみの交流を続けました。

――トリュフォーはあなたにとってどんな映画監督でしたか？

CG フランソワは優れた映画監督である前に、優れた作家でした。もちろん、彼はひとりでもシナリオを書けますが、さらに磨きをかけるために、複数の脚本家と共同作業をすることを選んだのです。彼は個人的な体験を語るだけでなく、どんな人の心にも語りかけることを身上としていました。個人の体験二〇％、友人から聞いた話二〇％、本やニュースから得た事柄二〇％、そして後はフィクションで物語を構築していきました。

（68）、『家庭』（70）、『小さな泥棒』（88、監督はクロード・ミレール）など、多くの作品でトリュフォーと共同で脚本を手掛けた。

――事実が反映された作品といえば？

CG　映画に事実が反映されている例を挙げれば……『ピアニストを撃て』（60）のプロデューサー、ピエール・ブロンベルジェは若い女のために妻を捨て、妻から復讐されることになってしまいます。その話を聞いたフランソワは、その事件をヒントに『柔らかい肌』（64）を撮りました。『家庭』での日本女性との浮気は、実際フランソワの身に起こった話です。この映画でアントワーヌは、「君はかわいい妹だ、娘だ、母だ」と言う。そうすると彼の妻は「妻にもなりたかったわ！」とぴしゃりと返す。これはフランソワの前妻マドレーヌが放った言葉なのです。『隣の女』（81）での男女のやり取りは、トリュフォーとカトリーヌ・ドヌーヴの恋愛がモチーフになっています。

――あなたが脚本家としてかかわった『夜霧の恋人たち』（68）についてお聞かせください。

CG　『夜霧の恋人たち』は、三つのアイデアから始まりました。一つ目はアントワーヌが兵役から戻ってくること、二つ目は「盗まれた接吻」（*Baisers volés*『夜霧の恋人たち』の原題）というタイトル、三つ目はアナトール・フランスの青春時代を綴った『我が友の書』から着想を得た「ウィ、ムッシュー」のエピソード。そこから登場人物を構築していき、様々なエピソードを考えました。約三ヵ月の間、週に四日は一人で書いて、その後テキストを手渡すのが習慣でした。共同脚本家のベルナール・ルヴォンも同じリズムでした。トリュフォーと会う時はタイプライターを持っていき、シーンをひねり出していったのです。提案しては却下されるということを何度も繰り返し、それは大変でした。フランソワ曰く、いい映画とは五〇のいいシーンによって成り立つ。ヒッチコックにはいいシーンしかないと言っていました。

――トリュフォーは一九五五年に自身の製作会社「レ・フィルム・デュ・キャロッス」を立ち上げます。それ以降、思いのままに映画を作れるようになっていったのでしょうか？

CG　彼の作品はそれほど費用がかかりません。プロデューサーは自分で決め、好きなように撮影し、好きに編集できる。すごく親密な映画を作ることができたのです。彼は普遍的で永遠に存在する映画を作りたがっていました。とはいうものの六八年から八〇年までフランス映画界からは誤解され、批判されていました。トリュフォーは政治的姿勢を映画作りに反映することを拒否したからです。古巣の『カイエ』ですら毛沢東に傾斜していたせいで、トリュフォーを容赦なく遮断していました。当時のフランスのインテリは毛沢東主義一色でしたから。ゴダールがそのテーマで撮った映画は、こんにち古びてしまって人々の心には届かないでしょう。個人的にゴダールの映画は六八年までは素晴らしいと思いますが、政治的な姿勢を前面に出した映画は、私には理解不能です。上映前に「なぜこのような作品を撮ったのか」という解説番組を作らなくちゃいけないくらいです。

――トリュフォーの政治家嫌いも有名でしたね。

CG　政治だけでなく、政治家も毛嫌いしていました。確か八二年、山田宏一さんと東京に滞在していた時、問題が起こったのです。時の大統領フランソワ・ミッテランが来日していて映写会をしたいからフランソワに参加するよう要請した。だが彼はなんとしてでも行きたくなかったのです。彼が亡くなった時、文化相のジャック・ラングは葬儀で弔辞を読む予定になっていたのですが、結局は引っ込めてしまいました。トリュフォーは政治家に猜疑心があったからでしょう。ラングの追悼の言葉はル・モンド紙に掲載されました。トリュフォー映画では『黒衣の花嫁』(68)でマイケル・ロンズダールが演じた悪徳の政治家のように、政治家はことごとく手ひどく描かれます。若いころフランソワは選挙に投票しなかったが、ずいぶんと経ってからミッテランに投票すべきだと言っていました。彼はレジオン・ドヌール勲章でさえも辞退したのですよ。それすら名誉なことだとは思っていなかったのです。当時ゴダールは「トリュフォーは快適さを優先するブルジョワに成り下がった」と罵倒し続けました。フランソワはピエール・カルダンのスーツにネクタイで、高級地区の大きなアパートに住んでいました。だが買ったのではなく、賃貸のアパートだったのですよ！　彼が求めていたのは、映画を作るための快適な環境です。大きな車もなかったし贅沢な生活はしていなかった。彼はゴダールと違って、行動には起こさなかったが、不屈の人物であることに変わりありません。

トリュフォーの出自、そして晩年

――三三年にわたる長い交流の中で印象的なエピソードをお聞かせください。

CG　『夜霧の恋人たち』ではトリュフォーの私生活にかかわる、重大な「事件」が起きました。アントワーヌの職場は私立探偵事務所という設定だったので、撮影前に私たちは興信所を取材しに行きました。撮影は終わり、トリュフォーはその興信所に実の父親探しを依頼します。

彼の母がロラン・トリュフォーと結婚したのは、トリュフォーの誕生した一年半後です。戸籍上の父ロラン・トリュフォーが義父であることを、彼は幼少から薄々感じていたのです。そして調査の結果、父親はロラン・レヴィという名のユダヤ人歯医者と判明しました。フランスは未だ差別がはびこっている国ですから、カトリックで貴族出身の母方ド・モンフェラン家が、ユダヤ人との結婚に猛反対したのでしょう。トリュフォーは実父とされたロラン・レヴィに会いに行った。ただ彼を動揺させないよう、遠目から〝父〟の姿をみとめただけだったといいます。そしてその夜フランソワはホテルにこもって、チャップリンの『黄金狂時代』(25)を見たそうです。それ以来、彼は父親探しをきっぱりとやめた。だが、フランソワが亡くなった後、マドレーヌと私はこの調査結果に間違いがあったのではないかと、何度も話し合いました。彼女はロラン・レヴィの息子……つまりトリュフォーの義弟になるかもしれない人々……に会いに行って、直接話を聞いてみたのですが、興信所の調査結果とその息子から聞いた話は、あまりにも食い違っていた。真実はいまだ、闇の中にあります。

――トリュフォーの晩年についてお聞かせください。

CG フランソワが脳出血で倒れたのは八三年八月、『小さな泥棒』(88)の脚本を執筆中でした。翌九月には手術をして、同月ファニー・アルダンとの間に娘が生まれたものの、退院後は元の妻の家に戻りました。当時、二つの企画を同時進行で進めていました。一つはイブ・アレグレが撮った『革の鼻』*Nez de cuir*(50)のリメイク……戦争で顔に損傷を負った貴族が、好色な人生は終わったと思い込んでいたら、革の鼻が魅力となって女性にモテまくる話……。もう一作は南仏グラースに住む調香師の物語……実は彼はシリアルキラーで女を次々と殺していくのですが、どういうわけか彼の周囲に女性が絶え間なく現れる……。いかにもトリュフォーらしいでしょう。二本の構想を練っていた矢先でした。

フランソワの本当の病名が脳動脈瘤だと聞かされたのは八四年一月、前妻マドレーヌからの電話でした。「もうフランソワの回復を待つのはやめて。もうおしまいだから希望を持たないで」と言われ、病状を告げられました。マドレーヌはトリュフォー本人にも周囲にも、人生がもう残りわずかであることを秘密にしていたのです。私も固く口止めされていました。ジャン＝ピエール・レオーやファニー・アルダンさえ知らされていなかったのです。マドレーヌはさぞかし辛かったと思います。フランソワはコーチゾンを飲用するようになり、顔はむくんでいった。誰もがおかしい、何か嘘があると思っていました。フランソワ自身があえて知らないふりをしていましたが、マドレーヌはきっと真実を知っているだろうと怯えながら日々を過ごしていたのです。私はただ彼と会う口実を作るために、『フェリーニ・オン・フェリーニ』のような本を作ろうと、フランソワに提案しました。それで彼の幼少期からの話を聞くために、彼の元へ通いはじめた。ただフランソワに会いたいという、それだけの理由で。マドレーヌから「あなたの顔色が悪いとフランソワが心配しているわ」と言われたこともあります。一刻一刻と死が迫っているのは自分の方だというのに！　その時にフランソワの声を録音したテープはセルジュ・トゥビアナに渡しました。フランソワの遺した声を聞いたことは一度もないし、これからも聞くことはないでしょう。でも私は生きている限り、フランソワのことを語り続けるでしょう。

（二〇一四年九月八日　パリ一〇区、クロード・ド・ジヴレーの自宅にて）

ジャン・グリュオー　Jean Gruault
ピンポンのラリーように共作する

ジャン・グリュオーは『突然炎のごとく』(62)で初めてトリュフォーとコラボレーションして以来、『野生の少年』(69)、『恋のエチュード』(71)、『アデルの恋の物語』(75)、『緑色の部屋』(78)など、小説や史実からインスピレーションを得たトリュフォー映画の脚本を数多く執筆してきた。「本を愛する人たちのために作られている」トリュフォー映画の精神に、彼は共鳴したのだ。

またグリュオーは、ヌーヴェル・ヴァーグの面々が颯爽と映画界に登場する以前から、彼らと親交を深めていた。そして二〇一五年六月八日、九〇歳で逝去するまで、トリュフォーと彼の映画を長年支え続けたのだ。

シネクラブの時代

――まずはトリュフォーとの出会いから、聞かせください。

ジャン・グリュオー(以下、JG) あれはたしか、一九四九年頃だったでしょうか……シネクラブやシネマテークでフランソワと顔を合わせるようになったのは。

当時「オブジェクティフ49」というシネクラブがあって、そこにはアンドレ・バザン、エリック・ロメール、ロジェ・レーナルトたちが集まっていました。当時のシネクラブでは、旧作を上映するのが通例でした。それに対して「オブジェクティフ49」では、オーソン・ウェルズ、ジョン・フォード、アラン・ドワン、ヘンリー・キング、ハワード・ホークス、ラオール・ウォルシュといった、同時代の映画を上映していたのです。

まだシネマテークはモンソー公園近くのメシーヌ通りある、座席数わずか五〇席の小さな施設でした。

――館長がアンリ・ラングロワだった時代ですね。

JG　そこにラングロワと彼の恋人だったメルソン夫人は毎日、姿を見せていました。あの頃のシネマテークは今よりもずっと、家族的な雰囲気だったのです。当時の私はマルセル・エイメやジャック・オーディベルティの舞台に出演する舞台役者でした。でも、それだけでは食べていけず生活費の足しにするために、サン・シュルピス広場の本屋でも働いていた。そしてその本屋は、ジャック・リヴェットやシュザンヌ・シフマンといった映画狂たちのたまり場にもなっていたのです。トリュフォーは私の八歳下で、そういった映画狂たちの中では最年少。当時は血気盛んな青年でした。

――舞台で演じたり書店に勤めたりしながらもあなたは、大の映画ファンだったのですね。

JG　私は子どもの頃から筋金入りの映画狂でした。父が映画ファンだった影響で、六〜七歳の時からサイレント映画に親しんできたのです。サイレントからトーキーに移行する時期の映画について、私はよく覚えています。当時珍しかったイワン・モジューヒンや、ヨーロッパで初めて試写された『アトランティック号』、ドイツの表現主義映画、『メトロポリス』『ガリガリ博士』など……私はそれらの映画を、家族揃って見に行きました。自宅には家庭用の映写機があり、食卓ではいつ

ジャン・グリュオー
Jean Gruault
一九二四〜二〇一五。脚本家。パリ郊外、フォントネー＝スー＝ボワ生まれ。ジャック・リヴェット『パリはわれらのもの』（58）で脚本家デビュー。以降、トリュフォーの『突然炎のごとく』（62）、『野性の少年』（69）『恋のエチュード』（71）『アデルの恋の物語』（71）、『緑色の部屋』（78）、ゴダールの『カラビニエ』（63）、アラン・レネの『アメリカの伯父さん』（80）など、ヌーヴェル・ヴァーグのシネアストを中心に数多くの作品の脚本を手掛けた。

も映画の話題が飛び交っていました。つまり生まれてからこれまで一度も、映画に対する情熱を失ったことはないのです。

終生変わらぬコラボレーション

――あなたはトリュフォーとはどのように交流を深めていったのですか？

JG おかしなことに同じ女の子に恋したことから、トリュフォーとの関係は始まりました。リリアン・リデゥビンヌというポーランド系ユダヤ人女性をめぐって、私たちはライバル関係にありました。彼女は「アントワーヌ・ドワネルの冒険」シリーズでドワネルを振る女性のモデルになってもいます。いわゆる美人というわけではない。でも彼女は次々と男を虜《とりこ》にしてしまう、魔性のような魅力があった。シネフィル仲間はみんな彼女に夢中になったものです。なにしろあのゴダールでさえ、熱を上げていたくらいですから！

彼女の取り巻きのなかの一人になれただけでも、私は十分に嬉しかった。リリアンは彼女の両親の家に、シネフィル仲間をまるで家族のように迎えてくれました。私たちは金のないふりをしたプチブルだった。でもフランソワだけは家族に見放された孤児で、当時は本当に貧しかった。だからしょっちゅうリリアンの母親から手料理を振る舞ってもらっていた。あまりに入れあげたトリュフォーは、彼女の暮らすアパートの真向かいに部屋を借りたことまであるのです！

結局、彼女は従兄と結婚することになって、ひとりの女性をめぐる男たちの争いは幕を閉じることになりました。

――トリュフォーはそのエピソードを基に、短編映画を撮っています。

JG　その通り！　『あこがれ』（57）には、その断片が登場します。彼が一八歳の頃だったか、リリアンの部屋でパーティが催され、そこにフランソワの同志シュザンヌ・シフマン、シュザンヌの父、私の役者仲間たちが集まりました。リリアンはコケットで気まぐれ。本人が自覚していたかはともかく、男たちを振り回すのです。そのパーティでの彼女の振る舞いに深く傷つけられたフランソワは、自殺しようとまで思いつめた。そして志願して軍隊へ入ってしまったのです。

――それは『夜霧の恋人たち』（68）ですね。

JG　トリュフォーの自伝的と言われている『夜霧の恋人たち』のような作品になぜ、私はかかわらなかったか？　それはあの映画に描かれている頃のフランソワについて、あまりによく知ってたからです。リリアンに振られたショックでフランソワは手首を切り、軍隊へ入隊していった……現実は映画よりもっと、暗澹《あんたん》としたものでした。

しかしある日シネマテークに向かう途中で、ドイツに行っているはずのトリュフォーにばったり出くわしました。軍服で「脱走してきたんだ！」と言うものだから「ブラボー、よくやった！」と肩を叩いて喜び合いました。でもその日、映画を見て帰宅したら、フランソワは警察に連行されていて、その後一年間、塀の中に閉じこめられてしまった。そんな失意のトリュフォーのもとへアンドレ・バザンは足繁く通い、彼の身元引き受け人にまでなったのです。出所したフランソワを自宅へ迎えたバザンとその妻ジャニーヌは一年半ほどフランソワの面倒を見てやり、彼に映画批評の醍醐味を教えたのです。そしてフランソワは、バザンとジャック・ドニオル＝ヴァルクローズの創刊した『カイエ・デュ・シネマ』で書くようになり、映画批評家として注目を集めるようになっていった。

――トリュフォーをはじめとしたヌーヴェル・ヴァーグの仲間たちのように、当時のあなたは映画批評を書いていなかったのですか？

JG　その頃私は単なる舞台役者で、『カイエ・デュ・シネマ』で批評を書いたりはしていませんでした。とはいえ映画狂であることには変わりはなかった。舞台のない日は毎朝六時にシネマテークかカルチエ・ラタンのシネクラブに行き、一日に五〜六本の映画を見る。そんな生活を送っていたのです。だから同じく映画狂だったジャック・リヴェットとは、すぐに意気投合しましたよ。

私にシナリオを書くよう熱心にすすめてくれたのは、フランソワとリヴェットの二人でした。そして一九五八年、リヴェットの長編デビュー作『パリはわれらのもの』（58）の脚本を、彼と共同執筆することになった。16ミリフィルムで撮影されたこの映画でリヴェットは、「フランスの現実」を映し出そうとしました。ロベルト・ロッセリーニのように現実そのものを描いたフランス映画は、それまで存在していなかったからです。脚本を書くのはわが家で。リヴェットは生まれたばかりの私の赤ん坊をあやしてくれたりもした。その頃の彼は、まるで家族の一員のようでした。

──『パリはわれらのもの』は撮影前にプロデューサーを見つけることができず、リヴェットは『カイエ』の仲間たちに金銭面での協力を求めたと伝えられています。

JG　リヴェットは役者たちや映画仲間や友人たちの協力を仰いで、撮影を敢行しました。アフレコやフィルム編集作業に必要な資金は後に、シャブロルとトリュフォーが工面してくれた。一九五九年にはシャブロルは『いとこ同志』（59）、トリュフォーは『大人は判ってくれない』（59）で、大成功を収めていましたから。だからリヴェットのデビュー作を救ってくれたのは、あの二人なのです。

──あなたとトリュフォーとのコラボレーションは、どのように生まれたのでしょう？

JG　トリュフォーは知る人ぞ知る本の虫。一九五五年のある日、何の気なしに覗いた古本屋でフランソワは、無名の作家だったアンリ・ピエール・ロシェの自伝的小説を見つけた。『ジュールとジム』（*Jules et Jim*『突然炎のごとく』の原題）というリズミカルなタイトルが気に入ったという理由だけで、即購入したそうです。でもその頃のフランソワは極度の恥ずかしがり屋で人見知り。だから『突然炎のごとく』の原作小説を私は、リヴェットを介して渡されました。そして私は本を読んだ途端、どうしてもそれを脚本にしたくなった。そしてすぐクリシー広場に面したカフェに、トリュフォーを呼び出したのです。この時からフランソワと私の、終生変わらぬコラボレーションが始まった……。

フランソワは常にお気に入りの脚本家を数人抱え、同時進行で複数の企画を進めていた。脚本家同士はお互いに連絡を取り合うことなく、それぞれ別々に仕事するよう求められていたのです。

書物をこよなく愛する人間が撮った映画

――あなたは五本のトリュフォー映画で脚本を担当しましたが、それぞれやり方は違っていたのでしょうか？

ＪＧ　作品によって具体的なやり方は、それぞれ異なります。でも毎回、彼との脚本のやり取りは、まるでピンポンのラリーのようだったのは同じ。たとえば『突然炎のごとく』では小説の断片を切り取って脚本の上に貼りつける。それをトリュフォーは読み、赤字を入れて返してくる。私が訂正してまた彼に戻す。トリュフォーは修正し、また私に返す――といったようにね。

『野性の少年』（69）の脚本には四～五年、『恋のエチュード』（71）には一年の歳月をかけて書き上げた。『恋のエチュード』の脚本は、五〇〇ページもの長さになってしまいました。

『アデルの恋の物語』（75）の脚本は完成までに七年かかっています。この作品のダイアローグは古典的なもので、当時の日常会話からはかけ離れたものです。映画のダイアローグは美しくはっきりとしていなければならない。私はそう考えているからです。ジャン・コクトーの小説のようにね。この映画は、書物をこよなく愛する人間が撮ったものであることが、一目瞭然です。アデルの綴る手紙には、彼女の魂、肉体の叫びが反映されている。

『アデルの恋の物語』は当初、カトリーヌ・ドヌーヴが主演で、大きな予算がかけられる予定でした。ところが主演女優の候補は転々とし、結果的には小規模な予算で製作されることになった。ユゴー家から映画化の承諾を得るのにも時間がかかりました。ヴィクトル・ユゴーのひ孫、ジャン・ユゴーは大変な大酒飲みでした。私たちとの会食の席で彼は、大いに酔っ払っていた。でも酒を嗜まないフランソワは、ただ退屈なだけ。そうそう、彼はお酒だけではなく、食べ物にも無関心でした。いつも焼きすぎたビフテキに、マスタードをたっぷり塗って食べているような男でしたからね（笑）。

——あなたが手がけたトリュフォー作品は、小説や史実にインスパイアされたコスチューム劇が多いですね。

JG 私はいわゆる「自然なセリフ廻し」というものを、心底嫌っています。現代のフランス映画を見ても何をしゃべっているのか、私にはさっぱり分からない。日常的な会話というものは、退屈極まりないとも思っています。フランソワは『突然炎のごとく』の原作者アンリ・ピエール・ロシェの、簡潔で純粋な文体の美しさに心を奪われていました。コクトーのように文学的で、日本の俳句を想起させもする。日本語の音階に近いとも感じて、このロシェの小説を私は心底気に入ったのです。

――『緑色の部屋』(78)が、あなたとトリュフォーの、最後のコラボレーションになりました。その六年後に彼がこの世を去るなど、誰も想像できなかったと思います。

JG 彼がそんなに悪い病気を患っていることを、私は知りませんでした。最後にトリュフォーの声を聞いたのは、その死の八日前、彼からかかってきた電話ででした。フランソワは、次の映画の内容について、意欲的に語っていた。「君が脚本を書いたアラン・レネの『死に至る愛』の評判がいいみたいだね。今度一緒に見に行こう!」と誘われもしました。あの時はコーチゾンという薬の効果で異様にテンションが高まっていたからだと、あとで知ったのですが……。

私がモントリオールに滞在中、電話で彼の死を知らされました。茫然自失となって受話器を置いた私は冷蔵庫に残っていた赤ワインを一気に飲み干し、そしてベッドに身を投げるようにして眠った。翌朝、眼が覚めてもまだ、涙があふれて止まりませんでした。

モンマルトル墓地での葬儀には間に合わず、その後執り行われたサン・ロック教会でのカトリック式の葬儀に参列しました。その教会には『緑の部屋』かと見紛うほどの内装が、施されていたのです! まさにあの部屋と同じ雰囲気、同じ椅子までが並んでいた! そこでプルーストの『失われた時を求めて』の五篇「囚われの女」*La prisonnière* におけるベルゴットの死のくだりが朗読されました。そう、私たちはプルーストが大好きでした。そして形見として、バルザックやカフカの全集をはじめ、私は多くの書物を譲り受けたのです。

(二〇一四年九月五日 パリ一九区、ジャン・グリュオーの自宅にて)

追記 グリュオーは、二〇一五年六月八日、九〇歳で逝去した。

セルジュ・トゥビアナ　Serge Toubiana
暴力的な感情と情熱の映画作家

二〇一四年、パリ・シネマテークでは、当時の館長だったセルジュ・トゥビアナ自らがキュレーターを務め、フランソワ・トリュフォー展が開催された。二〇世紀のフランス映画を代表する映画作家としてフランソワ・トリュフォーの業績を称えるとともに、トリュフォー映画のあらたな魅力に光を当てて、その功績を再確認するのが目的だった。

この大々的なレトロスペクティブをキュレーションしたセルジュ・トゥビアナは、現在ユニフランスの会長。かつてトリュフォーら、後のヌーヴェル・ヴァーグの作家たちが激しい批評戦線を張って、フランス映画の価値基準を一変させてしまった『カイエ・デュ・シネマ』の批評家出身でもある。同誌の編集長を一一年ものあいだ務め、また伝記映画『フランソワ・トリュフォー　盗まれた肖像』(92)を監督、アントワーヌ・ド・ベックとともに、評伝『フランソワ・トリュフォー』を著してもいる。回顧展開催の直前、トリュフォー映画に不朽のパッションを見るセルジュ・トゥビアナに、「トリュフォー映画の普遍性」について話を聞いた。

トリュフォーとの和解

――パリのシネマテークは今年、なぜトリュフォーの回顧展を開催することに決めたのですか?

セルジュ・トゥビアナ(以下、ST)　今の若い観客は、フランソワ・トリュフォーのことをよく知らない、あるいは「優しさに埋没した映画作家」と誤解しているのではないでしょうか。でも私にとってのトリュフォーは、いまでも暴力的な感情と情熱の映画作家のままなのです。彼は亡くなるまでフランス映画界の中心的な人物で、その映画は誰からも愛されていました。そして多くの映画人がこぞって、彼と一緒に仕事をしたがっていた。でもその死から三〇年を経たいま、その存在が忘れられつつあるように感じている。ですから私はこの回顧展をきっかけに、あらためてトリュフォーについて語りたいと思いました。

――あなたとトリュフォーとの出会いについて、聞かせてください。

ST　私が彼に初めて会ったのは一九七五年、当時二五歳で『カイエ・デュ・シネマ』で批評家としての道を歩み始めた頃でした。その頃『カイエ』は「毛沢東主義に傾斜した極左」の立ち位置にいて、廃刊の危機に瀕していた。そしてトリュフォーをアカデミックで凡庸な作家だと貶《おとし》め、雑誌で彼の映画を取り上げることもなくなっていたのです。

――資料によると発行部数は二〇〇〇部を切っていたのですね。そのうちの四分の一は北米の大学図書館による購読で、フランスでは映画誌として瀕死の状態であったと記されています。

ST　セルジュ・ダネーと私は、何度も意見を戦わせました。初代編集長のアンドレ・バザンとともにトリュフォーは、『カイエ』にとっては重要な存在です。だから編集部内でゴダール派かトリ

セルジュ・トゥビアナ
Serge Toubiana
一九四九〜。批評家。チュニジア生まれ。一九七二年に『カイエ・デュ・シネマ』の同人となり、八一〜九二年まで編集長を務める。二〇〇三〜一六年までシネマテークフランセーズ館長。現ユニフランス代表。アントワーヌ・ド・ベックと共著のトリュフォーの伝記(邦訳、『フランソワ・トリュフォー』稲松三千野訳、原書房、二〇〇六年)をはじめ、映画に関する著作多数。

ュフォー派か、二者択一を迫られる状況なんて馬鹿げている。そう考えた我々はおそるおそる、トリュフォーに和解を申し出るための手紙をしたためました。その時の彼からの返事は、いまでもはっきり覚えています。「『カイエ』を改革するつもりならば、断固たる決意を持って行ってください。ただし常に政治的には中立的な態度をとる。その証拠を見せてください。雑誌を利用して政治的意思を表明する。それはアンドレ・バザンの願いではありません。私はあなた方とともにいますから、どうか中立的な態度をとってください」。ある映画を手厳しく批評しようとも、映画そのものを葬ってはいけない。それが彼からの警告だったのです。

――それは『カイエ』時代のあなたにとって、非常に大きな出会いだったのではないでしょうか？

ST　もちろん。「新しい映画誌をつくる」と宣言したことは、私の人生におけるとてつもなく重要な出来事です。『カイエ』の内容をリニューアルし、批評だけに留まらず、監督の元へ行き、インタビューしてそれを記事にする。アンドレ・バザンの精神に立ち返るために、スタイルを一変させたのです。それ以来、トリュフォーは『カイエ』に寄稿してくれるようになり、また多くのアドバイスをくれました。ルノワール、オーディベルティ、ヒッチコック、ロッセリーニに関しての批評を書くよう我々に勧めてくれたのも、トリュフォーに他なりません。『カイエ』の同僚のジャン・ナルボニと私がトリュフォーの映画評論集「視線の快楽」(*Le plaisir des Yeux*, Flammarion, 2008）をまとめて書籍にした時も、惜しみなく助言を与えてくれました。

――あなたはトリュフォーとはどのように接していたのでしょう？

ST　常に一定の距離を保ちながら、礼儀正しく接していました。一九八〇年、『終電車』のクランクアップの直後、『カイエ』で大きな特集を組んだことがあります。丸一日かけて、彼に長いインタビューをしました。それが彼の自宅に招かれた、一度きりの機会です。

まだ朝の早い時刻、セルジュ・ダネー、ジャン・ナルボニ、そして私の三人を、トリュフォーは出迎えてくれました。エッフェル塔の見える彼のアパルトマンで昼食をご馳走になり、その後も延々、インタビューを続けた。計六時間に及ぶインタビューは、その年の九月と一〇月号に分けて掲載することになりました。このインタビューによって『カイエ』は七五年、トリュフォーと交わした約束を果たしたのです。

その後もトリュフォーは私を、しょっちゅうビストロでの昼食に招待してくれました。彼は大人数が苦手で、だから会うのはいつも二人で。トリュフォーは私のために、多くの時間を割いてくれたのです。ワインは一口も飲まず、いつも同じ料理「仔羊のソテーにさやいんげんの付け合わせ」を大急ぎで食べて、彼の事務所に戻って映画の話をする。それが私たちの習慣でした。

映画、書物、女

——あなたはトリュフォーから、どのような影響を受けたと思われますか?

ST　アントワーヌ・ドワネル、すなわちトリュフォーの分身ジャン＝ピエール・レオーが私に教えてくれたことは、計り知れません。『大人は判ってくれない』(59)にはアントワーヌ・ドワネルの幼少期、『あこがれ』(57)には彼の青春時代が描かれています。『夜霧の恋人たち』(68)で彼は結婚し、『家庭』(70)では愛人を作り離婚に至る。『逃げ去る恋』(79)のアントワーヌ・ドワネルは、もう中年に達しています。

一人の人間の成長を同じ俳優によって見せることは、ある種の感情教育だと思うのです。私は彼の映画でその感情教育を受けて育った。子どもを取り巻く理不尽な世界、その中で青年が不器用ながらも社会にかかわっていく。やがて仕事を持ち、結婚、離婚を経て成長する——トリュフォーの映画はもちろん現実の模倣ではありません。でも現実に限りなく近いのです。詩的リアリズムと共に、彼はエモーション（感情）の激しさを描いてきました。決して「優しさに溺れたシネアスト」などではない。たとえば『突然炎のごとく』のラストを見てください。愛人を車に乗せて、ジャンヌ・モローは自殺します。あるいは『隣の女』のファニー・アルダン。彼女は愛人と肌を重ねた末拳銃で彼を殺し、自らも死を選ぶ。破滅へ向かうまでに徹底した恋愛主義、そして子供と書物への愛。それがトリュフォー映画なのです。私にとってトリュフォーは、「人間性とはパッションである」ことを体現した映画作家なのです。

——トリュフォーの仕事ぶりは常に秘密めいていたと言われていますね。

ST　トリュフォーは常に何本もの企画を抱えていました。常に数人の脚本家を抱えていて、脚本家同士では連絡を取り合うことは許されなかった。適切な距離をおいて仕事すること、公開日まではすべて秘密厳守。それがトリュフォーの映画作りでした。ですから取材班を撮影現場に入れたこともありませんし、公開まで情報を漏らさないよう、俳優たちにも注意していた。まるで映画とは「密輸入」、「秘密めいたもの」であるかのようにね。

トリュフォー映画をじっくり見ると、いつも「秘密」が物語の鍵を握っていることが分かります。彼の幼少期、パリはナチスに占領されていて、ほとんどの若い男は戦争に駆り出されていました。街には夫のいない女と子どもしかいなかった。そんな時代にトリュフォーは、学校をさぼって映画館にもぐりこみ、家出を繰り返す……そんなスリルに溢れた日常を過ごしていたのです。彼が狂おしい程までに愛したこと……映画、書物、女。そのパッションはつねに「秘密」めいていたのです。

もちろんトリュフォーは、映画を観客と分かち合うことを願っていました。でも観客に親密に語りかけるように心掛けながら、同時に秘めたる情熱や激情をどのように映像にのせるかに苦心してもいたのです。

――たしかにトリュフォーの映画には、内なる感情を手紙にしたためるシーンがたびたび登場します。

ST　たとえば『アデルの恋の物語』の主人公アデルは自分に無関心な男に宛てて、全身全霊を賭けた手紙をぶつけます。『恋のエチュード』では姉妹の間を揺れ動くジャン＝ピエール・レオーは、渾身の手紙を書きます。その文学小説のような激しさこそが、トリュフォー映画なのです。『緑の部屋』に忘れられないシーンがあります。主人公が指輪を買い、手の形をした石像の指に、その指輪をはめるシーンです。愛した者へ対するなんというかたちでの、愛の告白か！　涙がはらはらと、私の頬をつたったものです。これは、もうこの世にはいなくなった者へ向かっての、永遠の愛の誓いなのです。素っ気ないように見えて、そこには叙情性がある。昂揚感あるモーリス・ジョベールの音楽は宗教的ですらある。それがまた私をひどく感動させるのです。こういった感情は、時代によって色褪せるようなものでは決してありません。生き生きとしたセリフ、感情の昂揚は古びることがないのです。若い映画作家にはとにかく、自分の内にある欲望に忠実に、クラシカルであることを怖れない。そのことを、トリュフォー映画から学んでほしいのです。

――トリュフォー映画を再発見する悦びとは、なんでしょうか？

ST　彼の作品を見直すと、あるひとつの映画が別のある映画と深い結びつきがあるのが発見できる。それが最大の悦びです。例えば『暗くなるまでこの恋を』（69）と『終電車』（80）。ヒロインは共に、トリュフォーの恋人だったカトリーヌ・ドヌーヴ。マリオンという役名も同じです。そして『暗くなるまでこの恋を』はジャン＝ポール・ベルモンドに毒を盛った後、ドヌーヴは「愛はつらいもの？」と問いかける。そして『終電車』では同じセリフの後に、「そう、愛は苦しいもの。空高く舞う猛禽のようにわたしたちを脅かす」と、劇中劇の舞台で応えています。そして両作共に「歓びであり、苦しみである」と結んでいる――だからはじめてトリュフォーの映画に接する観客はその文学的ロマンティシズムを堪能し、またあらたに見直す観客はそんな発見の悦びを堪能していただきたいのです。

『アメリカの夜』（73）にこんなセリフがあります。「映画には交通渋滞も、時間が止まることもない。夜行列車のように」。映画は現実の人生よりはるかに強烈なのです。トリュフォーはエモーションを凝縮して、それをスクリーンに映し出した。おそらくトリュフォーは、短いあいだにあまりにも多くの経験をしたので、早逝してしまったのでしょう。「知りすぎた男」は「生き急いだ男」でもあった。けれども彼の遺した映画と記憶、そしてその魂は永遠なのです。

（二〇一四年九月三日　パリ一二区、シネマテークフランセーズにて）

3 エリック・ロメールのために

エリック・ロメール Éric Rohmer
私の映画は「場所」ありきです

私は生前のエリック・ロメールに三度、会う機会に恵まれた。一度目は、遺作となった『我が至上の愛 アストレとセラドン』(07)の公開時のインタビュー。二度目は、ある雑誌の企画で、三人の大学教授からの質問をロメールに伝え記事にまとめた。最後は、新聞社の取材のアテンダントとして。

アンドレ・バザンの後を継いで『カイエ・デュ・シネマ』の編集長を務めたロメールは、まずなによりもヌーヴェル・ヴァーグの作家たちを支える理論的支柱だった。シャブロル、トリュフォー、ゴダールらより一〇歳ほど年上だったロメールは、一九五九年『獅子座』で長編監督デビュー。空腹を抱えてヴァカンス・シーズンのパリをさ迷う男を描いて見せる。以降は「六つの教訓物語」「喜劇とことわざ」「四季の物語」シリーズなど、軽妙で機知に富んだ会話と、息を飲むほど美しい自然描写で独自の作風を築いていった。

ロメールの事務所はシャンゼリゼに近いピエール・プルミエ・ド・セルビ通りに面していた。玄関を入ると右手に書斎、左手に小さな控室が設けられただけの、意外なほどシンプルな間取りだった。話題は、文学から音楽、哲学にと多岐にわたり、その度に彼は書棚から本を取り出し、猛スピードで解説を始める。そんな姿を見ながら私は、彼の映画の登場人物を見ているような気がしたものだ。

忠誠への疑問

――『我が至上の愛　アストレとセラドン』(07)の原作は一七世紀に書かれたオノレ・デュルフェのバロック小説ですね。内容は奇想天外、大仰で意外性に満ちた物語です。

エリック・ロメール(以下、ER)　原作の「アストレ」は一七、一八世紀まで人気のあった小説ですが、今となっては誰一人、顧みる人間はいません。五〇〇〇ページを超える大長編で、一六〇七年から一六二七年までの時代をまるで大河ドラマのように追っている。著者のオノレ・デュルフェはこの小説を完成させることなく亡くなっています。学校教材として使われる文庫版だけが現存している。それも断片的な文章をただ集めたものなのです。

――この映画は驚くほど瑞々しい恋愛詩でした。一七世紀の古典的な文体や古風な文章を、あなたはどのようにあなたらしい映画のスタイルに取り込んだのでしょう?

ER　私はこの原作を選んだとき、ここに書かれていることを尊重しようと決めました。なぜならこの作品の中に、私の世界観を見出せたからです。「アストレ」を映画化するという発想は、八〇

エリック・ロメール
Éric Rohmer
一九二〇～二〇一〇。監督、批評家。フランス中部、チュル生まれ。本名はモーリス・シェレール。大学で文学を専攻。パリの高校で古典文学を教えるかたわら、各種映画雑誌に批評を執筆。一九五〇年、リヴェット、トリュフォーらと『ガゼット・デュ・シネマ』を創刊。五七年～六三年までアンドレ・バザンの後の『カイエ・デュ・シネマ』の編集長を務め、ヌーヴェル・ヴァーグを理論面で牽引したひと

年代にピエール・ズッカという映画監督が思いついた。でも彼は資金調達に失敗し、一九九五年には亡くなってしまったのです。その直後、本作は私の関心にかなり近いことを知りました。私は図書館にこもり、その小説の世界にどっぷり浸かってみたくなった。原作中のセリフは、執筆された一七世紀当時でさえ、すでに時代遅れのものでした。その頃すでに読者にとって、日常会話とはかけ離れていたのです。だからそれを映画のセリフに置き換えることは、難しくなかったです。なぜって？　映画には古典主義がマッチするのですから！

シナリオを読んでから撮影に参加した人たちは、若い俳優たちの口から中世の文学表現が出てくる、そのギャップに驚いていたようです。

――『我が至上の愛』の場合もそうですが、あなたのこれまでの作品には、主人公の感傷的なジレンマを解決に導こうという教訓がでてきます。「忠誠」をテーマにしたものが多い。それはなぜですか？

ER　感傷的なジレンマとその解決……それは私の映画における、大変重要なテーマになっています。シナリオ執筆時点では意識していなくても、結局はこの同じテーマに行き着いてしまう。その代表的な作品と言えるのが、『モード家の一夜』（68）、『満月の夜』（84）、『冬物語』（91）でしょう。そして自分自身でも驚いてしまうのですが、テーマだけでなく、ある映画がまた別のある映画に似ているということです。シーン単位での共通点を見出すことさえできる。たとえば『我が至上の愛　アストレとセラドン』には『コレクションする女』（67）の少女アイデと全く同じように、睡眠中の女がキスされるシーンがある。このように私の映画では、別の映画なのに同じ描写が反復されたりもするのです。

「忠誠」に関しては……たしかにオノレ・デュルフェの原作小説は、忠誠そのものをテーマにし

り。五九年に初の長編『獅子座』を製作。以降は「六つの教訓物語」「喜劇とことわざ」「四季の物語」など、独特の会話劇で展開される男女の恋愛模様を描いたシリーズが知られている。

ています。セラドンの忠実さ、それはあまりに真っすぐであるがゆえに、嫉妬という感情を招いてしまう。それに対してアストレが考える忠誠は、自分自身に課した盲目的な使命感なのです。私が最も興味深く思っているのは、原作における「忠誠」という概念がすべての清教徒《ピューリタン》的なモラルとは一致しないということです。この作品に登場する司祭は、「忠誠」という概念に疑問を投げかけます。私は『コレクションする女』で少女アイデを、いかにも純真そうな見かけと違って、愛を征服するコレクターとして描きました。支配と美徳、もしくは気まぐれと純潔、エロティシズムと愛、そして忠実と軽薄……この中には相反するいくつもの要素が存在しているのです。

――オリジナル脚本と原作物の脚色でも、ロメール作品としての一貫性を保つためには、どのようになさっていますか？

ER　かなり不思議なことなのですが、オリジナルの脚本を執筆する時の私は自分自身をまったく投影しないのです。脚本の段階では、ただセリフだけを書き出していきます。そして撮影の現場ではじめて私は、俳優を演出しながら映画の全貌を摑んでいく――それが私のやり方です。

――最近公開されている映画について、何か思うところはありますか？

ER　いまはもう、私は映画館に出かけていません。もちろん昔の映画は大好きです。たくさん見ているわけではないけれど、何本かの日本映画からは大きな衝撃を受けました。特に溝口健二のエレガンス、空間の構成……現代フランス映画とはかけ離れた演出術は素晴らしい！　彼の作品で最も気に入っているのは『雨月物語』（53）です。私の作品との共通点を、この映画に見出すことができる。まずタイトル。たとえば「四季の物語」のように、私は自分の映画のタイトルに《コント・物語》という言葉を頻繁につけています。『雨月物語』の作劇には『聖杯伝説』（78）を思い起こさせるものがあると思う。『雨月物語』には、欲に駆られて妻（田中絹代演じる宮木）の忠告に従わなかった男（森雅之演じる源十郎）が、罰せられることになります。これは『聖杯伝説』にも共通するディテールです。

私は、とてもフランス的なシネアストだと言われることがあります。でも実際、最も影響を受けたのは、アメリカやドイツの古典映画なのです。そんな私が、まだ行ったこともない日本のシネアスト・溝口健二に共通点を見出している。これは驚くべきことです。

私の映画はすべて、アンサンブルになっている

——あなたの映画の舞台となる場所について、聞かせてください。あなたの多くの映画を見ていると、まるでフランスの地方を探訪しているかのような歓びを感じてしまいます。舞台となった場所を訪れてみたくなる、そんな魅力に溢れているからです。

ER　私の映画は原則として場所ありき、です。新しい作品にとりかかる時、私はまずロケ地を選び、それからその場所に登場人物を組み込んでいく。

たとえば『友だちの恋人』（78）の時は、パリ郊外の町セルジー＝ポントワーズという新興地区でドキュメンタリーを撮り終えたばかりでした。そこの住民からたいへん温かく迎えられ、ぜひあの場所へ戻りたいと思っていたのです。『恋の秋』（98）は構想段階では、どんな場所でも展開可能な筋書きを作っていました。ですがヒロインの職業をワイン醸造家にしたのは、（ワインの産地）コート・デュ・ローヌ地方をロケ地に選んだ後だったんですよ。

——パリの街角やそれぞれの地区を舞台にした場合はどうでしょう？

ER　パリでロケする場合はまた違います。すごく好きな場所と、絶対避けたい場所があるのです。

私は五区のパンテオンの近所に住んでいて、いつもメトロかバスに乗り——最近はバスばかりですが——リュクサンブール公園か、フォッセ・サン＝ジャックのバス停で降りる。そしてサン・ジャック通りを横切り、通行人の少ない階段のあるマルブランシュ通りを歩いていく。そうするとル・ゴルフ通りに突き当たります。いかにも「パリらしい」ロケ地を探している時、大抵の映画監督はこの通りをロケ地の候補に挙げますね。交通量が少なくて、路上駐車している車もありませんから、撮影がしやすいからです。一九五七年、私は『昼下がりの情事』を撮影中のビリー・ワイルダーに、この場所で遭遇しました。[▼1]あれ以来、少なくともここで撮影された作品を一五本は見てきましたね。絶対ここでは撮影しないと、私は心に誓いましたが（笑）。

——今までの撮影で、最も印象的だった思い出は何ですか？

ER オムニバス映画『パリのランデヴー』（94）は許可を取らず、ボブール広場[▼2]で撮影しました。ごく少人数の撮影班で、私のアシスタントのフランソワーズ・エチュガライがカメラマンの車椅子を押していた時のことです。観光客を装いながら、こっそりカメラを廻していたカメラマンが、通りすがりの犬に突然嚙みつかれてしまったのです。そしておのずとカメラのフレームが決まってしまった……あれこそ即興中の即興、私の全作品の中で、最も正確に登場人物を画面に配置づけられた瞬間です！

——あなたは、よくワンテイク、もしくはツーテイクだけで撮影すると言われています。予算的な問題で、フィルムを節約しようと心がけているのでしょうか？

ER たしかに、昔はそうでした。たとえば『コレクションする女』の予算は、本当に僅かだった。そもそもラボに支払うフィルム代しかなかったから、あの作品を短編だと勘違いしていた連中もいました。だから現実問題としてワンテイクだけの撮影で、私は我慢しなければならなかったのです。

▼1 ビリー・ワイルダーが一九五七年に撮った『昼下がりの情事』は、オードリー・ヘップバーンとゲイリー・クーパー主演のロマンチックコメディ。ロメール作『愛の昼下がり』（72）のタイトルにインスピレーションを与えた作品。

▼2 パリのど真ん中、ポンピドゥーセンター、パリ現代美術館の前の大広場。

「スタート！」と「アクション」の間のフィルムがもったいなくて、だから俳優たちには私が合図を出す前から演技を始めてもらったのです。撮影現場で一度、俳優たちにリハーサルを要求したら、あまりに不自然ですごく違和感があった。だから現場でのリハーサルは好きではありません。ちなみに私は常に、カメラを廻す直前に、そのシーンのカット割を決めるのです。

——俳優についての質問です。よくあなたは無名の役者や新人、舞台俳優を起用されます。俳優たちがその時代にあう自然な演技をするよう、どのように演出面で気を使っていらっしゃいますか？

ER 厳格な規則を押しつけたりはしません。観客がちゃんと聞き取れるように、はっきり話すように言うだけです。私はほとんどの映画を同時録音で撮影していますからね。

以前と比べて最近の役者は、はっきり発声しなくなってきています。『夏物語』（96）の主人公メルヴィル・プポーはもちろん、素晴らしい俳優です。でもこの映画の時には、その発声に問題があった。それは彼自身というより、あくまで映画の演出上の問題なんですがね。

海の音は荒々しく、そこから逃れることはできない。だから何度もはっきり発音するよう、彼に伝えました。そしてブルターニュの海を前に、窓を開け放ったのです。ラジオをつけたまま、そのノイズの中で話す習慣をつけるようにも言った。そうしたらメルヴィルは、見違えるようにはっきりと話すことができるようになったのです。

——あなたが現代劇を撮ったのは一九九八年の『恋の秋』が最後で、以降の三本はいずれも時代物です。現代物を作らなくなったことに理由はありますか？

ER 私の作品はすべて、アンサンブルというかたちで成り立っています。シリーズによって構成されているといってもいいでしょう。シリーズを通して見ることで、私の映画はより深く味わうことができると思っています。また私自身、そのようなかたちで見てもらうことを望んでもいる。ですから一本の映画という単位で「これは大当たり、これは失敗」とは思わないのです。

これまでシリーズとして「六つの教訓物語」、「喜劇とことわざ」、「四季の物語」を作りました。その間に新興住宅地のドキュメンタリーや舞台を手掛けてきた。『パリのランデヴー』、『レネットとミラベル　四つの冒険』(86)、『木と市長と文化会館　または七つの冒険』(92)といったシリーズには属さない映画も作ってきました。その後、どうしても時代物に戻りたくなったのです。それが『グレースと公爵』(01)、『三重スパイ』(03)そして『我が至上の愛　アストレとセラドン』の三本です。正確にこの順番で撮影していなければ、私の思いは遂げられなかったと思っています。

——最後に、今後のご予定をお聞かせください。

ER　学生向けの短編を製作したり、私の女優たちの映画製作の手助けをする計画があります。でも現役として長編映画を監督するつもりは、もうありません。八七歳(対談時)という年齢で、相当な体力を要する私の映画演出の方法には限界を感じているからです。もう現場への移動もできないし、立ちっぱなしでいることさえできない……。

若かった頃、名前入りの椅子に座って演出する監督を見ては、私は嘲《わら》ったものです。でも今は私自身がそうなってしまった。もちろん私の椅子に「エリック・ロメール」という名は書かれていませんよ。でも座ったままでの撮影現場にいるというのは何か、寂しいものですから……。


(二〇〇七年七月一二日　パリ一六区、エリック・ロメールの事務所にて)

追記　ロメールは、二〇一〇年一月一一日、八九歳で逝去した。

ロメールを語ることば

ゴダール、トリュフォー、リヴェット、シャブロルらより一〇歳ほど年長のエリック・ロメールは、ヌーヴェル・ヴァーグの長兄と言える存在だ。アンドレ・バザンによって創刊された『カイエ・デュ・シネマ』誌の二代目編集長を務めるかたわら、ロメールは自主製作で16ミリの映画を撮るようになる。そしてロメールの短編映画『紹介、またはシャルロットとステーキ』(51)では、あのゴダールが助監督および俳優としてデビューすることになった。「そこからヌーヴェル・ヴァーグが始まった」クロード・シャブロルはそう述懐している。五〇年あまりの映画人生でロメールは、フランス的エレガンスに満ちた二五本の長編を監督することになる。

ロメールのメディア嫌いはよく知られている。TV出演はNG、新聞や雑誌での取材は顔写真不可、公の場では変装しているという――だからその私生活は、長い間謎に包まれていた。一九二〇年、ロメールは地方の厳格な家庭に生まれ、映画界に身を投じる前はリセ(高校)で古典文学を教えていた。彼の母親は保守的なカトリック信者。だから彼女には他界するまで、自分が映画作家になったことを隠し通したという。

映画作家として名声を得てからも、ロメールはバスやメトロといった公共交通機関を利用して移動した。地位や名誉、ブルジョワ的な暮らしには一切興味がない。ただ映画のためになるかどうか、それだけが判断基準になっていた。

二〇一〇年一月一一日、ロメールの訃報を聞いた時、一瞬目の前が真っ暗になった。彼の新作をもう見られなくなる。それは本当に淋しいことだ。私はミニシアターが全盛の頃に、自然なかたちでロメール映画に出会い魅了されてきた。新作が出るたびに嬉々として劇場に通うことが叶わぬ夢となったいま、彼の映画にかかわりをもつ映画人から話を聞いてみたいと思った。

以下のインタビューは二〇一〇年五月から二〇一七年四月まで、折に触れておこなったインタビューをまとめて構成したものである。

バーベット・シュローダー Barbet Schroeder

これこそが私の求めていた映画だ!

一九五九年、ロメールはシャブロルの製作により長編デビュー作『獅子座』を撮るが、興行的には大惨敗。長い間、作品を撮ることができなくなった。そんな失意のロメールの前に現れたのが、彼を師と仰ぐ二〇歳の青年、バーベット・シュローダーだった。テヘラン生まれ、コロンビア育ちのスイス人の彼はロメールと知り合うために、『カイエ・デュ・シネマ』の編集室を訪れたのだ。

一九六四年、ロメールと共にバーベット・シュローダーは独立プロ「レ・フィルム・デュ・ロザンジュ」を設立。ロメールが小説として書きためていた「六つの教訓物語」シリーズを、16ミリの自主製作から撮りはじめる。以来、シュローダー自身が監督業に乗り出すまで二人三脚の孤高の道のりを歩んだ。シュローダーのパリの自宅は、ロメールの事務所の二階上にある。

ロメールに魅せられて

――エリック・ロメールはあなたの最も尊敬する師であり、ロメールを追って映画の道を志したと伝えられています。お二人はどのように出会われたのでしょうか?

バーベット・シュローダー（以下、BS）　ロメールに初めて会ったのは、『カイエ・デュ・シネマ』の事務所でした。もともとカイエ誌には興味を持っていたのですが、『獅子座』(59)を見た私は、「これこそが求めていた映画だ！」と驚いたのです。そしてどうしてもロメールに会いたくて、一八か一九歳の頃『カイエ』の門を叩きました。

――なぜ『獅子座』に、それほど魅せられたのですか？

BS　まず第一に、この映画には都市が明確に描かれていること。第二にリアリズムが貫かれていること。つまり一人の男の彷徨《ほうこう》を追いながら、綿密な構図のもと人物描写がなされているからです。そこにはロッセリーニなど、イタリアのネオリアリズムからの影響が強く感じられました。そして、すぐに『カイエ』を目指したのです。

――その頃はロメールが『カイエ・デュ・シネマ』の編集長を務めていましたね。カイエ誌ではどのような存在でしたか？

BS　『カイエ』でのロメールは、そうですね……まるで教師のようでした。彼はシャブロル、トリュフォー、ゴダール、リヴェットより一〇歳ほど年長。だからヌーヴェル・ヴァーグの中心的な人物とは言えない。そして私自身はシャブロルたちの世代より、さらに一〇歳下です。同世代にはベルトラン・タヴェルニエがいます。タヴェルニエとは彼の作品も含めて、あらゆる面で意見が合わないのですが（笑）。それとジャン＝アンドレ・フィエスキ、ジャン＝ルイ・コモリは、私がジャン・ドゥーシェに紹介して入ったメンバーです。ところが彼らが加わったことが発端となり、トリュフォーとリヴェット、ロメールの間に亀裂が生じてしまった。

　ロメールは新しい世代の意見に耳を傾けていましたが、トリュフォーとリヴェットはそれに断固反対していた。そしてロメールを編集長の座から引きずり降ろそうとしたのです。トリュフォーた

バーベット・シュローダー
Barbet Schroeder
一九四一〜。イラン、テヘラン生まれ。プロデューサー、監督。『カイエ・デュ・シネマ』の批評家時代にロメール、ゴダールらと出会う。一九六二年、ロメールとともに映画製作会社「レ・フィルム・デュ・ロザンジュ」を創立。同社にての「六つの教訓物語」シリーズの製作を開始しプロデューサーを務める。六五年、ヌーヴェル・ヴァーグの監督六人による短編オムニバス映画『パリところどころ』を企画。監督としても多くの作品を発表。アメリカ映画界でも活躍。

ちは、いつか次世代の批評家がヌーヴェル・ヴァーグの批判をするんじゃないかと恐れていたのかも知れません。

――編集長の座をかわって引き受けたリヴェットとの間になにか確執があったのですか？

BS いいえ、ロメールはそんな小さなことは問題にしない、寛容な人物でした。それにロメールはリヴェットの作品に魅了され、感銘を受けていました。それに我々の会社「レ・フィルム・デュ・ロザンジュ」は、『セリーヌとジュリーは舟でゆく』（74）や『北の橋』（81）といったリヴェット作品を製作しているじゃないですか。

しかしロメールが編集長を解任されたという事実は、そんなに軽い問題ではありません。ジャン・ドゥーシェも私もロメール解雇と同時に『カイエ』を去りました。ヌーヴェル・ヴァーグの面々は過激なまでに自らを主張し、世の中に大きな影響力を与えていました。でもロメールは集団がある方向に極端に傾斜していくことを、嫌っていました。だって、トリュフォーが「フランス映画のある種の傾向」と銘打ってそれまでのフランス映画を徹底批判することで、どれほど多くの映画が息の根を止められたことでしょう。

ロメールの映画づくり

――『獅子座』は公開されたものの、興行的には振るわなかったそうですね。

BS 『獅子座』は興行的に大失敗でした。それでもロメールは次回作を撮るチャンスを見計らっていた。「今の商業システムの中では、私の映画を作ることは不可能だ。別の、もっとミニマルな方法を見つけ出さなければならない」そう思いながら、試行錯誤を重ねていたのです。当時、私はプロデューサーでもない、二〇歳そこそこのただの若造でした。でもどのようにすれば低予算で映画が作れるのか、ロメールと一緒に考えたものです。私とロメールの製作会社、レ・フィルム・デュ・ロザンジュは二本の中編『モンソーのパン屋の女の子』(63)、『シュザンヌの生き方』(63)を撮った後に設立しました。これらの作品に私は出演したし、スタッフ・キャストの編成から、製作、会計、助監督など全ての仕事を担当しました。いつも極少人数のスタッフでした。たとえばカフェのシーンで三〜四時間必要な時、私は友達を呼んで無料でエキストラ出演してもらったものです。『シュザンヌの生き方』には亡くなったジャン＝クロード・ビエットも出ています。彼らのコーヒー代は全て、ロメールが自腹を切っていたのです。カメラは一銭もかからなかったし、フィルムはシャブロルからもらったもの。だからものすごく低予算でした。しかし作品のネガができ、ラボに持って行っても、現像代すらなかった。経済的には、とても苦しい時代でした。今ならデジタルカメラがあるから、ずっと安く上げられるでしょうがね。資金を工面するために奔走した後、なんとか現像にこぎつけました。その後、ロメールは超人的なスピードで編集を終えたのです。どのシーンもワンカットしか撮らなかったし、どこにどのショットを配置するのかは、すべて、頭の中にあったのでしょう。こういった本物のシネアストは、非常に稀です。一ミリの隙もなく超短期間で完璧な作品を作る姿を見ていて、私はジョン・フォードを彷彿させられました。

それから、また別の問題が生じてきました。編集して音を入れ、16ミリから35ミリに拡大（ブローアップ）する作業には、どんな低予算の作品でも大変なお金がかかります。そこで私は外務省に出向いて直談判したのです。『モンソーのパン屋の女の子』と短編『パリのナジャ』(67)は外務省からの注文作品として、資金援助申請がおりました。それでこの二作品を編集しながらもう撮影だけは終わっていた『コレクションする女』(67)を、一緒に編集していたのです(笑)。

その後、個人的な人脈を通してTV局に『モンソーのパン屋の女の子』と『シュザンヌの生き方』の放映権を売り、『コレクションする女』の仕上げに必要な資金に充てました。この二作品はトゥール短編映画祭に応募しました。当時、この映画祭はフランスで最も重要な短編映画祭でした。『モンソーのパン屋の女の子』と『シュザンヌの生き方』が賞賛の声で迎えられ、輝かしいキャリアが待っている。私たちはそう確信していたのです。ところがなんと、映画祭の第一次審査で落選してしまった！　私は頭を抱えました。「これは困ったことになった。ロメールが世間に認められるまでに、もう五年はかかりそうだ……」と。そうしたら彼はこう答えたのです。「五年なんて大した年月ではない。これは素晴らしい未来がくる前兆なのだよ」と。落選したのは自分の才能が審査委員を上回っていたからだ。そうロメールは結論づけたのです。いやはや……でも真の賢者ならば、自分の才能とインテリジェンスを分かっていて当然なのでしょう！

――「六つの教訓物語」シリーズの製作は前途多難なスタートを切ったのですね。どのように撮り進めていかれたのですか？

BS　私は「六つの教訓物語」を全てプロデュースするつもりでした。だから最初は順序どおり、次は三作目の『モード家の一夜』（68）を撮ろうと思っていました。だが想像以上に道のりは険しかった。金銭的援助を受けるため、TV局にシナリオを見せに行ったら「こんな退屈な話は大嫌いだ！」と投げ返されたりもしました。私は飛び散ったシナリオを拾い集め、ロメールと一緒に考えたのです。『モード家の一夜』は冬場での撮影でしたし、プロの役者を必要としていた。つまりジャン＝ルイ・トランティニャン、フランソワーズ・ファビアン、マリ＝クリスティーヌ・バローに正当な出演料を支払う必要がある。その分だけ多くの予算が必要になってしまうのです。そこで、まずはもっと低予算の『コレクションする女』から撮り始めることに決めました。ロケ地に決めた春先のサン・トロペは、夏のバカンスシーズン前で、滞在に必要な費用もまだ高騰していませんでした。

当初この映画は16ミリのカラー作品になるはずでした。でもロメールはワンテイクしか撮らない。カメラはボレックスで、同時録音はなし。一本のフィルムでに二〇〜二五秒しか撮れません。ロメールは各シーンを全て把握していたので、物語の順番に沿って撮っていく。すべてワンテイクだから、それと同じ分量のフィルムしか必要がない。それならば、16ミリで撮影して35ミリに拡大するのと、最初から35ミリで撮るのとでは、予算はさほど変わらないことに気づいたのです。それで『コレクションする女』は35ミリで撮影することになりました。

――『コレクションする女』は撮影監督のネストール・アルメンドロス[1]の美しい映像が非常に印象的でした。彼との出会いについてお聞かせください。

BS　『コレクションする女』からのロメール作品は、ネストール・アルメンドロスが撮影することになりました。彼とは私がプロデュースをしたオムニバス『パリところどころ』（65）の撮影現場で出会ったのです。このオムニバスの中のロメール監督作『エトワール広場』の撮影に、私は参加していたのです。当時、キューバのイメージといえばフィデル・カストロ、そして地上の楽園。キューバからの亡命者といえば、問題を抱えた悪い人物。すぐに、そうレッテルが張られていたのです。ですから誰もキューバから来た人間にはかかわりあいたくなかった。フランス映画人の九五%は左派だった中で、そうでなかったのはロメールだけです。

最初『コレクションする女』の撮影監督は違う人だったのですが、彼はほとんどロメールの意図を理解できなかった。ロメールはワンテイクしか撮らない代わりに同じワンシーンについて、一〇〇回も説明する。それには通常の数倍もの忍耐力と集中力が要求されるのです。そんなロメールの

▼1　Néstor Almendros
一九三〇〜一九九二。撮影監督。スペイン、バルセロナ生まれ。フランコ独裁政権を逃れてキューバに亡命し、革命キューバ政府のもと短編記録映画製作に携わるが、思想統制に抗し六〇年代初頭にフランスに亡命。その後は、ロメール、トリュフォーなどヌーヴェル・ヴァーグの作品の撮影を多く手掛ける。七〇年代以降はアメリカ映画界でも活躍した。

演出にイライラした撮影監督は、無給で働くことにもうんざりして、パリに帰ってしまった。どうしようかと困っていた矢先、ネストール・アルメンドロスが「カメラの使い方ならよく知っている。写真ならまかせてくれ」と言うではありませんか！

当時アルメンドロスは流れものが住む掘立小屋や、知人のアパートに居候しているような男でした。ですが、ロメールはその才能を信じたのです。そして撮影監督、アルメンドロスのデビュー作が、この『エトワール広場』になったのです。彼は構図に関しては素晴らしい美的感覚を持っていて、ロメールの意図をすぐに把握した。それから彼は『海辺のポーリーヌ』(83)まで、ロメールの八作品の撮影監督を務めることになったのです。

――ロメールに見出された逸材だったのですね。『コレクションする女』は非常に限られた予算だったとあります。撮影を開始した後も、あなたは資金繰りに奔走していたそうですね？

BS　そうです。もう一つ、『コレクションする女』撮影中のエピソードをお聞かせしましょう。サン・トロペで一軒家を借りて、私たちは寝食を共にしていた。賄いとして雇った女性は、イタリア人の太ったオバさんでした。彼女が作るのは、連日毎食じゃがいも、ニンジン、豆たっぷりのミネストローネだけ。たまりかねた私はある日、大きな仔羊のモモ肉を買ってきました。しかし食卓に上がったのは、またしてもミネストローネ！「一体あの肉は、どこに消えてしまったんだろう？」この疑問は一瞬のうちに氷塊しました。オバさんはこう言ったのです。「お皿の中をよくご覧なさい。細かく刻んだお肉が入っているのが見えないのかい？」と(笑)。

――それで、念願の公開にこぎつけた後、どのような反響が待っていたのですか？

BS　『コレクションする女』はカルチエ・ラタンの名画座、サン・タンドレ・デ・ザールでロングランを記録しました。それ以来、ロメールはフランスの映画界の重要人物になると、誰もが確信したのです。その中にはトリュフォーもいました。「ロメールをカイエから追放してしまったけど、これは大変なことをしてしまったぞ。何とかしなければ……」きっと彼は、そう思ったに違いありません。それで私に連絡してきて、「ぜひロメールの次回作に協力したいんだ。一体私に、何ができるだろう？」と申し出てきた。『モード家の一夜』はTV局からの支援が暗礁に乗り上げていた頃で、その話を彼にしたところ、トリュフォーはすぐ自分のエージェントに電話して、俳優の出演交渉を買って出てくれたのです。そしてジャン＝ルイ・トランティニャン、フランソワーズ・ファビアン、マリ＝クリスティーヌ・バローといったのスターたちの出演を取り付けてくれた。だから『モード家の一夜』を製作できたのは、トリュフォーのおかげだったのです。

――『モード家の一夜』はアカデミー賞の外国語映画賞や全米映画批評家協会賞など、アメリカでも大きく評価されたのですね？

BS　国内のみならず、全世界で高く評価されました。この映画がアカデミー賞外国映画賞にノミネートされて以来、ロメールは映画を製作しやすくなりました。それ以降、コロンビア映画社が「六つの教訓物語」の世界配給権を買いたいと言ってきた。以前、この映画のシナリオを投げつけたTV局の担当者は当時、コロンビアの配給部門に移っていました。彼によると『モード家の一夜』の成功は功績だそうです。まるでロメール映画の父になったような気分でいるようですよ（笑）！

絵と言葉――ロメール映画の美学

――この頃からロメールは不動の名声を得ることになったのですね。あなたにとってロメール映画の最も大きな美点はなんでしょうか?

BS　ある日、ロメールが嬉しそうに言ったことがあります。「アラン・レネに偶然会った。彼から私の演出は素晴らしいと言われて、すごく有難かった」と。映画にとって最も大切なのは構図と画《え》で、物語ではありません。それがロメール作品の美点です。彼にとっては写真的な画面を切りとることが大切でした。ロメールはトラベリング（レールに乗せた移動車に載せたカメラによる撮影）をほとんどしませんでした。ロメールにとって重要なのは、「映像の組み立て」だったのです。当時のスクリーンサイズは、1：1.33でした。先頃、F・W・ムルナウの『タブウ』（31）を見直したら、そこにロメール的な事象が見られました。多くのシーンは登場人物の後ろに山が映っています。このような画面はシネマスコープでは撮ることができないでしょう。同様にしてロメールの作品では、登場人物の背景に湖や海や山が映し出されていることがあります。そして絵画が画面作りのヒントになっている。『クレールの膝』（70）ではゴーギャンを、『海辺のポーリーヌ』ではマティスを、『満月の夜』（84）ではモンドリアンを取り上げたように。ロメール映画の美学とは、絵画からの「引用」が数多く見られることです。

――ロメール映画の登場人物たちは多弁で饒舌です。一見すると不自然なほど回りくどい表現で言葉を紡いでいく印象があるのですが…

BS　登場人物がどのように話すのか、どんな言葉を発するのか――それがロメール映画では重要です。ロメール映画の登場人物は、時にそれを演じる俳優の性格やしぐさに似ています。俳優たちと共同作業の中で彼らの隠された側面を引き出しセリフにすることで、ロメールは物語を紡いでいくのです。そこにはリアリズムが存在する。自分の映画を見直す時、一番興味をもって彼が見ていたのは登場人物です。そこに「文学的要素」が含まれているかどうか。例えばロメールの愛するバルザックの登場人物は、複雑で多面です。そして圧倒的に人間臭い。その反対にロメールが最も嫌っていたのは型にはまった紋切り型のキャラクターでした。

――ロメールの私生活は謎に包まれていました。〝エリック・ロメール〟という名前も本名ではなく、長年、映画監督になったことを身内に隠し通したと言い伝えられています。

BS ロメールが生まれ育った家庭は非常に厳格で、映画の道へ進むと破門するような家柄でした。そのショックを与えまいと、彼は映画作家になったことを死ぬまで母親に打ち明けなかったのです。それは自分の妻や息子たちのためではなく、母親の尊厳を守るためです。だから私と仕事していた時は、写真撮影は絶対NG、映画のプロモーションはなし、決して表舞台に立たないという契約を結んでいました。でも一九七〇年『クレールの膝』でルイ・デリュック賞を受賞した時は、この素晴らしい賞を辞退することはできなかった。それでモンマルトルの仮装用品店まで行ったロメールは、つけ髭とメガネを手に入れて買ってきた（笑）。

――長きに渡るコラボレーションで最も思い出に残るエピソードがあれば、ぜひお聞かせください。

BS 私の中で最も美しいロメールとの思い出は、『クレールの膝』の時、バラが登場する場面でのエピソードです。彼の撮影はワンテイクだから、カメラを廻し始めるまでの準備にとても時間がかかる。一年前からあらかじめプロダクション・デザイン、どこで何のシーンを撮るかまでを綿密に決めておくのです。ロメールは『クレールの膝』のロケハンの時、「ここにバラを植えておこう。そうすれば一年後には美しい花が咲くはずだから」と言って苗を植えしました。彼はそのバラがどれくらいのスピードで、どんなに美しく育つのか、分かっていたのでしょう。一年後の撮影当日、そこには見事なバラが咲いたのです。また別のシーンでは、たわわに実るさくらんぼが出てきます。どの季節が一番熟しているか、ロメールは調べてくれていたのです。お陰で撮影の日、私たちは熟した美味しいさくらんぼを食べることができたました。素晴らしいことではありませんか！　ロメールは目の前にある自然に自分の世界観をくわえて、それを画面に残したのですから。

晩年、彼が重い病気にかかっていることは知っていました。病因ははっきりしないが、おそらく骨に問題があったのでしょう。あれは彼が亡くなる八ヵ月程前になりますか、激痛に苦しんでいるロメールに私は「モルヒネを打つべきだよ」と勧めたのです。そうしたらロメールは、「問題外だ。正気を失うことなど考えられない！」と断固として拒絶しました。それから薬が正気を失わせるのか、痛みを和らげるのかについて、私たちは、長い問議論を交わしたのです。でもその時点でもう、手の施しようがなかったのでしょう。

彼が亡くなる数日前、ＮＹにいた私はジャン・ドゥーシェからの電話を受けました。その時に「もう助かる見込みはない」と聞かされていた。だから心の準備はできていた、ロメールとの別れが近いことは、もう分かっていたのです……。

（二〇一〇年七月二日　パリ一六区、バーベット・シュローダーの自宅にて）

ジャン・ドゥーシェ　Jean Douchet
映画の本質は言葉にある

『カイエ・デュ・シネマ』の作家たちと交流し、ヌーヴェル・ヴァーグの時代から二〇一九年一一月に他界するまでフランス映画界の第一線で活躍した、フランスを代表する批評家ジャン・ドゥーシェ。ロメールとの出会いから、五〇年にわたる友情とロメール映画の魅力を語りつくす。

ヌーヴェル・ヴァーグ前夜

——あなたがシネマテークやシネクラブに通われていた頃は、将来のヌーヴェル・ヴァーグの映画作家たちがこぞって集結していた時代でした。その中でロメールと出会われたのですね？

ジャン・ドゥーシェ（以下、JD）　ロメールのことを知ったのは、一九四八年頃でしたでしょうか。アンドレ・バザンがかかわっていた映画雑誌『ラ・ルヴュ・デュ・シネマ』[1]が主催するシネクラブが毎週日曜に開催されていて、上映後には討論会がありました。ロメールの姿は、そのシネクラブでよく見かけていたし、シネマテークですれ違うこともありました。当時、私はまだ二〇歳にも満たない大学生で、ロメールは高校教師という職に就いていた。だから討論の場で意見を交わすこと

ジャン・ドゥーシェ
Jean Douchet
一九二九〜二〇一九。批評家、監督、映画史家。フランス、アラス生まれ。五〇年代から『ガゼット・デュ・シネマ』、『カイエ・デュ・シネマ』に批評を執筆し、ゴダール、トリュフォー、ロメールらと親交を持つ。映画に関する著作は数多く、特にヒッチコックの作

はありませんでした。それに彼は積極的に発言する性格ではなかったのかも知れません。

彼と本当に仲良くなったのは一九四九年です。その年、アンドレ・バザンのシネクラブが「呪われた映画祭」▼2を催すことになって、パリのシネフィルたちが集結したのです。開催地の南西部ビアリッツまでは当時TGV（新幹線）は開通していなくて、だから我々は寝台車で現地に向かいました。その時ロメールと偶然、同じ列車の同じ車両になって、我々はたちまち意気投合したのです。夜通しで映画談議に夢中になりました。

――その頃、ロメールは『ラ・ルヴュ・デュ・シネマ』に寄稿していたのですか？

JD 彼が初めて批評を発表したのが『ラ・ルヴュ・デュ・シネマ』です。だがこれは一九五〇年に廃刊となり、ロメールは新しい映画誌『ラ・ガゼット・デュ・シネマ』を創刊しました。ここにはリヴェットやゴダールも寄稿しています。翌年、アンドレ・バザンとジャック・ドニオル＝ヴァルクローズが『カイエ・デュ・シネマ』を創刊したことによって、『ラ・ガゼット・デュ・シネマ』のメンバーは『カイエ』誌に合流することになったのです。

――カイエ誌の批評家となってからロメールはどのような道を歩んでいったのでしょうか？

JD ロメールは五〇年代の初めから多くの短編を作っていました。やがてヌーヴェル・ヴァーグが大きなうねりとなり、ゴダール、トリュフォー、シャブロルなどは、それぞれ映画作家としての道を歩んでいきました。ロメールはデビュー作『獅子座』（59）が興行的に失敗したため、七年もの間次回作を撮れなかった。その間『カイエ・デュ・シネマ』誌に残って五七年から六三年まで編集長を務めました。カイエ誌に寄稿を続けていたのは、ロメールとリヴェットだけで、トリュフォーとゴダールが去った後、バーベット・シュローダーという若者が入ってきました。シュローダーはどうしてもロメールが二本目の監督作を撮ることを熱望し、自分が助力すると宣言したのです。

品分析、ヌーヴェル・ヴァーグ論が知られている。国立映像音響芸術学院（FEMIS）で教鞭をとっていたこともあり、時に、教え子であるフランソワ・オゾン、グザヴィエ・ボーヴォワらの作品に俳優として出演した。

▼1 La Revue du cinéma 『カイエ・デュ・シネマ』の母体となった映画専門誌。一九二八年、後に脚本家の道を進むジャン＝ジョルジュ・オリオールにより創刊され、三一年に休刊。第二次世界大戦後の一九四六年、あらたに創刊されるが、五〇年オリオールが他界したことにより廃刊になった。

▼2 Festival du film maudit, Biarritz フランスで作家映画を上映した初の映画祭。四九年と五〇年に二回開催されたのみ。四九年は、ロベール・ブレッソン『ブローニュの森の貴婦人たち』、ジャン・グレミヨン『高原の情熱』、ジョン・フォード『果てな

そして一九六五年、シュローダーはヌーヴェル・ヴァーグの映画作家によるオムニバス『パリところどころ』を製作しました。それはふたたびロメールに映画を撮らせるために他なりません。この映画には監督としてゴダールやシャブロルも名を連ねていましたから、観客を呼べるだろうと目論んでいたのです。そしてこの映画で得た資金をロメールの次回作にあてる公算だったのです。私も監督として参加したこのオムニバスでは、「それぞれが選択したパリの地区を、まるで一つの村のようにいきいきと描く」という条件が課せられました。軽量カメラ、自然光、セットなしの低予算……まさにヌーヴェル・ヴァーグ特有の方法でしたね。

――『パリところどころ』でロメールが選んだのは凱旋門のあるエトワール広場です。なぜ、あの場所を選ばれたと思いますか?

JD ロメールがエトワール広場を選んだのは、第一にはそこが『カイエ』誌の事務所から近かったからだと思います。カイエ誌を発行する出版社の名前は「エディション・ド・レトワール」(Editions de l'Etoile,「星の出版社」の意味)という。これは偶然でしょうか? ロメールはいつも、凱旋門を起点に放射状線にのびた一二本の大通りを渡ってエトワール広場を最速で一周するにはどうすればいいのか、考えていました。その頃の彼は、よくランニングを趣味にしていました。素早く車をよけ、目的地に一秒でも早く到着することを、まるでスポーツをするかのように楽しんでいたのです。そういった日常のなかでこの映画のアイデアが浮かんだのでしょう。『パリところどころ』の評判は上々で、興行的な成功を収めることができた。シュローダーは見事、ロメールの次回作に充てる資金調達に成功しました。その時『モード家の一夜』(68)の脚本は出来上がっていましたが、まずはもっと低予算で製作できる『コレクションする女』(67)から撮影しようという話になった。以降ロメールは、シュローダーが共同で設立した映画製作会社「レ・フィルム・デュ・

き船路』、ジャン・ヴィゴ『アタラント号』、ジャック・タチ『のんき大将脱線の巻』、オーソン・ウェルズ『上海から来た女』、ジャン・ルノワール『南部の人』、など一六本を上映。その年は、二九歳のロメール、二〇歳のドゥーシェ、一九歳のゴダールとシャブロル、一七歳のトリュフォーも参加した。

ロザンジュ」で、最晩年の歴史映画『グレースと公爵』(01)、『三重スパイ』(03)、『我が至上の愛　アストレとセラドン』(07)を除くすべての映画を撮り続けることになります。

彼の辞書に不誠実という言葉はない

―なぜ晩年の作品は「レ・フィルム・デュ・ロザンジュ」では製作されなかったのですか?

JD　低予算の映画を作っていた時、ロメールは好きな俳優を使い、好きなテーマを描くことができました。でも晩年の三作品のための資金調達は、困難を極めた。『グレースと公爵』は美術や衣装など、低予算ではとても収まらない規模になってしまった。遺作となった『我が至上の愛』の原作となったオノレ・デュルフェの小説なんて、フランスでさえ忘れ去られている。その映画化作品に融資しようという人間など、いるわけがなかったのです。

―ロメールは一貫して描きたいテーマの作品を撮り続けたのですね? それで晩年は資金繰りに困ってしまったのですね。

JD　ロメールが普通の監督と違う点は、徹底して思考する人間だったことです。「グリフィス、ムルナウの映画とは何なのか?」「どうして彼らは映画を作るのか?」グリフィスとムルナウは動く画《え》だけで物語を語る方法を発明した。それに対してロメールは、映画の本質は言葉にあると気付いたのです。そして無声映画の概念から離れ、新しい言語表現を生みだした。

　ロメール作品を、会話ばかりで文学的すぎるという人がいますが、それは間違っている。ロメール映画は言語表現で成り立っているので、セリフが最も重要になります。登場人物はすべて言葉で、自分自身はどうあるべきなのか、どのような行動をとればいいのか徹底的に語り尽くすのです。

——ロメール作品は時に、マリヴォー劇[3]との共通点を指摘されることがあります。そんな時、『愛と偶然と戯れ』はよく引き合いに出される作品です。

JD　言語表現が最も重要なのが、ロメールとマリヴォーに共通する部分です。ですが、劇の展開の仕方はまるで違う。マリヴォー劇の登場人物は、自分の想いを貫くために、嘘をつきます。嘘を巧みに駆使してハッピーエンドを手に入れるのです。それに対してロメール作品ではすべての登場人物が、本心を語り尽くす。たとえそれが幻想にすぎないと分かっていたとして。彼らは真実だけを語っていて、だから不幸な結末に至ることが多いのです。『美しき結婚』(81)は典型的な例で、主人公の娘は白馬にのった王子様を夢見ていますが、非常にシニカルな結末を迎えることになる。

　マリヴォーが『夏物語』(96)を描いたら、当然メルヴィル・プポーとアマンダ・ラングレは結ばれることになるでしょう。マリヴォー劇は苦境に陥ったとしても、最後は必ず観客の望むような結末を迎えます。でもロメールはマリヴォーよりも、ずっとリアルで残酷なのです。誰もが若い頃は夢を抱く。でも年を追うごとに、現実は不条理であるとを知っていくことになる。

——一七世紀のフランス・バロック小説が生んだ「恋愛地図」[4]とロメール映画の間にも、何らかの関連性を見いだすことができるのでしょうか?

JD　恋愛地図とは、洗練され気取った文体そのものと言っていいでしょう。地図上を流れる「愛の河」を中心に、左右に誠実、寛容、疑惑、失言などと名づけられた村々や危険な海、反目の海などが配置されています。恋愛地図の上でこれらの感情を辿りながら「言葉の応酬による恋の駆け引き」、「恋愛劇の心の移ろい」が表現されていきます。ロメールは間違いなくこの恋愛地図を意識していたはずで、彼の映画に影響を与えていることは明白です。

「六つの教訓物語」の六作は、いずれも同じテーマをめぐる物語です。人生の岐路に立ったひと

▼3　ピエール・ド・マリヴォー（Pierre Carlet de Chamblain de Marivaux）一六八八〜一七六三。一八世紀に活躍したフランスの劇作家、小説家。女性を主人公とした恋愛心理の分析をテーマにとする喜劇を創始した。代表作は『愛と偶然と戯れ』。

▼4　「恋愛地図」（Carte de Tendre）は、一七世紀フランスの女性作家で、サロン文化の花形、マドレーヌ・ド・スキュデリ（Madelaine de Scudéry）による小説『クレリー』*Clélie* の挿絵として有名である。男女の〈優しき友愛〉を寓意的に地図に示したもので、一七世紀の気取った文化、才気に富んだ会話に本心を隠し、お互いの意図を探るサロン談義を表現している。

りの男性が、別の女性に目移りする。でも結果的には元の女性に戻っていく――まさにこれは先の恋愛地図の過程そのもの、フランス文学の伝統なのです。それを踏襲しながらロメールは、現代の男女関係に焦点を当てた。つまりセオリーには捉われず自由に、自分なりのやり方を創造したのです。男たちには同じ階級に属する理想的な女性がいる。でも彼女たちはお高くとまって、自分たちを相手にしてくれない。だから後から登場してくる、少し階級が下の女性に心移りするのです。でも結果的に男たちは、彼女たちを軽蔑することになる――それがロメール版の恋愛地図なのです。

彼の描く恋愛地図は痛いほどに正確で、だから残酷だとも言えるでしょう。そこにはフランスの階級社会がはっきりと描かれている。ロメール映画の感情は一見自然に見えますが、実は厳密に構築されたものです。そしてその感情を享受するには文化的素養が必要であり、知識階級である必要がありました。

恋愛地図は一七世紀の貴族の間での、文学的な恋の駆け引きです。恋愛地図をうみだしたマドレーヌ・ド・スキュデリは数多くの恋の駆け引きをしましたが、彼女にとって恋愛そのものは重要ではなかった。その駆け引きの部分にしか興味がなかったのです。ロメールはそういった考えを持っていましたが、知的階級の人間を描くだけではなく、格差社会の縮図も描いたのです。

――あなたはロメールと五〇年以上にもわたる友情を築かれましたが、普段はどのように交流されていたのですか?

JD ロメールと会うときは、いつも二～三時間。話題は映画について。それ以外の話は一切しませんでした。最後に会ったのは、亡くなる二ヵ月前。その後、ゴダールとシャブロル、それぞれ会う機会があったのですが、「ロメールがいなくなって寂しい」と、二人とも肩を落としていました。

ロメールほどプライベートと仕事を切り離していた人間を、私は知りません。我々は五〇年間にもわたっての友情関係で、彼の奥様を見かけたのは、たった三回だけ。亡くなってはじめて彼の家族は、映画監督エリック・ロメールの仕事を知った。厳格だった母親に対してだけではなく妻にも、映画監督としての顔を見せていなかったのです。同時に、どれほど私たちがロメールのプライベートを知らなかったかいうことも知りました。

ロメールほど気高く真摯な人間を、私は知りません。彼の辞書に不誠実という言葉はない。ロメールの死の八日前には、彼が重体であることを知らされていました。だが、決して公言してはならないと言われていた。そしフランソワーズ・エチュガライからロメールの死を伝えられた私はすぐに、シャブロルとゴダールに電話したのです。

最後に一つ付け加えます。ロメールの映画はただセリフが多いわけでなく、思考、思想が先にあります。『モード家の一夜』ではパスカルの談義が登場します。パスカルは偶然は必然であると説明しています。ロメール作品には必然的な偶然があり、より複雑になってきます。マルクスの見解では、運命や道のりは選べないというが、パスカルの場合は違います。当時、多くのインテリがマルクス主義でしたが、ロメールはパスカル派でした。ロメールの葬儀はサン・テチエンヌ・デュ・モン教会（パリ五区、カルチエ・ラタンにある教会）で行われましたが、あそこにはパスカルのお墓があります。それは偶然ではないと思います。そうなることをロメールは亡くなる前から知っていたのでしょう。

（二〇一〇年六月二二日　パリ四区、バスチーユ広場のカフェ・フランセにて）

追記　ジャン・ドゥーシェは、二〇一九年一一月二二日、九〇歳で逝去した。

フランソワーズ・エチュガライ
孤高の人の素顔

Françoise Etchegaray

　少人数のスタッフ編成で軽快に素早く撮影する。ロメールは八〇年代から既に、独自の映画作りの方法を選んでいた。そんな彼の横にはいつも、フランソワーズ・エチュガライがいたのだ。ロメールの仕事上の家族といわれる彼女は三〇年もの間、ロメール作品を陰ながらサポートし続けた。メディア嫌いとして有名なロメールは、TVにはけっして出演せず、新聞や雑誌のインタビューへの写真掲載も許さなかった。本名モーリス・シェレールとしてはもちろん、映画作家・エリック・ロメールの素顔も謎に包まれていたのだ。そんなロメールをエチュガライは最も近くから見てきたパートナーである。

文学的価値観の共有

――『緑の光線』（86）以来、あなたは片時も離れず映画作家エリック・ロメールのそばにおられました。

フランソワーズ・エチュガライ（以下、FE）　ロメールの実際の家族、つまり奥様と二人の息子さんは、映画作家としてのロメールのことを知りません。彼らはプライベートのモーリス・シェレールの顔しか知らないし、ご家族がロケ地や事務所を訪れたことも一度もない。つまりロメールとシエレールは、ほぼ別人物だったのです。

——そもそもお二人はどのように出会ったのですか？

FE それはまったく、偶然のたまものです。当時の私はまだ学生で、文学の一級教員資格（アグレガシオン Agrégation）を受験するための準備中でした。そんな時にジャン・ユスターシュの『ママと娼婦』（73）のスタッフをしていた友だちから、人手が必要だから手伝いに来てくれないかと誘われたのです。生活費の足しになるならという軽い気持ちで引き受けたのだけど、私は軽率でした。その製作会社は倒産してしまって、私の手元には一銭も入ってこなかったんですもの（笑）。でも、それがきっかけで人間関係が広がっていき、映画界に入ることになったのです。ロメールとは、『ぼくの小さな恋人たち』（74）でユスターシュと働いていた七三年頃に知り合いました。その後の私はピエール・ズッカやゴダールなど、個性的な映画人たちと仕事をする機会に恵まれた。ロメールとの長いコラボレーションが本格的にスタートしたのは、八四年、私が企画の段階から参加した『緑の光線』からです。ロケハンは常に二人で行きました。後年の歴史映画（『グレースと公爵』、『三重スパイ』、『我が至上の愛』）には、多くのスタッフが参加しましたが、それ以外のいつものロメール映画では撮影監督、音響係、そして私たち。このたった四人がロメールの撮影班でした。

——ロメールは自身のことを「世界で最もスタッフの少ない映画作家」だと公言していました。お二人の間には何か、大きな共通点があったのですか？

FE 私たちは大学時代に文学を専攻し、ギリシャ語とラテン語を学んだ。そして似たような厳格な家庭で育ちました。芸術や道徳といった面でも価値観が合ったといえる。ロメールは高校で古典文学の教師をしていた頃から小説やエッセイ、批評などを書いていました。「モーツァルトからベ

フランソワーズ・エチュガライ
Francoise Etchegaray
一九五一〜。プロデューサー、監督。フランスの海外県、マルティニーク島、フォール＝ド＝フランス生まれ。『緑の光線』（86）、「四季の物語」シリーズなどにアシスタントや製作管理として携わり、ロメールの製作現場を長年に渡り支える。後にプロデューサーを務めるようになり、『木と市長と文化会館 または七つの偶然』（92）、『三重スパイ』（03）『我が至上の愛 アストレとセラドン』（07）などを世に送る。監督作品としては『私の規則 *La règle du je*』（91）、『待つ七人』*Sept en attente*（94）などが知られている。二〇二〇年、ロメールとの映画づくりを綴った自伝（*Contes des mille et un Rohmer*, EXILS）を出版。

ートーヴェンへ」と題したエッセイもあります。文学、音楽、哲学、絵画、建築と様々な分野に精通していた彼は、最後の古典学者の一人であるといっても過言ではないでしょう。彼にとって絵画はただの造形物ではありません。ティツィアーノ、ミケランジェロ、ジョット、ニコラ・ド・スタール、そしてピカソを愛していました。古典的であるのと同時にモダンであることは、両立するのです。

ロメールはバルザックの愛読者で、ボードレール、ランボー、ステファン・マラルメに精通していた。現代文学にほとんど興味を持っていませんでしたが、私が勧めたミラン・クンデラの著書は気に入っていました。

午後になるとお茶を飲むのが、ロメールの習慣。ワインは嗜む程度で、ウイスキーなど強いアルコールは一切口にしなかった。

――教師と生徒のような関係性だった？

FE 師弟関係とはまるで違って……そう、私たちは年の離れた同志のようでした。ロメールは上下関係を嫌い、いつだって同等な関係を好んでいましたから。私たちの気質は正反対で、だからこそ上手くいったのです。ロメールには融通が利かない、頑ななところがあります。私はその逆で、何でも受け入れてしまう。ロメールはマイペースでゆっくりしていますが、私はせっかち。彼には心配症なところがありましたが、私は怖いもの知らず。歩道を歩いていても、轢かれるんじゃないかと、いつも不安を感じていたのです。出会ってから二〇年以上もの時を経て、お互いに大きく変化したと思います。私はロメールから厳格さを、彼は私からもっとリラックスすることを学んだのではないでしょうか。ロメールは偶然に対する直感を持っていた。でも現状を受けとめてさらっと流すことを教えたのは、私だと思っています。矛盾しているように聞こえるかもしれませんが、本質的に私たちはウマが合った。私たちの最大の共通点は、同じ文学的な価値観を持っていたことです。お互い本音でしか話せなかったので、意見が食い違うととことんまで話し合ったものです。

たった四人の撮影班

――実際の現場では、撮影はどのように進んでいったのでしょう?

FE ロメールは『満月の夜』(84)以降、大人数のスタッフでの撮影がイヤになったと言っていました。そこにヒエラルキーが生まれ、組織が重たくなる。それが肌に合わないと感じていたのです。ですから『緑の光線』ではごく少人数スタッフで、素早く軽快に撮影する方法を選びました。現場は手作りの職人的な雰囲気でしたよ。ロメール自らも荷物や機材を運びますし、スタッフにお茶を入れたり、じゃがいもの皮を剝いたりもしていました。それは役者も同じです。パスカル・グレゴリーは料理担当。アリエル・ドンバールは料理が苦手だから、食卓を整えたり、ごみ捨ての係。何もしなかったのはファブリス・ルキーニぐらいです。彼はとにかく四六時中、しゃべり続けていました(笑)。ロメールは自分でもできることを人に頼むのが嫌いだった。だからすべてを自分でやりたがりました。その方が製作費の節約にもなりましたしね。もし俳優たちがロメール作品に参加して幸せを感じるとしたならば、彼らが人間の本質的な部分を分かっていたからでしょう。偉大な俳優ほど、それを熟知しているものです。

――低予算で前作の収益を次回作に当て、借金を作らないというロメールのスタイルは、今でもたびたび映画作りのお手本にされていますね。

FE ベルリン映画祭に行った時、マイケル・チミノ監督の『天国の門』(80)のプロデューサーに『恋の秋』（98）は素晴らしかった。でもエンディングに四人のスタッフしかクレジットされていないなんて、ひどいじゃないか」と言われたことがあります。でも、『恋の秋』のスタッフは、本当に四人だけだったのです！『天国の門』には一〇〇人以上のスタッフが携わっていました。「四人だけでも興行的には大失敗で、製作したユナイテッド・アーティスツは倒産してしまった。でもこんな傑作が作れるなんて、にわかに信じがたい……」と、そのプロデューサーは唖然としていました。でも製作費やスタッフの数と映画の良し悪しは関係ありません。ただロメールは独自の製作方法を見出した、稀有な映画作家であることは確かです。

海岸で撮影していても、私たちが商業映画を撮っているなんて、誰も思わない。せいぜい自主映画の製作を楽しんでいる、アマチュアの集団に見られていた。そしてロメールはそういう状況を心から愉しんでいました。

——ですが晩年は、資金繰りにとても苦労されていたそうですね。

FE　最後の三作品『グレースと侯爵』、『三重スパイ』、『我が至上の愛　アストレとセラドン』は低予算でしたが、融資してくれたのはスペインとイタリアの製作会社だけ。フランス国内では、どこからも相手にされなかった。私は『木と市長と文化会館　または七つの冒険』（92）以降、遺作となった『我が至上の愛　アストレとセラドン』（07）まで、ロメール作品に共同製作者としてもかかわりました。晩年の彼は「いくら映画を撮りたくても、資金を集めることはできないだろう」と弱音を吐くこともあった。それでもロメールは拝金主義を毛嫌いしていて、権力や地位には一切媚びませんでした。最後まで一貫したモラルを持っていた。

——ロメールは「映画に役に立たないことを一切拒む、そんなライフスタイルを愉しんだ」と言われています。TVは見ない、タクシーには乗らない、レストランには行かない、エレベーターのある建物に住まない……その姿勢は徹底していたと言われています。

FE　ロメールには助監督も運転手もついていなかったことを、あなたはご存知ですか？　私たちは地下鉄や郊外電車を利用して移動していました。晩年、足腰が弱くなってからは、階段の昇り降りがきつい地下鉄ではなく、バスを利用するようになった。ロメールは車を所有していなかったし、運転免許証すら持っていなかったのですよ！　とにかく車での移動が大嫌いでした。

――事務所はシャンゼリゼ通りに近い一六区のピエール・プルミエ・ド・セルビ通りですが、住まいはどこだったのでしょう？

FE　五区の文教地区（カルチエ・ラタン）で、アパルトマンは高等師範学校のあるウルム通りに接していました。パリ・ソルボンヌ大学、コレージュ・ド・フランス（フランスが誇る高等教育・研究機関）、クリュニー中世美術館、サン・テチエンヌ・デュ・モン教会、パンテオンが生活圏にある、フランス文化の中心です。私も近所に住んでいて、毎日彼に付き添って、一六区の事務所まで通っていました。なぜシャンゼリゼ界隈に「エリック・ロメール・カンパニー」の事務所を設けたかというと、なんといっても「レ・フィルム・デュ・ロザンジュ」が同じ通りにあったからです。一昔前、フランスの映画会社は、シャンゼリゼに近い八区か一六区に集中していました。CNC（フランス国立映画センター）、CNDP（国立教育資料センター）、トロカデロの旧シネマテークなど、一昔前のパリの映画産業はシャンゼリゼに集中していたのです。今は資本主義を象徴するような商業地区に様変わりしてしまいましたが、確かにかつて、フランスの映画文化はシャンゼリゼに存在していたのです。

――二五年もの間、途切れることなくコラボレーションを続けられたわけですが、あなたにとってエリック・ロメールとはどんな人物でしたか？

FE アカデミー・フランセーズ[1]の誘いを断り、レジオン・ドヌール勲章のシュバリエを辞退した人です。ロメールはレジオン・ドヌール賞を、誰にでも与えられる低劣な賞だとみなしていました。ですからその誘いを〝侮辱〟と受け取り拒否したのです。

ロメールは非社交的で孤高の人でした。商業的なシステムに足を突っ込むことを、頑なに拒んでいた。写真撮影はNG。TV局はもちろんのこと、どんな社交場にも顔を出さなかった。ラジオ出演を承諾したのは、顔が映らないからです。ロメールは普段から地下鉄やバスを利用していましたが、公共交通機関だけでなく街中でも、誰からも声をかけられなかった。「誰にも気づかれたくない、誰にも邪魔されたくない」、それがロメールの信条だったのです。

（二〇一〇年六月三日　パリ一六区、レバノンカフェ、ヌーラにて）

▼1　フランスの国立学術団体。一七世紀、宰相リシュリューよってに設立された。フランス学士院を構成するアカデミーのなかで最古であり、学術の最高権威。定員は四〇名で構成され、終身制が採られている。メンバーになることは学者や芸術家にとっての最高の栄誉。

クロード・シャブロル
グラン・モモの軽やかさ

Claude Chabrol

ロメールの一〇歳年少になるクロード・シャブロルは『美しきセルジュ』（57）、『いとこ同志』（59）の二本の映画で、ヌーヴェル・ヴァーグの仲間たちの中でいち早く成功を収めた。そしてその収益を使ってロメールの長編デビュー作『獅子座』（59）の製作費を工面したという。シャブロルは長身なロメールのことを、本名のモーリス・シェレールとかけあわせて、〝グラン・モモ〟という愛称で呼んでいた。二人は気の置けない友人だったのである。

そしてこのインタビューのわずか二ヵ月半後の二〇一〇年九月一二日、シャブロルはロメールの後を追うように息を引き取った……。

共犯意識の深まり

――まず、あなたはどのようにして、ロメールと出会ったのでしょう?

クロード・シャブロル（以下、CC）　私がグラン・モモと出会ったのは、ロメールの主宰していた「シネクラブ・デュ・カルチエ・ラタン」で、でした。これは終戦直後にたくさんできたシネクラ

クロード・シャブロル
Claude Chabrol
一九三〇～二〇一〇。監督、脚本家。パリ生まれ。一九五三～五七年、『カイ

ブの一つです。

――なぜあなたはロメールを、グラン・モモと呼んでいるのですか？

CC　彼は背が高かったし、本名がモーリスだったからです（Grand〔大きい〕とMaurice〔モーリス〕をかけてGrand Momo〔グランモモ〕）。当時、私も彼と同じく、五区のカルチエ・ラタンに住んでいました。私は映画仲間のポール・ジェゴーフ[▼1]とトリュフォーと連れ立って、このシネクラブに足繁く通い、同じ映画に熱狂していました。なぜグラン・モモに惹かれたかというと、私たちよりもずっと成熟した人間だったからです。彼は私より、ちょうど一〇歳上でしたから。とにかく出会ってすぐに意気投合し、それからはいつも行動を共にしていました。

――『カイエ・デュ・シネマ』には、シネクラブに通っていたあなたを含めたロメール、ゴダール、トリュフォー、リヴェットといった、後にヌーヴェル・ヴァーグの映画作家となるメンバーが集まって、批評家として健筆をふるっていました。なかでもあなたは特にロメールと深い友情関係を築いていかれます。

CC　一九四九年、ロメールが携わっていたビアリッツの映画祭に、『カイエ』のメンバーが集結しました。その映画祭のためにロメールは、エドガー・アラン・ポー原作の短編『ベレニス』（54）を16ミリで撮っていた。それが実に見事な出来栄えで、そこからヌーヴェル・ヴァーグは始まったのです。その後、お互いにヒッチコックに対して並々ならぬ情熱を抱いていることが分かり、我々はヒッチコックに関する批評本[▼2]を一緒に作ることにしたのです。その当時のフランスではまだ、ヒッチコックは「作家」として認められていませんでしたから。

――トリュフォーもヒッチコックを溺愛していましたよね。なぜ彼と組まなかったのかでしょう？

エ・デュ・シネマ』に批評を執筆しながら映画宣伝の仕事に携わる。五六年、妻の祖母の遺産をもとに製作会社「アジム・フィルム」を設立、初期ヌーヴェル・ヴァーグの作品群を生み出す。『美しきセルジュ』（57）で監督デビュー、二作目『いとこ同志』（59）を撮る。自身の作品の成功で得た収入をロメールの初長編『獅子座』の製作費に充てる。主な監督作は『不貞の女』（68）、『女鹿』（68）、『肉屋』（69）、『主婦マリーがしたこと』（89）、『沈黙の女　ロウフィールド館の惨劇』（95）ほか。脚本家、時には俳優としても活躍する。

▼1　Paul Gégauff　『二重の鍵』（59）、『気のいい女たち』（60）など多くのシャブロル作品を手掛けた脚本家。代表作は『太陽がいっぱい』（60）。ロメールの初期作品群、「六つの教訓物語」までに登場するプレイボーイは、ジェゴフからインスピレーションを

CC　その頃、トリュフォーは、まだヒッチコックに心酔していなかったのです（笑）。当時、『カイエ』誌でヒッチコック崇拝者といえば、ロメールと私の二人だけ。この本では、ヒッチコックの演出法、ディテール、その奥行きを分析しています。ロメールはヒッチコックのアメリカ時代の作品、私がイギリス時代の作品を担当した。でも実をいうと二本づつ、ロメールはイギリス時代の作品を、私はアメリカ時代の作品を分析しているんです。そしてその二本ずつの作品が何なのかは、公言しないよう誓いあった。だから誰もそれを知ることはできないし、私も死ぬまで明かすつもりはありません。そのようにして、私たちの共犯意識は深まっていったのです。

幸福な映画作家

——あなたは一九五二年に最初の妻アニエス・グートと結婚しています。その後彼女が祖母から相続した巨額な遺産を元手に、自身の製作会社ＡＪＹＭ《アジム》フィルムを設立した。このエピソードは、ロメールの長編デビュー作『獅子座』（59）に反映されています。

CC　当時の妻の〝善意〟によって、私のデビュー作『美しきセルジュ』と二作目『いとこ同志』を撮ることができたのです。この二本が成功したので、収益をロメールの長編デビュー作『獅子座』に充てた。その後、トリュフォーの会社「レ・フィルム・デュ・キャロッス」と私の製作会社ＡＪＹＭフィルムが共同で、リヴェットの初長編作『パリはわれらのもの』（58）に出資することになる。

『獅子座』が興行的に失敗してしまったことで、ロメールは次回作を作るまで、長い待機の時間を強いられることになりました。その間、『モンソーのパン屋の女の子』（63）や『シュザンヌの生

得ている。一九八三年のクリスマスイブに、妻に刺殺された（享年六一歳）。

▼2　原書は一九五七年に出版（Eric Rohmer et Claude Chabrol, *Hitchcock*, Éditions universitaires, 1957）。邦訳、『ヒッチコック』木村建哉・小河原あや訳、インスクリプト、二〇一五年

き方』（63）など、中編作品を撮りましたが、一九六七年の長編『コレクションする女』までは七年近くもかかっている。援助したい気持ちはもちろんあったのですが、ちょうどその頃、私の会計士が金庫を持ってトンズラしてしまった。だからロメールの映画に出資するお金は、一銭も残っていなかったのです。

さいわいなことに『コレクションする女』は、興行的な成功を収めました。つづく一九六八年の『モード家の一夜』は国内外で認められ、ロメールは映画界で不動の地位を築いた。そして彼はバーベット・シュローダーと製作会社を作り、賢明な方法で映画を製作するようになった。つまり低予算で製作した前作の収益を、次回作に充てる。そのサイクルを作ることでロメールは、出資者から完全に自由な状態で、映画を撮り続けることができたのです。

ロメールはすごく収益を生んだわけではありません。でも思いのままに映画を撮れたという意味では、彼は幸福な映画作家だったと言えるでしょう。例えば一九九二年の『木と市長と文化会館または七つの冒険』、あれは難解な作品で、やはり興行的なヒットには恵まれなかった。でもあの映画に出資するプロデューサーが、果たして存在していたでしょうか？　そういったことは最初からすべて、ロメールは折り込み済みだったのです。つまりロメールには実業家としての資質があった。彼にとってインディペンデントで映画を製作することは最も重要なことで、だからその映画には突き抜けた自由さがあった。それに対して私の場合は色んなプロデューサーと談笑したりしながら、一緒に映画を作ってきました。

――『カイエ・デュ・シネマ』は多くのヌーヴェル・ヴァーグの映画作家を生み出しました。しかし六〇年代後半から政治的な思想の対立が激しくなって、結果としてそれぞれが別々の方向へ進んでいくことになった。

CC ヌーヴェル・ヴァーグの仲間は、低予算で即興演出、軽いカメラを使って同時録音、戸外での撮影を好んできた。構造主義やラカンの精神分析などの影響によって、政治的な見解の相違が生まれて、分裂してしまったのです。でもそれ以降も私とロメールは、時々会っていましたし、深い友情で結ばれていたと思います。毎月会うような関係ではありませんでしたが。

ある時、私のアシスタントがロメールの元で働いたことがありました。その時にロメールは、「クロードは経済的に困っていないかい?」と訊ねてきたそうです。いまだに『獅子座』の興行的惨敗で迷惑をかけたことを、申し訳なく思っていたのでしょう。二〇年経った後でも、そんなことを気にしているなんて、いかにも彼らしい(笑)。ロメールは本当にまっすぐな人でした。彼が編集長だった時に『カイエ』誌の政治化が加速して、ロメールは保守主義者だとみなされ孤立した。そんな状況にうんざりして、彼は自ら職を辞したのです。過激化する一方の編集同人たちとは、考えが合わなくなっていた。

ロメールの処世術

――デビュー時のあなたとロメール作品の登場人物には、脚本家のポール・ジェゴーフが投影されていると言われます。彼は当代きってのダンディとして名を馳せ、ロメールの『クレールの膝』(70)ではジャン=クロード・ブリアリ、『海辺のポーリーヌ』(83)ではフェオドール・アトキン、ゴダールの『勝手にしやがれ』(59)ではジャン=ポール・ベルモンドが演じた役にも、インスピレーションを与えているそうですね。

CC ロメールとジェゴーフは正反対の性格でしたが、すごく仲が良かった。ジェゴーフは饒舌でユーモアに溢れていましたが、同時に挑発的で矛盾をいっぱい抱えた人物でもあった。ロメールは彼に不思議な、抗いがたい魅力を感じていたのでしょう。八〇年頃、ジェゴーフはロメールから一本の電話を受けた。「どうしても君に会わなきゃならないんだ」。そしてロメールは、ジェゴーフの住むパリ郊外セルジー＝ポントワーズまでやって来た。昼食の席につくやロメールは、「どうしてここまで来たのか説明しよう。ポール、僕は君から影響されるのをやめなきゃいけないのだ！」そう言い放ったそうです。ロメールの性格を表す典型的なエピソードですよ。彼はいつも人間関係をはっきりさせなければならない性質でしたから。

また別のエピソードをお聞かせしましょう。ジェゴーフは料理好きで、ある日、ヘーゼルナッツのピュレを作ると言いだした。私たちは皮むきを手伝うことになったのですが、ヘーゼルナッツの皮を剝くのは悪夢のように面倒なことを、あなたはご存じですか？ 私は最後の最後まで頑張りました。だがロメールは、ものの五分もしないうちに立ち上がって「こんなことはできない！ ヘーゼルナッツのピュレなんて、食べなくてよろしい！」と席を立った。しかしなんと愚かなことでしょう！ あのピュレは目の覚めるような味わいだったのですから（笑）。ロメールはワインを少し嗜みましたが、タバコや葉巻は吸わない。アルコールも好きではありませんでした。暴飲暴食や不摂生で自分を抑制できなくなることに、耐えがたかったのです。

──いかにも、ロメールのイメージにぴったりです。他にも知られざるエピソードがあればお聞かせください。

CC ロメールは周囲で何が起こっているかに無頓着なところがありました。五六年頃のロメールは、セギュール侯爵夫人[3]について低予算の映画を撮ろうとしていた。「この映画には、小さな女の子が必要だ」、そう言って彼は、モンソー公園へ出かけて行った。両手いっぱいにキャンディを抱

▼3 Comtesse de Ségur 一七九九～一八七四。ロシア出身。セギュール侯爵と政略結婚したが、本人は児童文学の作家として名を馳せた。

えて、小さな女の子を見ると「こっちにおいで」とキャンディで誘い出そうとした。でも彼は長身で痩せていて、いつも暗い色のコートを羽織っている。だからきっと、怪しい人物に映ったのでしょう。公園のガードマンにつかまり、警察に連行されてしまった。それで私たちはロメールの身元引取人として、交番まで迎えに行ったのです（笑）。ロメールはすごく偏屈だったから、彼を煙たがる人間がいたのは確かです。彼らはロメールのことを、冷たくて鼻もちならないインテリだと感じていたのでしょう。でも、実際にはすごくユーモアのある人物だった。ただ面白いといっても、彼のユーモアには、一捻りどころか幾《いく》捻りもありましたがね。でも私たちは彼の冗談に、何度お腹を抱えて笑ったことでしょう！

ロメールは映画作家とプライベートの顔を、完全に分けていました。それは彼にとって、賢い処世術だった思います。そうそう、彼の結婚のエピソード、これはケッサクですよ！　ある日、彼とジェゴーフと私が三人でいた時、ロメールが突然「結婚したい！」と言い放った。「どうするつもりなんだい？」と訊いたら、「市役所で開催されるダンスパーティーに行く」と言う。彼のそんな言葉を我々は、本気にしていませんでした。そうしたらその後、パンテオンの裏にある五区の市役所で奥方テレーズ・バルベ▼4を見つけだし、本当に結婚してしまったのです（笑）。

――そんな楽しい実話は、映画にして欲しかったですね。

CC　それ以外に、ロメールの逸話でとても印象に残っているのが、引越しの話です。ある日、彼は皆の前で「もうすぐ引越しするんだ」と宣言した。当時、ロメールは五区のモンジュ通りに住んでいたのですが、彼がその場所から離れるなんて想像もできなかったですから。そうしたら彼が引っ越し先に選んだのは、同じ通りのはす向かいのアパルトマンだった（笑）。ロメールにとって日常の変化は、ごく限られた範囲だけに留まっていた。いつも文教地区のカルチエ・ラタンが拠点で、

▼4　Thérèse Barbet
一九二九〜二〇一〇。北フランスのヴァランシエンヌ生まれ。一九五七年の結婚以来、ロメールとは彼の死まで添い遂げる。二人の間にはドゥニ（レネ・モンザというペンネームで活動するジャーナリストで、国民戦線に反対する闘争協会Ras l'Frontの創始者）とローラン（ノルマンディー地方カン在住の教師）の二人の息子がいる。製作会社「エリック・ロメールカンパニー」の権利はローランが受け継いだ。

住居に関してはまったく冒険しませんでした。それとロメールは、驚くほど首尾一貫していた。忠誠を尽くすという言葉を彼ほど体現した映画作家を、私は知りません。友情、主義主張、すべてにおいて、確固たる意志を貫いた人物です。

――最後に、あなたにとってロメール映画の魅力はなんでしょうか？

CC ロメール映画の魅力を語るのは、とても難しい……そう、彼は感覚を呼び起こすだけではなく、感情を描く映画作家だった。マリヴォー劇に共通点を見いだすことができますね。つまり彼の映画がまとっているエレガンスは、一七世紀のバロック小説を象徴する「恋愛地図」（Carte de Tendre）の彼なりの表現なのでしょう。どうして彼が彼女を好きなのか、何が理由で好きじゃないのか、弁証法を用いることでロメールの映画は、その闇に潜んでいる矛盾をはっきりさせていく。そのことで物語が進んでいくのです。ロメールの世界は、マリヴォーのエスプリをシューベルトの音楽にのせて映画化した。個人的にはそんな印象を持っています。フランスの伝統においては、どんなに強い感情も、軽やかに表現することが大切です。ロメール作品はそれを見事に表現している。彼の芸術はとてもシンプルで、大仰な表現は一切ありません。すべての感情が、実に軽やかなのです。

（二〇一〇年六月二一日　パリ三区、クロード・シャブロルの自宅にて）

追記　シャブロルは、二〇一〇年九月一二日、八〇歳で逝去した。

マリー・リヴィエール　Marie Rivière
感情や思想、愛をめぐる考察

〝ロメール的〟と表現される女優がいる。お喋りで鼻っ柱が強く、同時に繊細でナイーヴ。マリー・リヴィエールはその代表的存在だ。七本もの映画に出演した、名実ともにロメール的な女優と言える。一七〇センチを超えるスラリとした長身、ふわふわとした明るい栗色の髪、高音のささやくような声……『緑の光線』（86）のヒロイン・デルフィーヌのその後を生きている永遠のロメール女優が、私のすぐ目の前にいた。

映画を見れば、エリックのことを知ることができるはずよ

――本日は〝ロメール的〟な女優の代表格であるあなたに、ロメールと役者の関係性についてお話をうかがいたいと思います。

マリー・リヴィエール（以下、MR）　これはとても興味深いことなのだけれどロメール映画の俳優は、おのずとロメール自身の身振り・仕草を真似ているの。例えば『夏物語』（96）のメルヴィル・プポーは、エリックとまったく同じように腕組みをしている。エリックとメルヴィルが共にサング

マリー・リヴィエール
Marie Rivière
一九五六〜。女優。パリ郊外、モントルイユ生まれ。『緑の光線』（86）、『恋の秋』（98）、『レネットとミラベル　四つの冒険』（86）をはじめ、多くのロメール作品に出演。「ロメール的女優」の代表的存在。

ラスを手に持ち、一緒に写っている写真を見つけたのですが、二人の立ち振る舞いはそっくり。この例にかぎらず映画を見直すと、男女問わず役者たちは皆、エリックの仕草を真似ていることに気付くの。

——ロメール映画に出てくる男性には、ロメール自身が投影されているのでしょうか？

MR 『夏物語』のメルヴィル・プポーは、間違いなくロメールを模倣していました。彼はエリックの真似がとても巧いのです。バーの片隅で腕を組みながら、アマンダ・ラングレを待っている姿。あれはエリックそっくり。『春のソナタ』(90) で主人公の父親を演じたユーグ・ケステルも、暖炉の横でエリック特有のポーズをとっているわね。映画の中の彼は、エリックそっくりに話してもいたわ。「では、はじめよう。いや、なにか調子が悪い。フムフム」といったような……。だからユーグ・ケステルがロメール本人から役作りのインスピレーションを受けたことははっきりしている。それとは別に、ずいぶん後になってから、ロメールがインタビューで答えていたことで気付いたことがあります。彼が答えていた内容を自分自身の映画の台詞にいかしていたのです。撮影の外で、私が彼に話したことですら、作品に反映されることもあったのですよ。

——あなたは過去に七本のロメール作品に出演されました。ロメール映画を代表する女優ですが、どのようなきっかけで出演されることになったのですか？

MR 私はロメール映画でデビューしました。もとは幼稚園の教諭をしていたのですが、あれは二一歳のある昼下がりでした。六区の名画座「サン・ジェルマン・デ・プレ」(現 Cinéma Beau Regard) で上映されていた『愛の昼下がり』(72) を見たのです。劇場から出た時、「私が求めていたものはこれだ！　どうしても彼の映画に出演したい」と強く願い、すぐに写真を添えてロメールに手紙を送ったの。それからしばらくしたらエリックから、事務所に来るよう連絡をもらったの。

でもロメールは長身で、何しろ威厳がある。だから初対面の日、私は完璧に委縮してしまっていた。ロメールは色々話しかけてくれるのだけれど、私はまともに答えられない。結局一五分も経たないうちに、事務所を後にすることになった。彼は入口まで送ってくれて、私にこう告げたの。「もし映画に出たければ、もう少し時間が必要ですよ」と。もうあまりの恥ずかしさに全力で、階段を駆け降りたわ。

その後、『聖杯伝説』(78)のキャスティングであらたに連絡をもらった。私が事務所に着いたら、アリエル・ドンバールとファブリス・ルキーニがエリックを囲んで、歌ったり踊ったりしていた。そこはすごく歓びに満ちた空間で、エリックはとても幸せそうな顔をしていたわ。エリックが部屋の片隅の小さな机で何か書いている隣で、ファブリスはジャームス・ブラウンを熱唱したりしている……エリックはあの当時、若い時には味わえなかった青春時代を取り戻していたのでしょう。とにかく勉強漬けの毎日で、愉しみは一切なかったようだから。

私たちは三五歳もの年齢差があるけれど、ジェネレーション・ギャップを感じたことなんて一度もない。エリックは若い俳優と過ごしながら、彼が経験できなかった青春を追体験していたのね。そんな時間がとても愛おしかったんだって思う。

――ロメール監督は秘密主義者として知られています。撮影以外で彼とは一切交流はなかったのですか?

MR　自分のプライベートについては、エリックは一切語りませんでした。でも彼の映画には彼自身の感情や思想、愛をめぐる考察など、全てが表現されている。だからそれを見れば、エリックのことを知ることができるはずよ。

例えば、彼の映画には、よく屋根裏部屋が登場します。暖房がなくて小さなコンロがあるだけの、とても殺風景な部屋。エリックは独身時代、ゴダールが出演した彼の短編『紹介、またはシャルロットとステーキ』（51）のような部屋に住んでいたのです。『飛行士の妻』（81）にも屋根裏部屋が出てきますが、それはエリックの青春時代を象徴するような場所だったからだと思います。その後、金銭的に豊かになって、いつも多くの人に取り囲まれるようになってからも、ロメールこのような慎ましい場面を描くことを好みました。

エリックは『飛行士の妻』の頃、サン・ジェルマン界隈に、私の為に小さなワンルームを見つけてくれました。私は当時すごくハンサムだった二五歳のジャン＝ユーグ・アングラードにふられたばかりで、部屋から一歩も出ず、深く傷つき塞ぎこんでいたのです。エリックはしょっちゅう仕事の帰りに私の部屋に寄って、慰めてくれたわ。当時の私は彼のシャンゼリゼ界隈の事務所と、自宅のある五区ユルム通りの間に住んでいたの。エリックはめそめそとした泣き顔を見るのが大嫌い。だから私に強くなることを望んでいた。

当時、私が住んでいたそのワンルームが、『飛行士の妻』の屋根裏部屋になったの！　この屋根裏部屋に住む女性は失恋で塞ぎこんでいる。つまりエリックが見つけてくれた部屋で、私の実体験を織り込んだ映画が作られたのだから、これ以上効果のある薬なんて考えられないわ！　その後エリックとは、とても親しくなって、サン・ジェルマン界隈でしょっちゅう会うようになった。だからこの場所はエリックが遅れてきた青春時代を過ごし、当時私が生活していた場所でもあったの。

あまりに崇高で大切な友人

――ロメールは生前、「役者には忠実である」と発言されています。七本も出演されたあなたにとって、ロメール監督はどんな存在でしたか?

MR エリックへの私の愛情は、彼自身の人間性、寛容さ、誠実さから来ていたのだと思う。このような感情は、他の誰にも抱いたことがありません。エリックは彼の作品に登場した役者にとっては、生きる指針になる。教えるという意図はなくても、結果的に何かをもたらしてくれるのです。彼は豊かな感受性と人間性で、彼なりのやり方でさりげなく、私たちにヒントを与えてくれる。あまりに崇高な人物であり、私にとっては心底頼りになる大切な友人でした。

――ロメールの作品に出演した女優は、よく〝ロメール的〟などというレッテルを貼られがちですね。

MR それはきっと、ロメール映画の台詞の印象によるのではないかと思っています。ロメール映画は台詞の洪水で、音楽がテキストに紛れ込む余地すらありません。そして彼のテキストには韻律の法則があります。台詞が韻を踏んでいるのです。それを俳優たちは厳密に注意深く演じます。それは単に登場人物を演じるではなく、〝役〟という枠組みから解放された魂の奥からやってきた人間性を表さなければいけない。ロメール映画の役者は音楽のような旋律を踏む台詞をどのように発するか、ということに全力を注ぎます。彼の作品を見る時は、常に韻の音楽が流れているように感じるでしょう。

――それが〝ロメールらしさ〟を決定的なものにしているのでしょうか。以前、ロメール監督にインタビューした際に、役者にはセリフをはっきりと発音するように要求すると言っておられました。

MR 台詞ははっきりと、明確に発音するよう求められます。もし彼の満足いくように台詞が言えなければ、詩を何度も朗読するように言われる。彼はステファン・マラルメの詩を取りだして「さあ、この詩を読んでみなさい」と言うのです。『緑の光線』(86)の私は、はっきりと発音できたとは思えません。『恋の秋』(98)にしてもそうです。あまりに厳格に構築されたフレーズを、躊躇なく表現するのは難しかった。

――ロメール映画のセリフでは、時に不自然な言い回しや日常では使わなさそうな表現が出てきますね。

MR 『恋の秋』で、私が友人役のベアトリス・ロマンの子供について口出しするシーンがあります。「私も」、もしくは「あなたのように」というような意味のことをいう場合でも、すごく不自然な表現で書かれていました。「この点については、あなたは私より良くも悪くもない（sur ce point tu n'es ni mieux ni moins bien lotie que moi...）」といった感じです（笑）。あなたの友人が台所で洗い物をしている時に、そんなことを言ってごらんなさい。友人との関係はおかしくなるわ、それは断言できる！　だから私はサラッと台詞を言って、すぐに違う動作に移ったの。彼のテキストには絶対服従でしたが、時にはこっそり言葉尻を変えたことはあります。撮影時はテキストの確認作業がありませんし、エリックは俳優を信頼していましたから。もし我々が、どうしても変えてほしいと直訴する時、それはテキストがあまりにも厳格過ぎるからです。テストの段階から伝えるのではなく、試した上で各自上手くいかないことを伝える。どこがうまくいかなかったのか、エリック自身が問う時間が必要だからです。彼にはたやすく感じられても、演じる我々には手に負えない言い回しがあった。女友達が台所で洗い物をしている横で、「その時点の、その段階において、私はあなたよりも運がよいか悪いのかは分かりかねる」なんて言うことは、エリックには問題にならないのです！　俳優にとってロメール映画の難しさは、発声の問題ではなく、彼の書くテキストが難解で不自然だった所ね。

――役者の動きについては厳格でしたか？

MR 彼は俳優がどのように動くかということにも、細心の注意を払っていました。肉体は台詞と同じくらい語りかけると考えていた。だからひとりでも芝居できるような役者を好みました。エリックの撮影では、役者たちは全身全霊を演技に捧げます。だから映画を見終わった観客は、役と役者自身を混同してしまうでしょう。特に女優の場合は顕著です。でもこれが役者たちから魂を引き出す、エリックの才能なのです。彼は我々が役者として体を張っていることを分かっている。だから我々がいいコンディションを保てるように、常に気配りしてくれました。金銭的な援助さえ惜しまなかった。我々がよい条件の契約を結び、死ぬまで屋根のある部屋で眠れるよう、エリックは取り計らってくれたのです。彼はお金に関して、とても几帳面でした。事務所に来る地下鉄代だって、きっちり請求するように言われていましたから。

——ロメール監督は地下鉄に乗って行動していたのですか?

MR　彼は週に五回、バスに乗って事務所まで通っていました。エリックにはものすごく頑固なところがあった。晩年は歩くことも困難な状況で、誰かの援助なしにバスには乗れなかった。でも頑なにタクシーを拒否していたのです。「タクシーに乗るということは、もうすぐ車椅子に乗ることだ」と言い張っていました。ある時期、私は車を持っている時期がありましたが、彼は〝ミニカー〟といってそれを毛嫌いしました。

晩年のロメールは、付き添いなしでは行動できなかった。だけど車には乗りたくない。だからフランソワーズ・エチュガライとロゼット、私の三人が交代で、事務所まで送り届けていました。安心感を求める気持ちもあったでしょうし、話し相手が必要だったのかも知れません。

——あなたが主演の作品では『緑の光線』がとりわけ若い女性の心を打ったのではないかと思います。私もあの作品を見て、まるで自分がいる!と思った一人です。

MR　『緑の光線』はそれほど多く人の琴線に触れたわけではありません。この作品を見てイライラする観客も多かったですから！　ロメールの映画には脆くて、生きずらいと感じている人間が多く登場します。私の演じた役は、私自身でもありますが、それは監督のエリックでもあるのです。『夏物語』（96）を見直して驚いたことに、メルヴィル・プポーの口から発せられるセリフは、『緑の光線』の私と同じものがあります。内気で非社交的なキャラクターという設定も同じ。エリックが『緑の光線』で私を配役した理由、それは私が彼に似ているからです。当時の私は屋根裏部屋に住んでいて、他人と友情関係や愛情関係を築くことに難しさを感じていた。『緑の光線』ではそんな人間の日常が描かれている。これはフィクションではなく真実の物語。だから大好きな人もいれば、受けつけない人もいるのです。でも、たくさんの若者、とりわけ若い女性が共感してくれたのは嬉しかった。あの作品によって、〝ロメール女優〟という私の固定イメージがついてしまったのは事実。でも、今でも海辺に行くと「緑の光線だ！（Le Rayon vert !）」と言われることがある。私の名前は知らなくても（笑）、そう呼ばれることは光栄なことです。

――晩年のロメール監督はどのようなご様子でしたか？

MR　クリスマス休暇に入る前、亡くなる数日前までエリックは、あたらしい脚本を書こうとしていました。彼のこよなく愛したセギュール夫人の童話「せむしのフランソワ」を映画化しようとしていた。そして死の間際、ロメールは「星、星」*Étoiles étoiles* と題されたシナリオをフランソワーズ・エチュガライに託していたのです。

（二〇一五年九月二五日　パリ六区、カフェ、ル・パルロワール・デュ・コロンビエ にて）

アマンダ・ラングレ　Amanda Langlet
"ロメリエンヌ"と呼ばれて

ヌーヴェル・ヴァーグのゴダール、トリュフォー、シャブロルの作品はフランス公開から間もなく、日本でも次々と公開された。しかしロメールの映画といえば、八〇年代に入っても、まだ一本も紹介されていなかったのだ。日本の観客がロメール映画に出逢ったのは一九八五年、『海辺のポーリーヌ』(83)。八〇年代に作られた「喜劇とことわざ」シリーズの一編だ。海辺で読書し、話し、散歩する。輝く陽光を波が照り返す、そんなみずみずしい自然を呼吸する年若い男女……ロメール映画特有のきらめきは映画ファンのみならず、広い観客を魅了することになる。

このヴァカンス映画の傑作で一五歳の少女・ポーリーヌ役を演じたのがアマンダ・ラングレ。ノルマンディーの夏の終わりの風景と共に永遠に記憶されている彼女に、当時の思い出を語ってもらった。

時を置きながらロメール映画へ戻って来ます

――『海辺のポーリーヌ』はロメールの作品群でもとりわけ人気の高い作品で、海外でも熱狂的に迎え入れられました。カルチャー誌『テレラマ』の、二〇一三年の好きなロメール映画ベストテンの読者アンケートでは二位に輝いています▼1。

アマンダ・ラングレ（以下、ＡＬ）　『海辺のポーリーヌ』は私の世代にすごく影響を与えました。ポーリーヌを演じた私自身には、その理由はさっぱり分からないのですが（笑）。「あまりにフランス的な」内容だからでしょうか。国内よりも海外で、とりわけアメリカ東海岸で愛されたと聞いています。

――ロメール映画の撮影現場はどのように進んでいくのでしょう？

ＡＬ　ただ単純に〝女優を撮る〟のではなく、ロメールは生身の人間としての私たちをよく知った上で、シナリオを練り上げていきました。たとえば普段の会話の中から私のしぐさや話し方のクセや特徴を観察し、それを台詞に反映していったりもしたのです。

『海辺のポーリーヌ』のシナリオは七〇年代に書かれたものです。ポーリーヌの従姉のマリオン役は、ブリジット・バルドーが演じる予定で執筆されていたと聞きました（実際にはアリエル・ドンバールが演じた）。その既にあったシナリオの筋書きを基に、ロメールは私たちと会話しながらそれに肉づけしていきました。役者から引き出したセリフをのせていったのです。一九九六年の『夏物語』の時には、私が参加した段階で既にシナリオは準備されていました。私が演じた主人公のマルゴが民俗学を学ぶ学生である設定は、最初からシナリオにありました。でも、ロメールがそのことを念頭においていたのかは分かりませんが、私は学生時代、民俗学を専攻していて、日本を専門に研究していたのです。それと「マルゴ」という私の役名ですが、これはロメールから希望を訊かれて、自分で選んだのです。

――ロメール映画に出演した女優は〝ロメリエンヌ〟と呼ばれます。そして「ロメール女優」として、いい意味でも悪い意味でもレッテルを貼られてしまう。そのような傾向について、どう考えて

アマンダ・ラングレ
Amanda Langlet
一九六七〜。女優。フランス南部、セーヌ＝シュル＝メーヌ生まれ。幼少期から子役として活動。一四歳の時に『海辺のポリーヌ』（83）で主演を務める。出演作に『夏物語』（96）『三重スパイ』（04）など。

▼1　『テレラマ』誌の読者対象アンケートの結果は以下の通り。
1位『モード家の一夜』、2位『海辺のポーリーヌ』、3位『満月の夜』、4位『クレールの膝』、5位『夏物語』、6位『緑の光線』、7位『冬物語』、8位『コレクションする女』、9位『友だちの恋人』、10位『恋の秋』

いますか？

AL　一口にロメール女優とはいっても、それぞれの個性は全く違います。でもエリック・ロメールという人物が私たちを結びつけているのは確か。だから彼は我々の中に、何か共通点を見出しているのかもしれません。私にはよく分かりませんが（笑）。ロメールが亡くなってからも、私はマリー・リヴィエール、アリエル・ドンバール、ロゼット、ベアトリス・ロマンたちと、交流を続けています。彼の映画を通して私は、幾つかの本物の友情を得られました。

ロメールは誠意をもって俳優と付き合います。何本もの映画に連続して起用することはありませんが、何年後か、時には十数年もの歳月を経て、同じ俳優を呼び戻します。私は八三年の『海辺のポーリーヌ』の後、九六年の『夏物語』、〇三年の『三重スパイ』と、約一〇年ごとにロメール映画に出演しています。ベアトリス・ロマンは七〇年の『クレールの膝』の後、八一年の『美しき結婚』、九八年の『恋の秋』というように、時を置きながらロメール映画へ戻って来ています。

――どのような経緯があって、あなたは『海辺のポーリーヌ』に出演することとなったのでしょう？

AL　両親が芸能プロダクションに送った私の写真が偶然にもロメールの目に留まったのが、そもそものきっかけでした。その頃ロメールは『海辺のポーリーヌ』で主人公を演じる少女を探していて、それで彼から両親のもとに電話が入ったのです。

ピエール・プルミエ・ド・セルビ通りにある彼の事務所に行くことになったのですが、私は約束の時間より三〇分も早く着いてしまった。時間前に到着するのは失礼だと思った私は、近くのバス停で時間を潰していた。そうしたら買い物をするために事務所の階段を降りてきた男が、通りの向かいからこちらをちらちら見ているじゃありませんか。「いったい、このムッシューは何者かしら……⁉」私は内心そう思っていたのです（笑）。だってロメールは事前に私を顔写真で見て知っていましたが、私は彼の顔を知らなかったんですから。だから彼が私の所にやって来て自己紹介してくれるまでは、ドキドキしました。

その後数ヵ月の間、役が決まったと告げられることもないまま、ただ彼の事務所に通って際限なく、私たちはおしゃべりを楽しんでいました。四〇歳も年上だというのに、ロメールは私を一人前の人間として扱い、同じ目線で話を聞いてくれた。当時一四歳の中学生だった私にとって、それが何より誇らしかったわ！

――あなたは『海辺のポーリーヌ』に出演された後、しばらく女優業を中断されていましたね。

AL　私は普通の学生に戻りました。女優としての道を模索する人生とは違う、人生の楽しみ方です。今とは全く違って、当時はＴＶにも出演したりして、始終メディアに顔を出す必要はなかった。だから学生生活をしていても、特に騒がれたことはありません。でも一度だけ、びっくりしたことがあります。その当時、パリ郊外のナンテールという町に住んでいた私は、パリから自宅に戻る時はいつもシャンゼリゼ通りを経由していました。そうしたらある日、何とシャンゼリゼ通りのキオスクに貼られるポスターがすべて、『海辺のポーリーヌ』一色になっていた。その衝撃といったら！　あの光景は今でも瞼の裏に焼きついて離れないわ……。その後、大学では民俗学の学士号を取得しました。ロメールにとって最も大切なことは、きちんとした教育を受けることでもありましたから。

『海辺のポーリーヌ』は夏のバカンス時期に合わせて撮影されています。時期をずらして撮影することだってできたはずなのに。ロメールは私の学業優先でスケジュールを組んでくれたのです。

ロメール映画の「色」と「音」

——ロメールは仕事と私生活を完全に切り離していたと言われています。あなたはロメールの家族に会われたことはありますか？

AL ロメールのご家族とは、お葬式の日に初めてお会いしました。その後、ロメールの回顧展での上映で息子さん夫婦やお孫さん、奥様にお会いするようになった。二〇一〇年三月、ロメールが亡くなって二ヵ月後、「メディアテーク・エリック・ロメール」と名づけられた文化会館の開幕式が、彼の故郷・コレーズ県チュルでありました。その場所であらためて、ご家族や、マリー・リヴィエールやロゼット、後期の撮影監督ディアンヌ・バラティエといった映画の家族と過ごした。ロメールが生きている間は、彼の映画とその家族とは、「断絶」されていました。でも今は映画と家族の間に結びつきが生まれています。ロメールには二人の息子さんがいて、長男ドニ・シェレールはジャーナリスト。そして次男ローラン・シェレールは父のように教師になり、ロメール作品の権利を扱う「エリック・ロメール・カンパニー」を引き継いでいます。

——ロメール作品は少人数のスタッフで撮影されることでも知られています。やはり撮影現場には、非常に親密な空気が流れていたのでしょうか？

AL ロメールのどの映画も、少人数のスタッフで撮影されています。『夏物語』の時は、皆が同じ家に泊まって、洗濯も掃除も料理もすべて、分担し合っていました。普通、映画撮影でそんなことまでしないでしょう？

もちろんヘアメイクも衣装もいない。でもロメール映画で着る服を選ぶ際には「色」が最も重要になってくる。だから撮影前にはロメールと二人でブティックに出かけて、まるで普通の買い物のように衣装を選んでいたんです。そうそう、水着を選んでいた時の可笑しなエピソードをお聞かせしましょう。私たちは二人で大型デパートの水着売り場に向いました。私は何着かの水着を持って試着室に入り、ロメールはその前で待っている。赤や緑の水着へと着替えてはカーテンを開けた私は「どう、お気に召したかしら?」と訊ねる……という会話を聞いた周囲からは、不審な目で見られたわ。「この二人は一体、何をしているんだろう?」と言わんばかりの眼でね(笑)。だってよほどのファンでない限り、ロメールの容姿を知っている人はいなかったから。だから彼はいつだって、地下鉄やバスで身軽に移動していました。

──ロメール映画は時代を経ても古びることがなく、常に新たな発見があります。

AL 最近指摘されて、驚いたことがあるんです。ロメールの映画は、不謹慎なくらい官能的だ。肉体のシルエットが露わだし、気温や体温が伝わってくると。これまでロメール映画といえば、膨大なセリフによるダイアローグの映画と言われてきた。だからこのような意見は興味深いものでした。

ああ、そう。ロメールの映画は音を聴いただけでも、すぐにそれと判断できる。俳優が何をどのように話すのか、話し方や話す内容が、すごくロメール的なのです。

──「すごくロメール的な」とは、具体的にどういうことですか?

AL 周囲の多くのフランス人から「ロメール映画のダイアローグはとても不自然だ。日常生活ではこんな風には話さない」とよく言われる。でも私は日常でも、ロメール映画のように話していますよ。もちろん息子を叱る時はロメール的ではなくなってしまいますが(笑)。

ロメール映画のダイアローグは、巧妙に構築されたランガージュ(言語)です。略語はないし、きっちりと正しい文法で、しかも明確に、はっきり発音される。ロメールは古典文学の教師だったから、そこは徹底している。俳優の口から発せられた時、台詞は彼らのものになります。でもその台詞自体は「六〇歳を過ぎた紳士」によってしっかり書きこまれたランガージュなのです。でも、台詞が自然じゃないと指摘する観客もみな、演技は自然だと口を揃えるんです。「演技は自然で、台詞は緻密に書かれたもの」、それがロメール映画の特徴で、それが「他のどの映画とも似ていない、ユニークな点だと思います。ロメールの現代劇は、繊細な感情の機微がその台詞に詰め込まれているのです。男女の間で起こるもどかしい逡巡が生き生きと綴られている。だから何度見ても感銘を受けるのです。

（二〇一六年三月一五日　パリ一四区、映画館ラントルポ併設カフェにて）

シャルロット・ヴェリ Charlotte Véry
ロメールの世界に飛び込みたい！

四季をめぐって繰り広げられる「四季の物語」シリーズは、季節と愛を描く物語だ。『春のソナタ』（90）は木々や花、『夏物語』（96）は海、『恋の秋』（98）ではブドウ、『冬物語』（91）では雪に彩られている。

『冬物語』は夏のブルターニュからはじまる。ヴァカンスで訪れたフェリシーは、シャルルという青年と運命的な恋に落ちる。それから五年、彼女が勤める美容院のオーナーのマクサンスから一緒に人生を再出発しないかと誘われる。フェリシーはあの夏のブルターニュでの出来事を、マクサンスに告白するのだった。二人の男性のあいだで揺れ動くフェリシーを、シャルロット・ヴェリは演じていた。

ロメール映画との出会い

――『冬物語』（91）は「四季の物語」シリーズの中で、最も歓喜に満ちた幸福な作品だと思います。まずは主人公のフェリシー（「至福」の意味）というヒロインを演じることになった経緯からお聞かせください。

CV　全力で勝ち取りました。私自身は映画とは無縁の出身です。生まれ育ったのはフランス北部ピカルディー。それから父の仕事の関係でリヨン郊外に引っ越し、そこで中学・高校時代を過ごしました。バカロレア（高校卒業資格試験）を受験しはしたものの、テスト一日目で、自分にはまったく合わないと分かって、すぐにドロップアウト。でもさいわいなことに、併せて受験していた美術学校の試験に合格したので、そちらに進みました。その美術学校に入学するためには、バカロレアの資格を必要としていなかったからです。でもその美術学校も一年で退学。だって当時の美術学校の実技はタイル画が主流で、しかもそれを五年も勉強しないと卒業できなかった。それに私は興味が持てなかった上に、自分が描いた絵を売りたいとも思わなかった。それで一九七九年、一八歳の時にベルリンへ向かったのです。

――ベルリンではどんなことに挑戦されたのですか?

CV　人々の日常の姿を見てみたかったので、一年間、まずはウエイトレスとして働いてみようと思ったんです。でもすぐに、自分がサービス業にも向いていないことが分かった（笑）。だってもう、一日の仕事を終えるとクタクタに疲れてしまうんですもの！　当時はまだ壁が聳えていて、そこには今とは全く違う空気が流れていました。

ベルリンでの生活の後パリに向かった私は、四年間ヘアメイクの学校に通いました。それからメイクの仕事を始めたのです。ＴＶに出演する政治家やファッション・モデルのメイクをしたり、コンテンポラリー・ダンスのダンサーやサーカス団員の体にペインティングを施すような仕事もあった。でもそんな日常にも退屈してきて、演劇学校に通うようになったんです。自然と役者の世界にのめり込んでいき、間もなく端役を演じる機会も増えていった。そしてメイク係をやめて二年くらい経ったある晩、男友達が『満月の夜』（84）の試写会に誘ってくれたのです。この映画に感銘を

シャルロット・ヴェリ
Charlotte Véry
女優。フランス北部、ピカルディー地方生まれ。『冬物語』（91）で主演を務める。出演作に『グレースと侯爵』（01）、『トリコロール／青の愛』（94）などがある。

受けた私は、こう熱望しました。「ロメールの世界に飛び込みたい！」ってね。

――それまでもロメール映画のファンでいらしたのですか？

CV　いいえ。これがはじめて私が見た、ロメール映画です。でもこの出会いが私の人生を一変させたのです。

早速私はロメールの事務所「レ・フィルム・デュ・ロザンジュ」に私の写真と手紙を送りました。それに対する返事はありませんでしたが（笑）、それならばと、私は直接事務所に電話したのです。それでロメールのアシスタントに「私の出演した短編の上映会があるのですが、ぜひいらしてとロメールにお伝えください」と言ったら、「……残念ですがロメールは多忙を極めておりまして、その上映会には伺えません。さようなら、マドモアゼル！」と一言。ショックのあまり電話口の私は、大声で悲鳴を上げてしまいましたよ。あちらは驚いたでしょうね（笑）。でもそれでも、私は粘った。「待って、切らないで！　上映会に来るのが無理ならば、せめて私の出演した作品のビデオを見て欲しい！　そちらにお送りしますから」それで郵送ではなく、自分で事務所までビデオを届けに行ったのです。もちろんロメール本人に会うことは叶いませんでした。でも帰りがけに、こっそりドアの隙間から私を窺っているロメールの目が見えた。そこで勢いよく、大きな声で「こんにちは！」と挨拶しましたよ。

――実に大胆で、勇気のいる行動を取られた……

CV　何といっても私はロメール映画を大好きになった。だからもう、怖いものなしでした！　その後しばらくして、ビデオを返してもらうために事務所に足を運んだんです。そうしたらなんとロメール本人と、会うことができたのです。ビデオの感想を聞くと「まったく面白くなかったし、私には関心がない」と言われてしまいましたが（笑）。でも、それから時々、彼の事務所にお邪魔して、お茶を飲むような間柄になったのです。

――それは、いつ頃のことですか?

CV 一九八七年の初めから、『冬物語』がクランクインする前まででした。その二年もの間、二週間か三週間に一度お会いして、ごく自然な会話を交わす。そんな関係を続けていました。ロメールはその間、私の声を録音したり、写真を撮ったり。そう、私が出演する舞台を見に来てくれたこともあります。

『冬物語』が作られる一年前の一九八九年、私とロメールはブルターニュ地方のモワンヌという島で、短編映画を撮りました。その時ロメールには、こう言われたのです。「この短編は、これから書く長編のプロローグになるかもしれない。だが、それ以上は言いません。私は約束できないことを言うのが大嫌いですから」と。

完全なる信頼関係

――それから事態はどのように進展していったのでしょうか?

CV 私の運命の男性シャルルを演じるフレデリック・ヴァン・デン・ドリーシュは、私とロメールの二人で見つけました。俳優カタログをめくりながら「誰かいい俳優はいるか?」と訊かれたので、直感でフレデリックを指名したんです。彼の演技を見たことはありませんでしたが(笑)。

それから私の演じた主人公フェリシーの子供は女の子と男の子のどちらがいいか。それについて意見を求められたこともあります。私は男の子がいいと主張したのですが、結局、女の子を起用することになった。その女の子役のオーディションの場にも、私は同席しています。ロメールはブロンドの女の子を必要としていた。するとブロンドじゃない子どもたちの保護者は、髪を染めると言ってきました。それに対して私は、六歳の子どもが髪を染めるなんて論外だと、主張した。その意見にも彼は耳を傾けてくれました。ロメールは私が昔メイク係をしていたことを知っていて、だからヒロインの職業をメイク係に設定したのです。でもあまりに多くの人にメイクを施してきたので、私はこの仕事にはウンザリしていました。ですから美容師という設定は、考え直してもらったのです。

――それではシナリオには、あなたの意見が多く反映されている？

CV　あまりに書き込まれていて不自然なセリフを、話し言葉に近いものに変えてもらうようお願いはしました。私の意見を聞き入れてもらえることもあったし、そうでないこともありました。シナリオは初稿を一年かけて修正していき、二年目には完璧に仕上がっていた。すぐに撮影に入ることも可能だったけれど、ロメールは準備万端に整えるため、さらに一年もの歳月を費やしたのです。普通は資金繰りの問題で撮影が遅れることが常ですが、彼の場合はきっちり、予定通り始まる。私がロメールを敬愛する理由、それは彼が揺るぎない意志を持った人だからです。ロメール映画には自由な発想の知恵がいっぱい詰まっていて、そこに惹かれます。シナリオは全七〇ページ、すべてのセリフは流れるようで、まるで音楽の旋律のように書かれていた。だからそれを乱さないよう、必死でセリフを覚えました。

――あなたが演じたヒロインは天真爛漫で、自分に正直なキャラクターですね？

CV　フェリシーという女性には、私自身が大いに反映されていると思います。ある日、『冬物語』を見た友人が、「彼女の心情は分かるけど、すごくイラつくキャラクターだよ！」と言っていました。このヒロインは、直感で生きている。駆け引きや打算は一切ない。ただ思ったまま正直にものを言い、行動する。とても純粋な存在なのです。この映画の冒頭にはオールヌード・シーンがありますが、ロメール映画を見慣れている観客は驚くだろうと思います。そもそもフランスでは、ヌーディスト・ビーチ自体が珍しい。でも、もう四〇年も前から私の姉が働いているコルシカ島の海の家は、目の前がヌーディスト・ビーチなんです。だから私は裸にはまったく抵抗がありませんでした。夏のブルターニュ地方・モワンヌ島ではじまるプロローグ。さんさんと降り注ぐ夏の光に包まれて、フェリシーは幸せいっぱいに、海と戯れる——そんなシーンです。海で泳ぐときに水着をつける習慣なんて、私にはない。そう言って、オールヌードになることをロメールに提案したんです。男女が愛し合うシーンを演じたいと提案したのも私から。プロローグが終わり、フェリシーと恋人の間には子供ができている。だったら愛し合うシーンは必要です。でも最初、ロメールはとても居心地が悪そうにしていました。廊下でストレッチをしたりして、気を紛らわせていましたね（笑）。

——ブルターニュ地方でのヴァカンスの風景はまるでドキュメンタリーのように自然で、お芝居であることを感じさせません。島でのエピソードをお聞かせください。

CV　モワンヌ島にはロメールのアシスタントの家族が住んでいて、その家をお借りしました。出演者もスタッフも皆が同じ家に泊まって衣食住を共にしました。車も走っていない小さな島だったので移動はすべて自転車。カメラも自転車のかごに入れて持ち運びました。当時七〇歳のロメールが自転車で移動していたのですから、みんな彼が転げ落ちないかかとハラハラしたものです。夜道を走っているロメールの自転車のライトが、左右にユラユラ揺れている。それは心配でした（笑）。

——撮影中のロメール監督はどんな様子でしたか？

CV　『冬物語』は四〇日間にわたる撮影でしたが最終日、クランク・アップしたのは夜一一時を過ぎていた。それでもロメールは何とかして、最終の郊外電車かメトロに乗ろうとしていました。やっと撮影が終わって疲労困憊していたと思うのに、タクシーに乗ることもアシスタントに送迎されることも嫌がっていたのです。

この映画の撮影クルーはロメール、役者、カメラマン、音響、アシスタントを含めてわずか七〜八人。各カット毎のテイクは三〜四回。プロローグに当たるモワンヌ島での撮影期間は一週間だけ。だから、ものすごく集中して挑みました。ある日、フェリシーの恋人の一人である、司書ロイック宅での撮影が、深夜の二時〜三時くらいまで押してしまったことがあった。疲れ切った私は、「もうダメ。何か食べなきゃ死んでしまう……休憩させてください！」と弱音を吐いてしまったんです。「シャルロット、お願いだからもうすこしだけ、頑張ってほしい」。そうロメールに言われても、「疲れてる、お腹がすいた」と私は言い張った。そうしたらロメールは真冬の真夜中、無言で現場を飛び出していってしまったのです。

撮影班は皆、気が気ではありませんでした。でもその間ロメールはというと、怒りをおさめようと家の周りをランニングしていたのですよ！　そして戻ってきた時の第一声が「さあ……何を食べようか？」（笑）その時はじめて、ロメールが怒る姿を見ました。撮影期間、その一度きりです。

ロメールを権威的な監督だと考えている人もいるかも知れない。でも私にとって彼は、完全なる信頼関係を築けた最高の映画作家なのです。

（二〇一七年四月二七日　パリ六区、ホテル・ドゥ・ラベイのティールームにて）

4 ジャック・リヴェットと舟でゆく

パスカル・ボニゼール

Pascal Bonitzer

リヴェットとの冒険は、新しい挑戦の連続だった

二〇一六年一月二九日、ジャック・リヴェットの訃報が流れた時、私はヌーヴェル・ヴァーグが終焉を迎えたような悲しみに包まれた。「呪われた映画作家」といわれ、一二時間四〇分に及ぶ『アウト・ワン』(71)では映画の上映時間についてラディカルに問いかけた。実験的な作品を作り続けたリヴェット。日本では、九〇年代のミニシアターブームの中で注目された『美しき諍い女』(91)で、ミシェル・ピコリ演じる老画家のモデルを演じたエマニュエル・ベアールが、ほぼ全編一糸纏わぬ体当たりの演技でセンセーショナルな話題を呼んだ。最期まで映画に悩み〝映画とはなにか〟と問い続けたシネアストだった。

一九八四年の『地に堕ちた愛』から遺作となった二〇〇九年の『ジェーン・バーキンのサーカス・

ストーリー』までの全脚本を手掛けたパスカル・ボニゼールは、リヴェットの長きにわたっての相棒だったと言える。二五年にわたるコラボレーションの中で女性を主人公にした優美な一本を世に送りだした。パスカル・ボニゼールはリヴェットと同じく『カイエ・デュ・シネマ』の批評家出身で、九六年からは自身も映画監督としてコンスタントに作品を作り続けている。

以下のインタビューは二〇一六年三月、リヴェットが亡くなった二ヵ月後に行われた。リヴェット映画の全貌を語ってもらうと同時に、パスカル・ボニゼール自身の映画とのかかわりについても聞いている。

テアトル・ダパルトマン

――ジャック・リヴェットはヌーヴェル・ヴァーグの映画作家の中で、最も謎めいた存在でした。その作品群も私生活も、いまだ厚いヴェールに包まれています。二五年にわたる長いコラボレーションを通してあなたが見た、リヴェットの知られざる素顔について聞かせてください。

パスカル・ボニゼール（以下、ＰＢ） ジャック・リヴェットに初めて会ったのは、『カイエ・デュ・シネマ』誌の事務所でした。その頃のリヴェットは映画を作れない困難期にあり、陰鬱な表情を湛え、空虚感を抱えているように見えた。映画を撮れないから、しょっちゅう『カイエ』の事務所に顔を出していたのです。私は一九六九年、大学で哲学の修士号を得た後、すぐにカイエ誌の同人になりました。それでリヴェットと言葉を交わすようになったんです。ヌーヴェル・ヴァーグと呼ばれた映画作家たちの中でも、彼は異質な存在に思えた。たしかに『パリはわれらのもの』（58）や

パスカル・ボニゼール
Pascal Bonitzer
一九四六〜。脚本家、批評家、監督。パリ生まれ。元国立映像音響芸術学院（FEMIS）教授。一九六九年から『カイエ・デュ・シネマ』などの映画雑誌に批評を執筆。アンドレ・テシネの『ブロンテ姉妹』（77）、リヴェットの『地に堕ちた愛』（84）ほか多数の脚本を担当。九六年、初の長編監督作品『アンコール』を

『狂気の愛』（69）は素晴らしい映画です。ただ正直に言うと、リヴェットの作品をどのように捉えたらいいのか、映画史の中にどのように位置づけたらいいのか、その時はまだよく分からなかったのです。だから彼の映画に熱狂することはなく、とりあえず判断は保留にしていました。ただ批評家としてのリヴェットには、当時から感服していましたが。映画に対する彼の倫理観や哲学には絶対的な聡明さがあった。そしてどこまでも過激でもあったのです。

——それからどのような経緯で、あなたがリヴェットの脚本を手掛けることになったのでしょうか？

PB　一九八二年、『地に堕ちた愛』（84）の企画段階で、プロデューサーからオファーがあったのが、そもそもの始まりでした。リヴェットは、前作のビュル・オジエとパスカル・オジエの母娘が共演した『北の橋』（81）ではとにかく予算がなく、美術費も捻出できないような状態だった。でも作品そのものは高く評価されて、リヴェットは映画作家として名声を得ることができました。ところが直後、彼は重度の鬱病を患ってしまったのです。鬱状態になったリヴェットは一切外出できず、ただひたすら家にこもっていました。外に出るのは『カイエ』の事務所に行く時だけ。だからそこに集っていた批評家だけが、彼とコンタクトを取ることができた。そうしてようやく鬱状態から抜けだした頃、『地に堕ちた愛』の企画がスタートしたのです。そこで私はプロデューサーから、脚本を書くように持ちかけられました。当時、脚本家としての私はまるで素人だったというのに！

　リヴェットは〈テアトル・ダパルトマン／théâtre d'appartement〉と自身で名付けた、革新的な映画を生み出そうとしていました。彼は演劇を念頭におきながら、舞台ではなくアパートの中で展開する、映画内演劇のスタイルを模索していたのです。俳優は劇場の舞台で演じるのではなく、アパートの室内で演劇に興じる。観客は舞台を追っていく代わりに、各シーンを映像で追っていく。そ

発表。著作に『歪形するフレーム——絵画と映画の比較考察』（邦訳、梅本洋一訳、勁草書房、一九九九年）など。

ういったまったく新しい試みです。リヴェットは、その遊戯的な仕掛けにのめり込んでいました。偶然の一致や思いがけない巡り合わせといったものが、彼は大好きだったのです。

——それはロメール映画に訪れる「偶然」とは、まったく違う種類のものですね。

PB　全然違います。ロメールの作品は日常的なシチュエーションの中で、緻密なフィクションを描いています。それに対してリヴェットの作品では、役者は現実を飛び越え、虚構の世界に向かっていく。彼は完全な即興を求めているわけではなく、物語の輪郭がひとりでに描かれていくことを望んでいました。その結果、『地に堕ちた愛』ではジェーン・バーキンとジェラルディン・チャップリンは、類まれな輝きを見せることになった。

——リヴェットはシナリオに対して、どのように取り組んでいたのでしょう?

PB　リヴェットは最初、役者に大まかな筋を説明するだけ。シナリオを事前に渡しません。そして我々脚本家は撮影と同時進行で、その場その場で書き進めていくのです。初めの頃、リヴェットのメソッドは見当もつかなかったので戸惑いました。でもやがて、常識に一切とらわれないやり方に、私は歓びを見出していったのです。『地に堕ちた愛』では、トリュフォーの盟友シュザンヌ・シフマンと写真家でもあるマリル・パロリオーニにも、脚本に参加してもらいました。リヴェットの映画はいつも、とにかく長大ですから、複数の脚本家が必要だったのです。

リヴェット映画のゲーム感覚

——なぜリヴェットの作品の上映時間は、いつも長くなってしまうのでしょう?

PB　リヴェットは常に映画の常識を覆そうとしていましたし、常軌を逸したものを求めていたからです。それに彼自身、長大な映画が好きだったのです。観客にはリヴェットの世界に浸ったままで、できるだけ違った次元を味わってほしいと思っていました。例えば『アウト・ワン』（71）は一二時間を超える長尺の作品ですし、『狂気の愛』（69）と『美しき諍い女』は四時間超え、『ジャンヌ・ダルク』（94）は二部構成で五時間超えです。

リヴェット映画の脚本は、撮影中に順次書き進められていったので、上映時間のことを計算したことはなかった。もし一頁分のシナリオが映像になると一分の上映時間に当たると最初から分かっていたら、全部で一一五頁におさめようとなったかも知れません。が、そのような考えはまったくなかった。それにリヴェットは役者たちの即興性を大切にし、それを映画の中に大胆に取り入れていたのです。彼はその時その場で起こる化学反応をフィルムに収めることに、大きな喜びを感じていました。先を見越して動くタイプは苦手だったようです。周囲の人間は、常にリヴェットの意のままに操られながら動いていく。それが彼の撮影現場の特徴でした。

——すべては、リヴェットの意のままに組み立てられていたのですね?

PB 彼は直感に優れていて、周囲の人間をすべて操っていました。即興的にダイアローグとスクリプトを書いていたので、役者が事前に準備してきたメソッドは完全に崩れるわけです。でもそれはつまり役者を不安定な状態にさせる。ですから大きなリスクを伴うことになります。リヴェットは従来の映画製作、つまり事前にシナリオを完成させ、役者に渡して役作りをしてもらい撮影に臨む方法はとらなかった。それによって現場の人間全員の間に緊張感が走る。そんな危険を冒すことを、彼は好んだのです。私はそんなリヴェット特有のゲーム感覚がとても気に入り、心躍らせました。目の前にいる役者と顔を突き合わせシナリオを書きながら、撮影現場に立ち会うことができたのです。それまで想像すらしなかった映画に対する考え方を、私はリヴェットから学びました。

――あなたは一九八四年から二〇〇九年までのリヴェットの全作品の脚本を手掛けています。その二五年の間、リヴェットとのプロジェクトに参加している以外の時間に、リヴェットと交流するようなことはありましたか？

PB　プライベートでリヴェットに会ったことは、一度もありません。映画の企画がはじまると頻繁に待ち合わせ、話を進めていきます。といっても数ヵ月の間、シナリオを書くのではなくカフェで会って様々な話をし、一緒に映画を見たり同じ本を読んで意見を交換して……そんな時間を重ねていく。そのように交流を続けて映画の構想を練りながら、シークエンスを書き連ねていくのです。シナリオではなくリストを作っていくような作業ですね。たしかにすごく風変わりなやり方ではありましたね。

――プライベートでは一切会われないとのことですが、一旦企画が軌道に乗ると頻繁に時を過ごしておられたのですね。リヴェットは謎に包まれた存在でした。

PB　確かに彼は秘密主義者で、リヴェットの家に行ったことのある者は誰一人いないはずです。バスチーユ大通りにある彼のアパートは、書物や雑誌や新聞で溢れかえっていた。最後は生活することさえ難しい程の惨状になっていたことは知っています。彼は思い入れのある書物や雑誌を捨てられない性質で、後年はホテルに住まざるをえなくなったほどです。もちろん私は、彼の自宅にも滞在しているホテルにも行ったことはありませんが。

――あなたは批評家としてキャリアをスタートされました。批評家としてリヴェットというシネアストを、どのように捉えてらっしゃいますか？　コラボレーションを始める前と始めた後、そしてリヴェットが亡くなってしまった今、彼に対する印象に変化はありましたか？

PB　なにはともあれ私は彼とコラボレーションし、何度も笑い合い、その時かかわっている映画以外にもありとあらゆることを話しました。彼は熱烈な映画狂でしたから、映画の話になるともう止まらなかった。一八歳の年齢差なんて、まったく感じませんでした。リヴェットと私の映画の趣味が同じだったのか、今となっては良く分からない。でも私が彼から多大なる影響を受けたことは確かです。リヴェットは大の文学ファンでもあって、特にバルザックやドストエフスキーなどの古典を好んでいました。私たちは詩についても多くを語り合った。私は数多くの詩を吟じることができますが、それを聴いたリヴェットはすかさず彼の見解を述べ、次いで別の詩を一篇返してきます。私たちは一見映画とは無縁に見える話を積み重ねながらも、確実にひとつの作品へ向かっていったのです。

俳優を撮る映画

――リヴェット作品の配役について、あなたは何か意見を言ったことはありますか?

PB　一度もありません。リヴェットは俳優と仕事することが一番の歓びだと考える映画作家でした。テーマが俳優を選ぶのではなく、撮りたい役者に合わせて役を模索していく――例えば『ジャンヌ・ダルク』を撮った時、彼はジャンヌ・ダルクに関する映画を作りたいと思ったのではありません。サンドリーヌ・ボネールという女優を撮りたかったのです。そして彼女を撮るにあたって、どのようなテーマがふさわしいか考えた結果、ジャンヌ・ダルクというテーマを見出した。リヴェットの場合、物事は全て、こんな風に決まっていきます。『美しき諍い女』では、エマニュエル・ベアールとミシェル・ピコリを起用し、無名の画家について語ろうという考えがまず、念頭にあった。「俳優を撮る」それがリヴェットの映画であり、彼は最後までその信念を貫き通しました。

――リヴェットは女優を撮る監督として名高いです。ビュル・オジエ、ジェーン・バーキン、サンドリーヌ・ボネール、エマニュエル・ベアール、ジャンヌ・バリバールなど、リヴェットの作品で輝いた女優たちは皆揃って、彼の偉大さを褒め称えます。

PB リヴェットとの冒険は、新しい挑戦の連続でした。彼は才能豊かな役者たちを映画に巻き込み、共に作り上げていくのを好んでいたのです。そして九〇年代半ば以降は遊び心をも超えた、軽快な作品を撮ろうとしていました。

例えば『パリでかくれんぼ』(95)の話をしましょう。あの作品の撮影上の難しさは、時々、突如としてミュージカル調のシーンが出てくることにありました。既に存在する音楽の上にセリフをのせていく作業でしたから、音節の区切り方、韻を踏んで歌詞を紡いでいくことに苦労しました。大変だったからこそ興味深い体験になったとも言えますがね。あの映画では主演の女優陣三人の名前が脚本にクレジットされています。私たちは彼女たちの意見に耳を傾け大いにセリフに生かしました。『ジャンヌ・ダルク』の時もがっちりとしたシナリオはありませんでした。様々な文献を探しながら物語を構築し、ダイアローグを紡いでいった。『恋ごころ』(01)は演劇の話で、ルイージ・ピランデッロの戯曲が劇中劇として含まれています。

――『恋ごころ』はリヴェットの作品群の中で、最も軽やかで幸福に包まれた映画だと思います。

PB 長大で難解なリヴェットの作品群において『恋ごころ』は、最も親しみやすい作品と言えるでしょう。物語はシンプルですし、登場人物の心情も分かりやすい。ジャンヌ・バリバールは名女優でルイージ・ピランデッロの戯曲をシナリオなしでも、その場その場に応じて演じることができます。イタリア語で演じることさえもできる、教養ある才能豊かな女優です。脇を固めるのもセルジオ・カステリート、ジャック・ボナフェといった芸達者ばかりでした。

――六年後の『ランジェ公爵夫人』（07）では再度、ジャンヌ・バリバールを主演に起用しています。エマニュエル・ベアールの『美しき諍い女』、『Mの物語』（03）の場合もそうですが、リヴェットは数年の間隔をおいて、同じ女優を何度か起用していますね。『修道女』（67）のアンナ・カリーナが二九年ぶりに『パリのかくれんぼ』に配役されてもいます。そして遺作となってしまった『サーカス・ストーリー』のジェーン・バーキンは、リヴェット作品には欠かせない女優でした。

PB　リヴェットの忠実な性格の現れです。一度リヴェットの世界に入り込むことに成功した役者は、またその世界に飛び込むことができるのです。

――一般的にロメール映画の女優は、女優としてのキャリアには恵まれないと言われています。それに対してリヴェット映画の女優は違います。

PB　私が思うに、ロメールの世界に入り込んでしまったら、〝ロメール女優〟というレッテルを貼られてしまいがちです。そしてそのイメージから抜けだすことは、容易ではない。非常に暴力的な方法で飛び出していかなければ、その殻は破れない。

――男優の場合はそれ程問題がないのに、女優の場合に多く起こるのはなぜでしょうか？　ファブリス・ルキーニやパスカル・グレゴリーはロメールの作品で有名になり、今ではフランス映画にかかせない名優です。

PB　ルキーニもグレゴリーも、その殻を突き破っていくことに苦労したはずです。彼らは全く別の役に挑戦することで、ロメール俳優というレッテルを取り除くことができました。

リヴェットの歴代のミューズ、ビュル・オジエ、ジェーン・バーキン、サンドリーヌ・ボネール、ジャンヌ・バリバールなどは〝リヴェット女優〟というレッテルを貼られたことはありません。例えばエマニュエル・ベアールの場合は、『美しき諍い女』に出演したことで、女優としての才能を認められ、多数の作家映画に出演するようになりました。だからリヴェットの作品への出演は、その後に続く彼女のキャリアで重要な転換点となったのです。

——ところで『美しき諍い女』は四時間と二時間のバージョンがありますが、その内容は全く違います。

PB 二時間バージョンはTV放映のために作られたものです。リヴェットは四時間版を短縮するのではなく、二時間の別の映画を作ったのです。各シーンを除いたり短くカットするのではなく、まったく違うシーンに差し替え、裸のシーンを省きました。だから二時間版を見た観客は、リヴェットが本当に望んでいた四時間版の作品とは、全く別の映画を見たことになります。

彼が常にジャック・リヴェットだった

——リヴェットはフランス映画において、どのような功績を残したとお考えですか？　若い世代で、彼の遺志を継いでいくような映画作家は存在すると思われますか？

PB その質問にお答えするのは、非常に難しい。二五年のコラボレーションにおいて、私は少しだけ彼の内面を見てしまった。だからあなたの問いに客観的に答えることは不可能です。彼が『カイエ・デュ・シネマ』の批評家だった時代と、映画を撮り始めてからでは、映画に対する姿勢は変わったと思います。ヌーヴェル・ヴァーグの同志は、各人それぞれが別の道を歩んでいきました。彼らが持っている世界観が違う。各々の性格も作る映画もまったく違います。シャブロルの映画は、他のヌーヴェル・ヴァーグの誰とも似ていない。ゴダールの映画には絶対彼にしかない特異性があります。ロメールもリヴェットもトリュフォーも、強烈な個性の持ち主で、映画自体も全く異なる魅力がある。だからこそ強烈な印象を与えたのです。

こんにち、ヌーヴェル・ヴァーグの映画作家のやり方は若い世代に浸透して、フランスはもとより世界中に広がっています。だが各人の映画作りには、それぞれの手法や視点がある。例えばアルノー・デプレシャンがトリュフォーの影響を受けていることは明白ですが、もう彼は若いシネアストとはいえないでしょう。デプレシャンも円熟し、独自の世界を切り拓いています。だからヌーヴェル・ヴァーグの精神は各シネアストの心に根付いているのだと思います。

――あなたは別のヌーヴェル・ヴァーグの映画作家から、脚本の誘いを受けたことはないのですか?

PB 一度もありません。『カイエ』の批評家時代、ゴダールにインタビューしたことがありますし、彼は『地に堕ちた愛』を高く評価してくれました。だが脚本家として声をかけられたことは、一度もないですね。

――あなたは監督として五〇歳で長編デビュー作『アンコール』(96)を撮られました。それまで、なぜ映画を撮る側に回られなかったのですか?

PB それには別の問題があります(笑)。正直に言って、リヴェットと仕事していなければ、私自身が演出する側に回ることはなかったでしょう。机に向かって、ひたすら脚本を書くのでは、役者陣のリズムを根本的に摑むことはできなかったはずです。ところがリヴェットのおかげで私は現場でシナリオを書き、役者の声に耳を傾け演出していく術を学んでいったのです。監督としてデビューするまでには、ずいぶん時間がかかってしまいましたがね。おそらく私の内部にかかっていた鍵を、リヴェットがこじ開けてくれたのでしょう。若い頃から監督になる夢と野心を持っていましたが、どうしても勇気が湧いてこなかった。だから私の背中を押してくれたのは、リヴェットという存在なのではないかとさえ、思っているのです。

――では、あなた自身のお話をお聞かせください。なぜ映画界に入られたのですか？

PB 私の世代はシネフィルに育つためにはよい時代に生まれました。私はパリ西部一六区のオトゥイユ地区の育ちで、アート系映画館が至るところにあり、シネマテークが一六区のシャイヨ宮にありました。アート系映画館では年中クラシック映画がかかっていて、私はすぐにアメリカ映画の虜になってしまった。そして一四歳の時に『カイエ・デュ・シネマ』を手に取って以来、その文体に魅せられたのです。

――一四歳という若さで、あの難解な『カイエ・デュ・シネマ』を理解していたのですか⁉

PB ええ、一四歳の時です。すぐ両親に定期購読してもらうように頼みました。確かロメールが編集長の時代です。私は若い頃、アメリカのフィルム・ノワールや犯罪スリラー、B級映画に夢中で、白黒映画の大ファンでもあった。夢の強さを表現するのに、白黒はうってつけですから。その後、私の映画の好みは少しずつ洗練されていき、溝口健二や黒澤明を知ることにもなった。成瀬や小津の映画を発見したのは、もっとずっと後になってからですが。フランスで彼らの映画が紹介されるのは、だいぶ後になってからでしたから。

その後、初期のヌーヴェル・ヴァーグの映画に魅了されました。一番強烈だったのは、なんといっても『勝手にしやがれ』(59)です。あの映画の根底にはB級映画への愛が流れていて、それが私の心を鷲掴みにした。それからリヴェットの『パリはわれらのもの』、ロメールの『獅子座』(59)に感銘を受けました。多分、私が『カイエ・デュ・シネマ』誌の愛読者で、その誌面で論陣を張っていたのが彼らヌーヴェル・ヴァーグの映画作家だったということもあるでしょう。その後、すごく幸運だったことは、二二歳の時にミシェル・ダレイという『カイエ』誌の批評家に出会いました。それがきっかけとなり、私の書いたはじめての映画批評を『カイエ』の誌面に掲載してくれたのです。

――初めて批評発表することになった、記念すべき作品を覚えていますか？

PB 一九六九年二月号で、センベーヌ・ウスマン監督の『現金為替』*Mandabi*（68）というセネガル映画について書きました。当時、私はパリ郊外のナンテール大学で哲学を学んでいた学生でしたが、修士を終えたら、すぐに批評活動に専念した。

――批評家時代に最も熱を上げた映画作家や、思い入れのある映画は何でしょうか？

PB 『絞死刑』（68）、『新宿泥棒日記』（69）をカンヌ映画祭で見て、衝撃を受けました。その後、松竹ヌーヴェル・ヴァーグ時代の作品を一挙に見て、大島渚を崇拝するようになった。彼についての批評を、何度も書いたことがあります。これまでに私が書いた大島渚の映画批評を集めた本「不完全なヴィジョン」（*La vision partielle*, Capricci, 2016）を出版したほどです。表紙には『戦場のメリークリスマス』（83）で刀を持つ坂本龍一の写真を選びました。

そう、リヴェットは自分の過去の映画について触れることは、ほとんどありませんでした。過去に書いた映画批評を再発表することなど考えたこともなかったでしょう。自作のレトロスペクティブにも興味を持たなかった。大胆な傑作を生み出し続けることができたのは、彼が常にジャック・リヴェットだったからにほかならない。リヴェットとは「今」と次回作のことしか考えていない映画作家だったのです。

（二〇一六年三月一二日　パリ三区、パスカル・ボニゼールの自宅にて）

5 アニエス・ヴァルダの台所にて

アニエス・ヴァルダ Agnès Varda

〝マミー・パンク〟（パンクなお婆ちゃん）と呼ばれて

パリ一四区、モンパルナス近く。そこに、世界初の実用的写真撮影法ダゲレオタイプ（銀板写真）を発明した写真家ルイ・ダゲールの名を冠した通りがある。魚介、肉、チーズ、ワイン、パン、お惣菜などを売る店がところ狭しと並ぶこの通りに、アニエス・ヴァルダはオフィス兼自宅の一軒家を構えている。

一九五四年、夫のジャック・ドゥミと共にヴァルダは製作会社シネ＝タマリスを設立。長編デビュー作『ラ・ポワント・クールト』（54）以降の彼女の映画を製作するだけでなく、ドゥミ＝ヴァルダ作品を修復し蘇らせてきた。

以下のインタビューは二〇一二年一一月、フランスでリリースされたアニエス・ヴァルダのＤＶＤ

ボックス発売の時に行ったものである。

　緑あふれる中庭を通ってヴァルダに案内されたのは、彼女の台所だった。ラズベリー色のタイル張りの壁には、古めかしい数々のオブジェが散りばめられ、そこを彼女の愛猫が行き来する。この場所は、彼女が夫のジャック・ドゥミや子供たちと長い年月を過ごした生活の中心だったのだ。

バターとオリーブ・オイルの出会い

アニエス・ヴァルダ（以下、AV）　私にとって台所は生活の中心で、最も大切な場所でもあります。ここで子供たちとテーブルを囲んで、色々な話を語り合ってきました。特に週末、いつもよりゆっくり、時間をかけて朝食をとるのが好きだったわ。こういった習慣は家族にとって、いちばん大切なことだって思う。いつもジャムを挟んだパイ菓子を食べたりしながらね。さあ、あなたもコーヒーとお菓子を召しあがれ。これは二〇世紀はじめに生まれたフランスのお菓子で、それからずっと伝統的な製法を守って作られているんですよ。一九世紀半ばに創業したナントの代表的なお菓子工場「リュ（LU）」のもの。そう、ナントといえばジャック（・ドゥミ）の生まれ育った街です。私は以前、「リュ」の工場跡地で展覧会をしたこともあるのよ。「リュ」のお菓子はいまでも、フランス中のスーパーに並んでいるわ。

　リュと言う会社名は、創業者夫婦の名字 Lefèvre と Utile のイニシャルを取ったもの。昔ながらの作り方を大切にしているから、私はここのお菓子が大好きなの。食べたことはあるかしら？　とても美味しいから、さあどうぞ。

アニエス・ヴァルダ
Agnès Varda
一九二八〜二〇一九。監督。ベルギー、ブリュッセル生まれ。パリで哲学や美術史、写真を学ぶ。五四年『ラ・ポワント・クルート』を製作。後にこの作品はヌーヴェル・ヴァーグの先駆と評された。六二年に映画監督のジャック・ドゥミと結婚。映画表現の実験的な試みや、社会に過酷な洞察を向けたドキュメンタリーを製作。『幸福（しあわせ）』（65）でベルリン国際映画祭銀熊賞、『冬の旅』（85）でヴェネツィア国際映画祭金獅子賞を受賞している。

――ありがとうございます。以前、インタビューにうかがった時も、「リュ」のお菓子を勧めてくださったことを覚えています。

AV 私はいつも、これ。「リュ」に忠実なのですよ(笑)。例えば「リュ」の看板商品のバタークッキー「プチ・ブール」は一九世紀末に生まれました。それをいまだに作り続けているなんて、面白いと思いませんか? 私はそれほど料理が得意じゃないの。映画、とくに編集には、じっくり時間をかけて取り組むけれど、料理は猛スピード。とにかく手早く作れることが、一番肝心。料理にかける時間はありませんから。

――このほどフランスで発売されたＤＶＤボックスの特典では、得意料理のレシピが紹介されています。「フダンソウのグラタン」は今や見つけるのがなかなか難しい、すたれてしまった料理です。なぜ「フダンソウのグラタン」を選ばれたのですか?

AV おばあちゃんの味だからよ。私の母の時代は、フダンソウ、ビート、チコリをよく食べていました。ベシャメルソースとチーズをかけてグラタンにして食べるんです。私が小さい時、つまり戦後よく食べていた野菜は一時すたれたけれど、代わりにキクイモみたいな一度は時代遅れになった野菜が、最近また食べられるようになってきているの。私は古いレシピを次の世代に伝えていくことに、とても興味を持っているんです。

――先日、ＤＶＤボックス発売記念の記者会見の席で、ビュッフェ形式で昼食を振舞われたそうですね。そこにはあなたの短編『ヤンコ伯父さん』(67)にも出てくる、鶏肉の煮込みもあったとか。

AV ヤンコ伯父さんは、サン・フランシスコ北部の対岸に住んでいたの。彼は、サウサリートに停泊するペニッシュ(運搬用の平底船)の中で、暮らしていたわ。あの地区には中国人がたくさん住んでいる。それでヤンコ伯父さんは中国のレシピを自己流にアレンジしてみたのね。鶏肉のカレー煮込み。アルテ主催の記者会見では、お腹をすかせた記者たちに、ヤンコ伯父さんの鶏煮込みとセップ茸のリゾット、それからゼゼット・ド・セート（Zézette de Sète）という焼き菓子を振舞ったんです。

——ゼゼット・ド・セートは、あなたの出身地である南仏の港町・セートの伝統的なお菓子のことでしょうか？

AV ええ。セートのスーパーマーケットなら、どこにでも売っているわ。レトロな箱に入っていて、趣きがあるでしょう。そう、あの時はエクサン・プロヴァンスの銘菓・カリソン[1]も用意しました。私は地中海出身だから、勿論オリーブも忘れずに添えて。

バターで育ったジャック（・ドゥミ）が、オリーブ・オイルで育ったアニエスと出会った[2]。そして互いの材料と調理法をかけあわせて、独自の世界を築いていったのよ。

レネとマルケル

——クリス・マルケルとあなたは、昔からの友人でしたね[3]。

AV ええ、もちろん。彼は一九五四年以来の友人で、私が映画作家になる前から長い交流がありました。クリス・マルケルがいつも私と誰かの縁をつないでくれたのです。彼にはすごく感謝しているわ。初めて彼に会った頃、私は港町セートから上京したばかりの女の子だった。それが、葡萄園で結婚式をあげた、ある女性の写真を発表して、それが人の目に留ったの。それがきっかけで、あのジェラール・フィリップのポートレートを撮ることになったんです。その後、雑誌の仕事が舞い込んでくるようになり、やがて映画の道に入った。偶然に偶然が重なって、新しい世界が開けて

▼1 アーモンドと、メロンなどの砂糖漬けを練り合わせ、オレンジエッセンスで香りづけた小さな菱形のお菓子。

▼2 ブルターニュ地方はバターの、地中海沿いはオリーブオイルの消費量が多い。

▼3 クリス・マルケルは、このインタビューの約四ヵ月前、二〇一二年七月二九日、九一歳で逝去した。

いったのです。出会いを繰り返すことにより、作品は生まれ続けていくの。すばらしい人生は、人との出会いの賜物。

あなたと私がこうして出会ったように、すべての出会いに意味がある。新しく出会った誰かと何かを共有する。そこに人生の意味があるって、私は思ってるの。私の映画を見てくれる観客、展覧会に足を運んでくれる人々——彼らは私の「小さな世界」を訪ねてくれる。そう、作品を通して私は彼らすべてに出会っているんです。その出会いを通じて彼らは、自分自身を見つめ直すこと。何かを感じ、本来の自分に立ち返っていくこと。それが私の試みのすべてなんです。

——あなたのデビュー作『ラ・ポワント・クールト』(54)の編集は、アラン・レネが担当しています。レネと知り合ったのも、クリス・マルケルからの紹介がきっかけですか?

AV そうよ。こんにち誰もが知る巨匠になったレネがデビュー作に携わってくれたことは、私にとって大変名誉なことです。当時、レネは短編を作っていました。絵画を映画のモンタージュのように用いて、ピカソの本質を探った『ゲルニカ』(50)など、傑作短編を続々と発表していたわ。彼は才能に溢れていて、その時すでに大きな名声を得ていた。クリス・マルケルはアラン・レネの短編『彫像もまた死す』(53)でシナリオを書き、共同監督を務めてもいた。その縁で私の処女作の編集を、レネに頼んでくれたんです。編集中のレネは控え目ながら、「映画の本質」を教えてくれました。

——『ラ・ポワント・クールト』ではあるカップルの危機と、セートの漁師についての物語が語られています。あなたは写真家から映画作家に転向しました。当時、女性が映画を監督することは、今よりもずっと困難な状況だったのではないでしょうか。

AV すごく孤独でした。まるで初めて小説を書く時のように、映画の構造を五万回は書き直したわね！　この作品はウィリアム・フォークナーの小説『野生の棕櫚』から着想を得て、二つの違う話を交互に綴っていく構造になっている。男女の関係性を探るという普遍的なテーマを、前衛的な手法で語ってみようとしたの。

――ヌーヴェル・ヴァーグ時代、女性監督はほとんどいませんでしたね。そんな時代にデビューしたあなたは、フランスでは初の女性監督の一人だと言われています。

AV　「女性監督」として語られることを、私はあまり好ましく思っていません。あくまでラディカルなひとりの映画作家として評価して欲しいわ。デビュー当時の私は、ヌーヴェル・ヴァーグの紅一点とみなされてきました。でも私はレネ、マルケルらと共に一足早く、五四年にはもう映画を撮り始めていたでしょう？　そういった意味では「ヌーヴェル・ヴァーグのおばあちゃん」とも呼ばれているのよ。誰よりも先に始めたからという理由で。でもただ、それだけのこと。

私がデビューしたのは二六歳の時。それまで映画的知識が一つもなかったけれど、既成概念を覆す革新的なことをしました。女性だから特別扱いされたいと思ったことは一度もありません。私はいつだってマージナル（周縁的）な存在です。私の作品には、常に矛盾がつきまとっていることにお気づきですか？　常に興味ある対象とは相反するものにも策略をめぐらせています。私の作品はフィクションでもあり、同時にドキュメンタリーでもあるのです。

――『落穂拾い』（00）は、大変高い評価を得たドキュメンタリーですが、それ以前からあなたは数々の素晴らしい作品を作ってきました。

AV　七五年に、私の住んでいる通りの人々を撮った『ダゲール街の人々』は気に入っています。八一年に『壁画・壁画たち』という「街」が舞台になっている作品を撮りました。これはロサンゼルスに滞在中、街中の壁に描かれたグラフィック・アートを見ながら「この壁はなんなんだろう

⁉」と疑問が芽生え、そこから着想したのです。誰が描いたのか？　この作品を誰が見るのか？　そもそもここに描かれているものは、一体何なのか？　なぜこのような「作品」は、裕福な人たちが住んでいる地区にはないのか？　私の作品作りの基本、それは好奇心の三文字に尽きてしまう。

ストリート・アートに作者の署名がない場合は周囲に聞き込み、電話で片っぱしから調べて、ロサンゼルス中を歩き回った。そうやって作者を探しながら私の頭の中に、ロサンゼルスの「知られざる顔」、社会的背景が浮かび上がってきたのです。なぜあの壁が、ロサンゼルスという街を表現しているのか――それを考察していくのは、大変興味深い作業でした。カメラの眼はわたしの意識であり、モラルでさえもある。つまりこの映画にはロサンゼルスという街を考察する社会学的な視点も織り込まれているんです。

――あなたのドキュメンタリーには、いつも心がほっこりするようなユーモアがあります。

AV　だって私自身が、楽しむことがとても好きなんだもの！　私は社会的に誰も取りあげないような、もう話題にも上らないテーマをすくいあげるのが好きなんです。政治については語らないけれど、不公平な社会的側面を切り取りたいと思っています。これまで私はドキュメンタリー作品で少数派、社会的弱者、女性、貧しい人々、浮浪者を取りあげてきました。『落穂拾い』は、〝ものを拾う〟〝拾ったものを食べる人〟に焦点を当てたのではありません。そうではなく私が訴えたかったのは、全ての人間に尊厳があるということ。誰もが幸福のために生きる権利がある。とはいえ社会学者やコメンテイターのように語るのは、私のやり方ではありません。だってどんなに重いテーマを扱っていても、人生には軽やかさが必要なんですから！

遊牧民のような人生

――このほどフランスで発売されたＤＶＤボックス『TOUT(E) VARDA』には、二二本の作品が収められている。映画作家であり、写真家であり、それからビジュアル・アーティストでもある……あなたの多面的な魅力が、この中に詰まっています。人間を見つめるあなたの深く優しい眼差しが、全作品に感じられる――

AV これは私の全人生の軌跡です。二二本のディスクすべてを見るのに三〜四ヶ月はかかるでしょう。一四八センチ、六〇キロの私の活動の全記録が詰まっています、写真家、シネアスト、コンテンポラリー・アーティストとしての道のりが、一・八キロのボックスに詰まっているのです！　でも、これ以上、重くしたらいけないわ。このボックスはあくまで私からの提案であって、決して指南書ではありません。私はこれまでも、くどくど説教したり凝り固まった考えにとどまることだけは、避けてきたつもり。私は「理解しなさい」というような、芸術家の押しつけがましい態度を嫌悪しています。そう、ジャック・プレヴェールの美しい詩「財産目録」*Inventaire*を彷彿とさせるような作品集になっていたらと思います。興味を持ってくれた人が、私の世界で立ち止まってくれたら、それだけで嬉しい。そして私の世界を思考の原点となって自分自身に立ち返ってくれたら、それ以上嬉しいことはありません。私は自分の作品を〝芸術作品〟なんて強制したくない。だってそもそも、そんな深刻なものではないのだから。ボックスの特典は、そうね……ケーキにのっている、サクランボのようなものね……ところで「リュ」のお菓子を食べている？　もうひと箱開けましょうね。

――全軌跡としてボックスを発売されて、どのようなご心境ですか。

AV　ボックスは全てのシネアストが発表するでしょう。数年前、アルテというTV局の協力でジャック・ドゥミのボックスを、私たちのシネ・タマリスから発売しました。ジャックが自分でできない部分の特典は、私が時間をかけて丁寧に作り上げたんです。シネ・タマリスには、ジャックと私、二人のシネアストしかいません。ジャックのボックスが完成したから、次は私の番。だって私だって、結構な量の仕事をしたでしょう?

――写真家、映像作家、そしてアーティストとしての三つの人生を生きてきたと、あなたは言っています

AV　ネコには七幕人生があるけど、私には三幕しかない。写真家、映像作家、そしてアーティストとしての三幕。時系列で並べると、まず私は写真家になった。五四年以降はシナリオを自ら書いて、映画作家の道に入った。そして二〇〇三年、ヴェネツィアのビエンナーレにインスタレーションを出展して、その時はじめて本格的に、アートの世界に足を踏み入れたと感じたものです。インスタレーションは興味深いし情熱をもって打ち込めます。そこから学んだことも本当に多いわ。

――TV局アルテのシリーズ『アニエス・ヴァルダあちこちへ』*Agnès de ci de là Varda* であなたは、敬愛するアーティスト、興味を抱かれた対象を追って、彼らの声に耳を傾け、それを通じてご自身を見つめていらっしゃいます。

AV　二年間取り組んだこのシリーズでは、心から尊敬するアーティストにカメラを向けました。クリスチャン・ボルタンスキーとアネット・メサジェ、ピエール・スーラージュ、ピエリック・ソラン、ミゲル・バルセロ、それからカルロス・レイガダスなど。展覧会、アトリエ、またはビエンナーレや美術館で彼らの話を聞いて、それを映像に収めていった。偉大なる芸術家に彼らの芸術と

創造について、そして彼らの人生について語ってもらったのです。そのことで芸術を語り継ぐことができると思ったからです。それは、シンプルで親しみをこめたアートに触れるやり方でもある。私は敬愛する人に会うのが好きだし、いつまでも好奇心と想像力を持ち続けていたいと思っています。私は楽しむための術を知っているのですから、それを誰かと分かち合いたいじゃない？

――このシリーズでは、フランス国内だけでなく、ポルト、コパカバーナ、サンクトペテルブルグ、上海など、世界中を旅されました。

AV　私はベルギーで生まれ、フランス南部に移住した。パリに上京してジャック・ドゥミに出会いました。ジャックのおかげでブルターニュ地方の街・ナントを知り、六〇年代はアメリカで過ごした。どこか遊牧民のような人生でしょう。私が孫たちから何と呼ばれているか知っていますか？〝マミー・パンク〟（パンクなお婆ちゃん）。私は生まれてからずっと、パンク精神を持って生きてきたんですよ！

――シリーズの後半でマノエル・ド・オリヴェイラ監督が踊るシーンには驚かされました。チャップリンのようなダンスを踊るオリヴェイラの姿を記録したのは、世界中であなただけです！

AV　私だって踊りますよ。オリヴェイラの故郷・ポルトで『アニエスの浜辺』（08）を上映することが決まり招待された際に、このアイデアが湧いてきたの。オリヴェイラとは昔から顔見知りだった。すごく紳士的で温かい人物です。その上映会に彼が来てくれたので、「私のＴＶ映画に出てくれない？」って頼んだの。私が廻すカメラの前で彼は、チャーリー風のダンスを踊ってくれた。すごく楽しいシーンだったでしょう？

「君のために何をしようか？」と訊ねるオリヴェイラに、私は「こんな風にしてはどうかしら？」と提案する――そんな風にしてあのシーンは生まれたのです。ドキュメンタリーを撮っていると、ちょっとした偶然で幸福なアクシデントは起こるものなのよ。ドキュメンタリーを撮る時は、誰かが何かを提案してくれる。それをちゃんと記録する。しっかり目と耳を開いて、相手の行動を追いかける。元々は望んでいなかったものであっても、とにかくそれを追い続けるのです。私は好奇心があり、ある程度健康で、そして資金探しをする術を知っていた。そのことは幸運だったと思っています。

――クリス・マルケルのアトリエを撮影してもいますね。

AV クリスとは友達だったから、時々彼の家を訪ねたりもしていました。彼はとてもシャイだったから、顔を映されるのを嫌がることは分かっていた。だからアトリエの撮影と声の録音だけさせてもらったのです。クリス・マルケルのアトリエは一見、すごく乱雑で無秩序。でもすべて計算されているのです。彼は長年、アトリエ内の撮影を断り続けてきたから、あのドキュメンタリーはすごく貴重なものとなりました。クリスのことを話すと、悲しくなってしまうわ。私たちは「クルス・マルケルのために」という名のアソシエーションを作りました。残された私たちに何ができるか？　彼の作品が広まり、人々に語り継がれていくために、どのように貢献できるのか？　その方法を探っていくために。

――最後に、差し支えなければ教えていただけませんか。あなたは数年前から、とても印象的なオカッパ・ヘアにしていますね。

AV ヘア・スタイルは、一八歳の頃からずっと変えていませんよ。

――髪の色です。中盤からはっきりとカラーを分けておられて、すごく個性的です。

AV 私には白髪は似合わないから、髪の先端だけを染めてるの。金髪や茶色にもできるけど、今はプラムカラー（青みがかったピンク色）が気に入っている。真っ白な髪の毛で完全な老婆になるなんて、絶対にイヤ！　老け過ぎず、ちょっとだけお茶目にする。自分に魔法をかけることが、私には大切なんです。

――パンクで、それでいてとてもチャーミングです。

AV　今日は来てくださってありがとう。ところでお菓子はお腹いっぱい食べましたか？　私だけが食べたんじゃないかしら？

（二〇一二年一一月二一日　パリ一四区、アニエス・ヴァルダの自宅にて）

追記　その後、二〇一七年に八九歳のアニエス・ヴァルダが三四歳のアーティスト、ＪＲと共同監督したドキュメンタリー『顔たち、ところどころ』を発表。年の差五五歳の二人が、フランスの田舎で暮らす人々と触れ合いながら作品を作り上げていく様子を映しだし、絶賛された。

二〇一九年二月のベルリン映画祭では遺作となったドキュメンタリー『アニエスによるヴァルダ』を発表。また、死の数日前には、ロワール川支流、ショーモン城での展覧会のオープニングに出席。まさに生涯現役を貫いた。アニエス・ヴァルダは、同年三月二九日、九〇歳で逝去した。

Ⅱ　ヌーヴェル・ヴァーグの波のひろがり

D'UNE NOUVELLE VAGUE A LA SUİVANTE

6 天才カメラマンのまなざし

ラウル・クタール Raoul Coutard
ヌーヴェル・ヴァーグのまなざし

「彼のおかげで屋外での撮影に自信がもてた。暗闇の中に光を生み出すことができるのか。私は不安だったが、それを解決に導いてくれたのが、ラウル・クタールなのです」九〇歳にしていまなお映画の未知の領域を拡げている男・ジャン＝リュック・ゴダールはそう語っている。

少人数のスタッフで軽量カメラを手に、パリの街へと飛び出す――そんなヌーヴェル・ヴァーグを象徴する撮影スタイルを、ラウル・クタールは生み出した。世界の映画界に衝撃を与えた長編デビュー作『勝手にしやがれ』（59）、六〇年代ゴダール映画のミューズ、アンナ・カリーナとジャン＝ポール・ベルモンドの愛の逃避行『気狂いピエロ』（65）……クタールは一七本のゴダール映画に、カメラマンとして参加している。ゴダールはクタールのカメラと共に、ヌーヴェル・ヴァーグの時代を駆け抜けたのだ。またクタールは、ジャンヌ・モローが二人の男の間で揺れ動く「純愛の三角関係」を描いたトリュフォーの名作『突然炎のごとく』（62）の撮影も担当。ピエール・シェンデルフェール、フィリップ・ガレル、コスタ・ガブラスなど、ヌーヴェル・ヴァーグ以降の作家たちの画面を作りつづけてもいる。

そんな〝映画史の生きる目〟ラウル・クタールが二〇一二年八月、インタビューに応じてくれることになり、私はフランス南西部にある彼の自宅を訪ねた。クタールは二〇〇二年、フィリップ・ガレルの『白と黒の恋人たち』を最後に、引退を表明している。　クタールは六時間にわたる私のインタビューに、丁寧に答えてくれた。

戦争と友情

――あなたを映画の世界に引き入れたのは、インドシナの軍隊で友人だったピエール・シェンデルフェールだそうですね。そのシェンデルフェールの作品であなたは、はじめて撮影監督を務められました。

ラウル・クタール（以下、RC）　シェンデルフェールがジャック・デュポンと共同監督した『悪魔の通り道』（57）です。もしシェンデルフェールの存在がなければ、私が映画の世界へと進むことはなかった。その頃は映画業界になんて、まるで興味がありませんでした。撮影監督がどんな仕事なのかなんて、もちろん知らなかったんですから。もし当時、撮影監督という仕事についてよく知っていたなら……この職業を選ぶことは、決してなかったでしょうね（笑）。

ラウル・クタール
Raoul Coutard
一九二四〜二〇一六。撮影監督。パリ生まれ。従軍写真家、写真特派員を経て、映画の撮影を始める。六〇年代のゴダール作品ほぼすべての撮影を担当。他に、ジャック・ドゥミの『ローラ』（61）、フランソワ・トリュフォーの『突然炎のごとく』（62）のカメラを担当し、ヌーヴェル・ヴァーグそう、シェンデルフェールは行き先も伝えず、あらゆる場所へ私を連れていってくれました。ヌーヴェル・ヴァーグの生みの親ともいえるジョルジュ・ド・ボールガールに私を引き合わせたのも、彼なんです。

——シェンデルフェールはインドシナ戦争に、あなたと同じく従軍カメラマンとして参加しています。そのインドシナであなたと彼は知り合い、親しくなっていったのですか?

RC　われわれはサイゴンで知り合いました。でも面白いことに、軍隊にいた時、彼と一緒に働いたことはないんです。同じ従軍写真家でも私はベトナム南部、彼はハノイにいたのですから。

そういう意味でわれわれの友情は、一杯のスープをきっかけに始まったのです——当時、フランス軍プレス機関（ＳＰＩ）から目と鼻の先の場所にあった食堂に、インペリアル・ド・ヴァンスーというメニューがありました。フォーのような伝統的なスープ麺ではなく、それはただ空腹を満たすだけのために簡易的に作られた、サイゴンの料理なのです。まずエビと牛肉を入れて、そこに米粉の白い麺ではなく黄色い麺を入れる。インペリアル（帝国の）とは名ばかりで、安くてお腹いっぱいになる、ただの大衆料理ですよ。われわれはこの食堂に来ると、決まってこれを食べていたんです。そして徐々に友情を深めていくことになった。軍隊で友情が芽生えるというのは、実に稀なことです。けれどもわれわれの友情は、彼が亡くなる二〇一二年まで続きました。シェンデルフェールは私にとって、真の友人と言える存在です。私は映画作家としての彼と友人になったわけではありません。だって映画業界での私はまったくの一匹狼で、映画作家の友人は一人もいないのですから。

戦争が終わった後、シェンデルフェールはフランスへ帰国しました。一方で私は現地に残って従軍カメラマンを続けていたのです。そんなある日、一通の電報が届いた。そこにはこう記されてい

の撮影現場を長年にわたり支えた功労者。『ホア・ビン』（70）ほか監督作も多数。

ました。「僕はもうすぐ映画を撮ることになった。その撮影を引き受けてくれないか？」。撮影監督がどんな仕事かなんて、まったく知らない。でも友人の頼みならばと私は、引き受けてしまったのです！

――はじめて見た「光の感覚」を、いまでも覚えていらっしゃいますか？

RC それはろうそくの炎です。その後、アセチレン・ランプ、照明用ガス灯、そして電灯を知りました。

――あなたはパリのど真ん中、サン・ルイ島のご出身ですね。幼少時代から従軍カメラマンになるまでの話をうかがえますか？

RC 子どもの頃、私は競輪選手になるのが夢でした。当時の男の子にとって、競輪選手は憧れの職業だったんです。私は優等生で、映画業界は劣等生やはみ出し者が行く世界だと思っていました。学校に進むと、今度は化学者になりたくなった。厳しい選抜試験を受験して、私は専門的に化学を学ぶための学校に合格しました。そこでカラー写真の感光について学びたかったのです。父がアマチュア・カメラマンだったこともあって、私はある程度、写真の技術には通じていたのです。ところが家が貧しかったせいで、勉学を諦めてすぐに働かなければならなくなったのです。

私の父について少し、お話しましょう。一九一一年から一九一四年までの三年間、父は兵役に就いていました。徴兵期間三年を終えてからも、父はその働きぶりを買われて、軍から期間延長を要請されました。それでさらに四年間戦地にいた。だから計七年間もの間、父は軍人だったわけです。ドイツ占領作戦にも参戦したんですよ。その後は自然の成り行きで、戦争時代の仲間の妹と、結婚したのです（笑）。

――あなたにはご兄弟はいらっしゃいますか？

RC　いえ、私はひとりっ子です。

――子どもの頃のあなたは、よく映画を見ていらっしゃいましたか？

RC　そうですね……小さい時は、よく見ていました。コミュニストの伯父の影響で、大砲と銃が出てくるようなソ連映画ばかりをね。あとは無声映画。でもその後は、映画館に行く時間もなくなってしまいました。私はナチス占領下のパリの学生でしたが、その占領も終わりに差し掛かった頃、私はもう、仕事に就いていたのです。解放時はパリ中を歩き回って、大量の写真を撮ったものですよ！

――あなたは若くして、社会に出たわけですね。

RC　従軍カメラマンになった時、私はまだ二〇歳にもなっていなかった。それが第二次世界大戦も後半になると、私の中で従軍したいという気持ちが高まってきたんです。日本軍と戦うために、私は戦地に向かうつもりでした。でもその頃フランス軍はまだ、戦争に十分な装備が整っていなかった。軍から戦地へ向かうGOサインを待っている間、私は軍事地図作成部に配属されました。そのうちに、広島に爆弾が投下されてしまった――そこで急遽、行き先変更となって、船でインドシナに送りこまれたのです。

　私はインドシナでまた、軍の地図作成班に配属されました。でもその仕事にはすぐに、嫌気が差してしまった。そこで特攻隊に志願して、ラオスに入った。そして滞在期間を終え、一度パリに戻ったのです。パリでは全国地理学会で、航空写真を元に地図を作成する仕事に携わっていました。しかし、その仕事にも飽きてしまって、私はまたインドシナに向かったのです。そして従軍カメラマンとして撮影した写真を、「ライフ」や「パリマッチ」といった雑誌に売って生活していました。あるベトナム人女性と家庭を持ったこともあります。だから私は計一一年間もの間、アジアで暮らしたことになる。

ボールガールとブロンベルジェ――ふたりのプロデューサー

――あなたには来日経験はありますか？

RC 私が日本に最後に行ったのは、一九九七年。ジョルジュ・ド・ボールガールのレトロスペクティブに招かれた時です。でもボールガールについて話すために行ったはずなのに、なぜか彼のことを話した記憶はありません。だってゴダールに対する質問ばかりだったのですから（笑）。

ヌーヴェル・ヴァーグを支えた重要な人物に敬意を捧げることには、大きな意味があると私は思っています。映画について語る時、みな監督と俳優のことばかりを話したがる。けれどもプロデューサーが資金を集め、製作費を集めなければ、そもそも映画は成立しないんです。

ヌーヴェル・ヴァーグの生みの親は、ジョルジュ・ド・ボールガールとピエール・ブロンベルジェですよ！　ボールガールなしでは『勝手にしやがれ』（59）も『軽蔑』（63）も、ブロンベルジェなしでは『突然炎のごとく』（62）も存在しなかったのです。彼らは映画の世界に大きな貢献をしました。大きな葉巻をくゆらせ、高級車を乗り回す――彼らはそんな旧来のプロデューサーとは一線を画す、もっと人間臭い男たちです。彼らについて語り伝えることは、とても大切だと思っています。

――ボールガールは「低予算で傑作をつくる」が信条だったそうですね。

RC それは彼一流のジョークですよ。むしろそれは、ゴダールの考えでした（笑）。『勝手にしやがれ』は興行成績がイマイチでしたが、批評家からの評価は高かった。ボールガールがプロデュースしたゴダールの作品は、少なくとも批評家受けは良かったんです。とにかくボールガールはアイデアの宝庫。予算に関係なく、たとえばリスクを覚悟で撮った作品でも、彼は予算を上回る収益を生むことができたのですから。

——ボールガールは飾らない人柄でしたか?

RC ええ。仕事を通して知り合ったけれど、彼とは友人になれました。私が撮影監督としてのキャリアをスタートさせたのは、ボールガールがプロデュースしシェンデルフェールが監督をした『悪魔の通り道』(57)、そして『ラムンチョ』(58)、『アイスランドの漁師』(59)からです。その後、『勝手にしやがれ』の時に、彼からジャン=リュックを紹介されました。最初、ゴダールは私と組みたくなかったようです。それならば私は辞退すると言ったのですが、そこで引き下がらなかったのがボールガールです。一〇年間、一緒に仕事をしないことがあっても、彼が亡くなるまでわれわれの友情は続いた。ボールガールは懐の深い、いい男でした……。

——ブロンベルジェについてもお聞かせください。二人はどこか、似たところのある存在なのかと思ってしまうのですが。

RC それは全く違います! たしかにボールガールは根っからの映画好きでした。でもブロンベルジェはもっと、ずっと深い映画の知識と明確なビジョンを持っていたのです。

ボールガールの事務所は秘書が一人だけの、こじんまりとしたもの。対するブロンベルジェのそれはシャンゼリゼ通りに面していて、大勢の秘書が働いていた。電話はいつも鳴りっぱなし。だから彼に会う時は、私が必要と考えるより倍の時間を取ってもらっていたんです。だって打ち合わせはいつだって、急の電話で中断されてしまうのですから! 受話器を置くと、急いで薬を水で流しこむ。そんな彼の姿を、いまでもありありと思い描くことができます。

ブロンベルジェは長編だけでなく、多くの短編も作っています。その短編で彼は大成功したのです。中にはトリュフォーやゴダールの短編もありました。そう、彼はジャン・ルノワールとも仲が良かった。

ああ、そうだ。ブロンベルジェが採用せず、シナリオが他のプロデューサーの手に渡った企画があった。クロード・ルルーシュの『男と女』(66)ですよ。

ボールガールとブロンベルジェの性格は、全く対照的です。どちらが映画製作者として優れているかとか、そういう問題ではありません。ブロンベルジェは一見とっつきにくいけれど、ユーモアがあった。対するボールガールはブロンベルジェよりも若く、壁を作らないタイプの男でした。

ゴダールとの革命

――確か『317小隊』の撮影時、インドシナ戦争の体験者とそうでない者では違ったと、あなたは自伝に綴っておられます。インドシナで戦場を経験した者には、「連帯意識」があった――そういえばあなたは、〝ヌーヴェル・ヴァーグの兵隊〟と呼ばれていましたね。

RC　ファシストとも、ね(笑)。残念なことですが、彼らからはそう思われていたのです……。

――インドシナでの体験が、それ以後のあなたの思想に大きく影響を与えていますか?

RC　それはもちろんです。私が自らの意志で、インドシナに行ったのですから。『勝手にしやがれ』の撮影の時、それをこころよく思わない連中はたくさんいました。ヌーヴェル・ヴァールの人間は左派、しかも金持ちの左派なのですから!

――その辺りの事情について、お聞かせください。

RC いまだから話してもいいのか……「左派のプロデューサーとは仕事してはいけない」、その頃はそんな暗黙の了解がありました。ある映画関係者に、こんなことを言われたことがあります。「これまで右派のファシストの協力者であった君が、左派のファシストとうまくやっていけるのか？ そう、ジャン＝リュック・ゴダールのような男と！」（笑）。

あなたに面白いエピソードをお聞かせしましょう。

（といってカセット・デッキを取りだしたクタールは、『パッション』〔82〕公開時にラジオ番組に出演したゴダールの発言を収録したテープを聞かせてくれた。以下ゴダールの発言）

私は、完全なる愛を全速力で駆け抜けていった、ラウル・クタールのことを思い出します。彼は、アンリ・ドカ、リカルド・アロノヴィッチ、アンリ・アルカンのような「普通のカメラマン」ではなかった。インドシナ戦争に従軍した、他の田舎くさいカメラマンとは全然違う。実に謙虚で、実行力のある人物なんです。だから世界中の撮影監督が（彼の地位を）奪いたがっている。だってクタールが登場することで職を失ったカメラマンが、大勢いる。だから彼に嫉妬し、怒りさえ覚えているのです。

ラウルのおかげで、私は屋外での撮影に自信を持つことができました（中略）私は最初、暗闇に光を生み出すことができるのか不安だった。その解決策を見つけてくれたのがラウルなんです。私はこの昔の恋人、私の愛人に、絶対的な信頼をおいています。

RC ジャン＝リュックが私を褒めてくれたのは、この時だけです（笑）。そのいきさつをお話ししましょう。『パッション』の時、彼の秘書から電話があって、スケジュールを取れないか検討して欲しいと言われました。「ジャン＝リュックのためなら、どんな時にでも体を空ける」と答えた私は一週間後、彼と会うことになったのです。待ち合わせの場所は、ブローニュの撮影所のそばにあるカフェ。私はそこに、約束よりもずいぶん早く到着したのです。すると既に、ゴダールが先に来ていた。彼はサングラスをかけ髭もそらず、左派の新聞を山積みにして読みふけっていたのです（笑）。ジャン＝リュックは『パッション』の撮影を、一〇人以上の撮影監督に断られたそうです。ヴィットリオ・ストラーロ▼1とは大喧嘩したと言っていました。ストラーロは照明を使いたがったが、ゴダールはそれを拒否した。とうとうある日、怒ったゴダールはストラーロに飛びかかった。「（『地獄の黙示録』を作って）ベトナムで悪行の限りを尽くしたアメリカ人が、照明を使うなんて厚かましいことが言えるのか！　私が言った通りにできないなら、君とは働かない!!」それでジャン＝リュックは仕方なく、私に電話してきたのです（笑）。

ゴダールと仕事する時に注意しなければいけないのは、いつ質問していいのか、その瞬間を見極めることです。八〇年代以降はゴダールでさえ、映画作りが困難になってきていた。だから彼と組んで映画を作るのは、難しい状況でした。ゴダールは何でも人のせいにするんです。自分が錯乱しているのではない。周囲のいかがわしい奴らが、俺の仕事を邪魔してるんだ。そう彼は確信していた。最後に会った時の彼の言葉を、思い出します。「どこに行っても、いつも馬鹿どもがついてきて、俺を邪魔するのだ」とね。

――あなたは常に、難しい問題に挑戦するのが好きだとおっしゃっています。

RC　何しろ好奇心が強いのですよ。

――撮影監督を務める映画を選ぶ時の、あなたの基準は何でしょうか？　例えば、フィリップ・ガレルの『愛の誕生』（93）の撮影を引き受けたのは、ダニエル・オートゥイユを撮りたいという想

▼1　Vittorio Storaro　一九四〇〜。撮影監督。ローマ生まれのイタリア人。『パッション』の直前に『地獄の黙示録』（79）の撮影を担当している。

いからだったと言われています。

RC 監督のガレルは二の次で、まずはダニエル・オートゥイユに興味がありました。ですから撮影の二週間前にオートゥイユが降板したと聞いた時は、正直ガッカリしましたね。ガレルは奇妙な男ですが、興味深い作品を撮っています。興行的なヒットには恵まれていないとしてもね。

ジャン＝リュックにしても、一〇万人から一二万人も動員できるほどの映画はあまりない。多くの人々は、彼らの映画を見て退屈だと感じるからです。しかしジャン＝リュックの場合は違う。他のシネアストが最初から最後まで退屈な作品を作るけれど、彼の映画には二〇分間は必ず、並はずれて素晴らしい時間・空間が存在するのです。そしてジャン＝リュックの多くの作品は公開当時よりも、後から見た方が興味深く思えるのです。『勝手にしやがれ』は例外ですがね。この作品は、それまでの映画の概念を覆してしまった。

私の頭の中ではつねに「なぜだ？」ということばが駆け回っています。それは撮影現場だけではなく、日常生活でも同じです。なぜこの場所に、この名前が、この音楽が流れているのか？　そんな好奇心がいつでも、芽生えるのです。

――六〇年代は、ゴダールの作品を並行して撮影されていたことがあります。例えば六六年の『メイド・イン・ＵＳＡ』と『彼女について私が知っている二、三の事柄』、六七年の『中国女』と『ウィークエンド』のように。

RC それはジャン＝リュックのチャレンジですよ。

――そのチャレンジ精神が、あなたを奮い立たせたのですね。

RC ええ。だって彼は、他の監督ではできないような手法を、片っぱしから試していたのですから。

——例えばイルフォードＨＰＳの写真用高感度フィルムでの撮影。あれは、あなたからのアイデアですか？

RC　『勝手にしやがれ』を撮った時のことですね。特別な現像所を使えば、イルフォードＨＰＳの写真用フィルムを使って撮ることができる。そう提案したのは私です。『アルファヴィル』(65)の時もそう。当時、このフィルムはフランスには存在しなかったので、ロンドンの現像所まで出向く必要がありましたが。

——イルフォードＨＰＳというフィルムについて、お話していただけますか？

RC　ジャン＝リュックとはフィルムの感度を入念にチェックしました。夜の撮影にも対応できる、できるだけ高感度のフィルムをわれわれは探していたので。イルフォードＨＰＳの写真用フィルムを使えると分かったのは、軽い手持ちカメラならこのパーフォレーション（撮影用フィルムの縁に一定間隔で開けられている、細長い送り穴）に合うことが分かったからです。ただし写真用フィルムを映画の撮影用につなぎ合わせて使うのは、六〇メートルが限界でした。

——ゴダールはライティングを嫌がりましたね。

RC　当時、『勝手にしやがれ』は、ジャン＝ポール・ベルモンドが演じる男を追うように、まるでルポルタージュのように撮りたいと思っていました。セットは一切なく、街に繰り出し、カフェのテラスやビストロで自由に撮っていく。もし撮影できない場所があったとしたら、そこは撮らない。撮れる場所を撮っていく、といったようにね。シャンゼリゼ通りでは、ショーウィンドー沿いに撮影することで、その光を効果的に使うことができました。

でも光の問題は多く発生しましたよ。いくつかのシーンを除いては、暗くなったら撮影はしないというのが原則だった。そんな時に私の中で、イルフォードＨＰＳの写真用高感度フィルムを使うというアイデアが閃いたのです。でも写真用のフィルムは映画用のカメラに装塡できず、それで手持ちカメラで撮影するしかなかった。でもそれで身軽になって、屋外へ飛び出せたとも言える。それと写真用フィルムを別のタンクで、映画のように現像してくれる暗室を見つけられたのも幸運でした。

『小さな兵隊』(60)では、アグファレコードというフィルムを選びました。これは超高感度の写真用フィルムです。でもコントラストを際立たせようとして、現像液との関係で問題が生じた。フィルムの規定に合わなかったからです。

――ゴダールとの挑戦は、その後も続きましたか?

RC ええ。ジャン=リュックは『女は女である』(61)は、カラー・シネマスコープで撮りたがっていました。しかも小さなアパートの室内で、トラベリング(移動撮影)をすると言うんです!

――それは、あなたから提案されたのですか?

RC とんでもない! ジャン=リュックからに決まっています(笑)。同じ方向を探っている時だけ、私はアイデアを提案できる。でもそれ以外の時は、ジャン=リュックの声に耳を傾けた方がいいのです。

――あなたはずっと彼の指示に、忠実でいらっしゃったのですね。

RC ええ。ジャン=リュックとの仕事は、非常に興味深いものですからね。彼の撮影現場では、他では見られないことを経験できます。私の知る限り、彼は唯一リスクを冒す映画作家です。もし失敗したら、別の方法に挑戦すればいい。ジャン=リュックはいつも、そう言っていました。いくら周囲がアドバイスし、時には警告を与えても、我が道を突き進む。それがゴダールという男なのです。彼は真の天才です。何度間違いを冒しても、ジャン=リュックは恐れることを知らず突き進んでいく……。

――街頭でのロケ撮影――それはヌーヴェル・ヴァーグが生み出した「伝説」になっています。当時、あなたは映画的革命を起こしつつあるということを、感じていらっしゃいましたか？

RC　全く意識していませんでした。いつも最大限の工夫を凝らしていただけですよ。たとえばトラベリング用のレイルを敷いたら、照明を固定する三脚の場所がなくなってしまった。そこで、大きなランプを何個か天井に向けて、その反射によってできる間接光を効果的に使ったりもしました。

――『六〇年代ゴダール　神話と現場』（アラン・ベルガラ著、奥村昭夫訳、筑摩書房、二〇一二年）に、『女は女である』の屋内の撮影現場の写真がありました。天井に板ガラスをぶら下げ、それに写真用ライトを上に反射させ、間接的な照明を編み出す技法……あれはあなたの発案だったのですか？

RC　その通りです。私たちの技法はルポルタージュに近かった。いわゆる撮影所で行う撮影とは、まったくかけ離れたものでした。常識的な撮影をしていないことは、私も十分承知していましたよ。それに正直いえば不安でもあった。だが革命的なことをしているなんてことは、想像したことすらなかったですね。屋内での撮影の時、プロデューサーの座る場所を作るためにあれこれ苦労した、なんてこともありましたね（笑）。

――ゴダールの一番の難点は何でしょうか？

RC　ジャン＝リュックに難しさを感じたことは、私はありません。だってシナリオがなかったとしても、彼は常に的確な演出をしたのですから。とにかくスタッフは皆、彼の要求に応えようと、いつも全神経を集中していました。

私が困難を感じたのは、むしろフィリップ・ガレルです。彼と初めて組んだ『愛の誕生』、あの映画ではリハーサルがまったくありませんでしたから。俳優はただ座って、シナリオを読み合わせるだけ。そしてガレルの準備ができたら「撮影スタート！」となる。だから私は俳優のところまで行って、「次は歩くのですか？　座るのですか？」と聞くしかなかった。そのうちにもう、彼のやり方についていくしかないと、腹をくくりましたけどね。

——時には監督との間に摩擦が起きたことはありませんでしたか？　あなたは非常に柔軟な姿勢をとっておられますが、我慢にも限界がきたことはなかったのでしょうか。

RC　たしかに私にも、我慢の限界はある。しかし、最終的に映画の技術者は監督の指示に従うべきだと、私は考えているのです。ジャン＝リュックには、うんざりさせられることも多かった。彼はしょっちゅう不機嫌で、そんな時に限ってアクシデントが起きたものです。二〜三回は喧嘩したこともありますよ。「もうどうでもいい！」と思って現場から出て行ったこともある。もちろんジャン＝リュックはすぐに、迎えに来てくれましたがね（笑）。

——常に監督の言葉に耳を傾け、プロデューサーの要求にも応えてこられました。

RC　監督がわざとプロデューサーを困らせた映画にかかわったことが、一度だけあります。ジャン＝リュックの『ウィークエンド』です。まず一週目は、一切撮影をしない。そして二週目は、午前九時半に撮影を終了してしまう。プロデューサーが現場にやってきたら、「さあ、昼ごはんに行こう」といってさっさと現場を後にした。そしてあの、車の大渋滞を三〇〇メートルのトラベリングで撮影したあの場面をやる——といったようにね。その犠牲になったのです。ゴダールが彼女を嫌っていたというわけではありません。でもプロデューサーが配役したミレーユ・ダルクを見せしめにするように、最後まで嫌がらせを続けていました。

——マオイズムに傾斜していったことなど、ゴダールと袂を分かつことになったのは、政治的な理由によるのでしょうか？

RC それは違います。『ウィークエンド』から『パッション』まで一〇年以上もの間、なぜ彼と映画を作らなかったのか、お話しましょう。ジャン＝リュックはある時期から、社会主義のアナーキストになったんです。だから資本家の金で映画を撮りたくない。そう彼は主張したのです。ジャン＝リュックはとにかく資本主義を忌み嫌っていましたから。もう映画自体を撮りたくないとまで言っていました。

――ゴダールが商業映画に復帰した後、『パッション』であなたは撮影監督を務めることになる。続く『カルメンという名の女』（83）の撮影で、ゴダールとの間で問題が起こったのでしょうか？

RC 『カルメンという名の女』の撮影が終わってからは、ゴダールと一切連絡をとっていません……。

――撮影中にうまくいかなくなったのですか？

RC 撮影はうまくいきました。問題は別のところにあるのです。その次に続く『ゴダールの探偵』（85）の時です。

――決定的な原因は何なのでしょうか？

RC 私がファシストだったから、ではないですよ（笑）。ある日、ゴダールの妻から電話があった。アンナ・カリーナ、アンヌ・ヴィアゼムスキー……ご存知のように彼の妻は全てアンヌという名前ですね。

――その電話の主は、アンヌ＝マリー・ミエヴィルですね。

RC ある週末、彼女から電話がかかってきて、こう言われたのです。「今すぐＴＧＶ（新幹線）に乗って、ジュネーヴまで来てちょうだい。いますぐ！　とにかくあなたが必要だから」そして照明についてあれこれ、説明し始めたのです。私は「ああ、分かった。でもまずは直接、ジャン＝リュックと話したい。ジュネーヴまで行って、問題点についてただ話すだけで終わってしまうのは避けたい。だから事前に彼と、話し合っておきたいんだ」と伝えました。しかし彼女は、ジャン＝リュックの電話番号を教えてくれなかった――私にはアンヌ＝マリーの態度が、まったく理解できませんでした。しばらくしてジャン＝リュックから電話があり、「何をグダグダ言っているんだ。金は払うと言っているだろう！」と怒鳴られた。私はこう言って電話を切りました。「映画の内容について電話で話せないなら、ジュネーヴまで行くつもりはない」何よりも、アンヌ＝マリーとジャン＝リュックから受けたその屈辱に、私は耐えることができなかった……。

その後、アンヌ＝マリーからまた電話がありました。「来週、タルティニヨン夫人（『ゴダールの探偵』のプロダクション・ディレクターだった人物）に電話してちょうだい」と告げられて、私は夫人に電話してみました。でも映画について彼女にはまだ、何も知らされていなかったのです。しかもまた翌週電話したら「何も聞いていませんわ。それに私はあなたのこと、存じあげませんわ」とまで言われてしまった。いずれにせよ……これが事の次第です。残念ですがその事実を受け入れるしかありません。▼2

――技術的な問題ではなく、彼との信頼関係が崩れてしまったのが原因だったのですね。

RC　ジャン＝リュックと私には仕事の上での関係しかない。そこははっきりしています。たしかにジャン＝リュックとの仕事は楽しい。でも彼が癇癪を起した時はもう、耐え難い。私は彼のことは大好きです。でも、彼の気まぐれには散々振り回されたのも事実です。ジャン＝リュックはあまりに複雑なパーソナリティーの持ち主なのですから。

▼2　結局、『ゴダールの探偵』はブルーノ・ニュイッテンが撮影監督を務めた。

フランソワ・トリュフォーのごとく

――次に、フランソワ・トリュフォーのお話を聞かせください。撮影時に問題はありましたか？

RC 室内の照明が難しかったです。小さな室内に機材を全て運ぶことはできなかったですからね。

――撮影用に選んだアパートが小さかったからですか？

RC 大体のアパートは、天井が二メートル三センチ。全ての機材を入れる場所はなかったですし、スタッフも全員入れなかったのです。

――トリュフォーとの間に問題はなかったのですね。

RC 彼は撮影現場で問題が起こることを、とにかく嫌がっていましたから。

――あなたは『黒衣の花嫁』(68)の頃、煙草を止めたことで、撮影現場ではずっと不機嫌だったと自伝でおっしゃいました。それ以降、あなたはトリュフォーと組んでいませんよね。

RC 『黒衣の花嫁』の現場で私は始終イライラしていて、周囲からは「それなら煙草をまた吸った方がいいんじゃないか」と言われていたほどです。

――トリュフォーのモノクロームの作品『ピアニストを撃て』(60)、『突然炎のごとく』(62)、『柔らかい肌』(64)、そしてカラー作品『黒衣の花嫁』で、あなたは撮影監督を務めています。トリュフォーはゴダールと違って、明確なビジョンを持って現場に入るのではなく、撮影監督の意見を聞きながら、一緒に映画を作り上げていくタイプだったのではないでしょうか？　ゴダールはあなたに対して自分の求める色彩や映像を、明確に指示されていたのですよね。

RC いずれにせよ、映像を言葉で説明することは一番難しいのです。

――あなたが発明されたことについてお聞かせください。

RC 電気を消して真っ暗なシーンが数秒続く。そして少しずつ黒闇から、人物のシルエットが浮かび上がっていく――そんな技法です。

――これまでのキャリアで最も印象に残っている作品は何ですか？『突然炎のごとく』はシナリオよりも、映画の出来の方がよかった稀有な例だと、あなたは語っています。この映画の撮影現場について、特に印象に残っていることは？

RC テーマの問題で、フランソワ・トリュフォーは困難にぶつかっていました。あの当時、映画で三角関係を扱うことはタブーだったんです。だが撮影中、ことあるごとに降りかかってくる災難が逆に追い風となって、スタッフ全員に連帯感情が生まれたんです。皆が結束を固め、現場には素晴らしい空気が流れていました。あのような雰囲気の撮影現場は以降、体験したことがありません。

――これまで一〇〇本近い作品を撮ってこられた中でも、『突然炎のごとく』はベスト3に入るとあなたは言っていますね。それで……他の二本を教えていただけますか？

RC それは言えません（笑）。映画とは、恋愛のようにとても複雑なものです。大恋愛もあれば、すれ違いの恋もある――映画を作りたいという欲望、この映画作家と組んでみたいという情熱、大勢のスタッフと一緒に、この俳優を撮りたいという欲求。それがもし勘違いの愛だったとしても、とにかく終わりまで最後まで続けるしかないのです。二ヵ月もの間、同じベッドで眠りながらね（笑）。

――恋愛としてはずいぶん、短い期間ですね（笑）。あなたはシェンデルフェールから始まり、ヌーヴェル・ヴァーグの作家たちとの仕事を経て、『白と黒の恋人たち』（01）で撮影監督のキャリアを終えられました。フィリップ・ガレルの他にも、コスタ・ガブラスなど、たくさんの映画作家と映画を撮ってもいます。

RC 役者の演出に関してはトリュフォーがピカイチです。それに比べ、ガレルは全く俳優の演出を知りません。

——とはいえあなたは『愛の誕生』(93)、『彷徨う心』(95)、『白と黒の恋人たち』(01)と、三本ものガレル作品を撮っていらっしゃいます。

RC たしかに、ガレルと組むのは興味深い。われわれは年を重ねるごとに、学ぶ姿勢を失っていきます。そんな時、彼のような偏屈な人間と働くと、それは貴重な経験になるんです。それにガレルは私の意見によく耳を傾けてくれます。かつての映画界では撮影監督が監督をコントロールするなど、不可能でした。大切なのは、監督の意見に興味を持ち、絶対にノーと言わないこと。監督が試みようとすることを汲んで、その解決策を探る。それが撮影監督の仕事でしたから。

それにガレルは怠け者で、サボってばかりいるのです。左派だからといって労働者を現場に連れてくる。それで給料もまともに払えないと言う。「給料を払えないと言うなら、私は映画を撮らない」と強く言ったこともありました。

——あなたはラウル・レヴィが監督した『二人の殺し屋』(65)、『ザ・スパイ』(66)の撮影もしています。この伝説的なプロデューサーの思い出を、お話していただけますか。

RC 現在の妻モニックとは、ラウル・レヴィの事務所で出会ったのです。彼女は『二人の殺し屋』のスクリプター(シーンの様子やその内容を記録するスタッフ)でした。この映画は彼女が助手から独り立ちした、初めての作品だったんですよ。

ラウル・レヴィと私は、アラン・ドロンが主演した『マルコ・ポーロ』の撮影準備中に出会いました。映画の規模があまりに大きいので、私の他にアンリ・アルカン、クロード・ルノワールの、計三人のカメラマンが起用される予定だった。でも製作費が膨らみすぎて未完のまま撮影が終わり、その結果レヴィは莫大な金を失ってしまったのです。彼が好んで使っていた表現があります。"dans la merde noir"（直訳「まっ黒なクソにつかっている」、つまりお先真っ暗な状況）。ラウル・レヴィは女性によくモテました。でも彼は同時に魅力的な、本物のギャンブラーでもあったのです。

マルセイユでの撮影では、助監督と意見が合わず、ラウル・レヴィはどなり散らしてばかりいました。その助監督がある日、私のところにやって来た。「ラウル・レヴィは何をしたいのか、自分でも分かっていないんだ。これからは俺たちの独断で、撮影を進めていこう」。私は答えました。「俺はいつも監督側につく。そうでなければただ、撮影現場から立ち去るだけだ」。

お先真っ暗とは、まさしくその通りだったのです……。『ザ・スパイ』の後、主演のモンゴメリー・クリフトはオーバードーズ（薬の過剰接種）で亡くなってしまった。そしてレヴィ自身は若い女性に振られて、拳銃自殺してしまった。

大スターを撮る日

──俳優についてもお話をうかがえますか？　あなたはブリジット・バルドー、ミシェル・ピコリ、アラン・ドロンといった大スターたちと仕事をされてきました。

RC　ミシェル・ピコリについての面白いエピソードを、お聞かせしましょう。彼が初監督作品『アロー、ヴォワラ』*Alors voilà*（96）を撮ると決めた時、私はプロデューサーのパウロ・ブランコ▼3から撮影を依頼されたんです。しかしミシェルは私を起用することに乗り気ではなかった。ミシェ

▼3 Paulo Branco
一九五〇〜。ポルトガル出身のプロデューサー。七三年にパリに渡りフレデリック・ミッテラン（元大統領フランソワ・ミッテランの甥）が経営する映画館「オリンピック」の映写技師となり番組編成にも携わる。七七年、自身の映画館「アクション・レピュブリック」の興行主になり、多くのオリヴェイラ作品を上映。七九年から製作に乗り出し、オリヴェイラを筆頭にジョアン・セーザル・モンテイロ、ペドロ・コスタなどポルトガルの監督作品の他に、アラン・タネール、シャンタル・アケルマン、フィリップ・ガレル、アンドレ・テシネ、ミシェル・ピコリ、オリヴィエ・アサイヤス、マチュー・アマルリックなど、三〇〇本以上の作家映画を製作した。

ル本人からの連絡を待つことにしたんです。それからずいぶん後になって、私がどこかの地方で撮影していた時のことです。やっとミシェルから電話があった。「直接、あなたとお会いしたい。ちょっと電話では話せないような内容だから」。私は荷物をまとめて、何時間もかけてパリに戻りました。するとミシェルは「申し訳ないが、君にはカメラを頼まないと決めたんだ」と頭を下げるんです。なるほど、「電話では話せないから」とは、よく言ったものです！　でもミシェルのその律義さに、私は胸を打たれましたよ（笑）。

――あなたも、似たようなところがあるのではないですか？　誠実で、いつも公平でいようとしている。

RC　それは自分では、よく分かりません。時と場合によりますね。

『ローラ』（61）の撮影の時のアヌーク・エーメはそれはもう、近寄りがたいほどの存在感で、まさに大スターそのものでした。スタッフは、まるで透明のガラスのように、彼女の視界に入らない様子でした。つまり彼女から、全く相手にされていなかったのです。でもその三〇年後、別の撮影現場で彼女に会った時、彼女の方から私に挨拶しに来てくれました。三〇年経っても、輝くほどの美しさでしたよ。別れ際に「『ローラ』の撮影は素晴らしかったわ」と彼女から言われました。思わずこんな言葉が私の口からついて出たものです。「クソ、ボケたジジイになってしまった！　どう撮ったのか、まるで思い出せない！」（笑）。

――あなたは自伝で、アラン・ドロンとの思い出について綴っています。

RC　アランとはジョセ・ピネイロの『アラン・ドロン／私刑警察』（88）で出会いました。いつも周囲はアランの機嫌にビクビクしていましたが、撮影中の彼は、真のプロフェッショナルになります。この映画では、ドロンの青い瞳を燃えるように輝かせるよう、注文がありました。それでプロジェクターに裂け目を入れて、そこから光が通るようにしたのです。

アランは監督のジョセ・ピネイロに、セルジュ・レジアニに役を与えてほしいと直談判しました。当時、息子が自殺した直後で、レジアニは鬱病でアル中になっていた。彼の起用はリスクが大き過ぎたにもかかわらず、アランがゴリ押ししたのです。でも、案の定です。ある朝メイク係が私の元に飛んできました。レジアニがトレーラーの中で、ウイスキーを抱えて泥酔しているというのです。その日の撮影中、アランはさりげなく、でもずっとレジアニを見張っていました。彼がヘマした時は、すぐ飛んでいけるように。私はそれを見て、男の真の友情というものを感じました。

これまでの経験で最もフォットジェニックだった俳優、それはジーン・セバーグです。それはカメラを廻し始めてから気づいたことですが。それまでの彼女はオットー・プレミンジャーなど、ハリウッドの大がかりな撮影に慣れていた。だから、私が肩にカメラを担いで街頭を走り回るといった『勝手にしやがれ』のスタイルには、最後まで戸惑っていました。

そうそう、ブリジット・バルドーの〝お尻の話〟はご存知ですね。『軽蔑』（63）は仏伊米の合作でしたが、その中で一番出資していたのはアメリカです。ラッシュを見たアメリカ人の出資者が、もっとバルドーの尻を見せなきゃ金を出さないと怒り出した。その時すでに、私は別の撮影でローマを後にしていた。代わりにアラン・ルヴァンがフランスで撮りましたが、バルドーのお尻は「吹き替え」ですよ。バルドーのお尻は映画の冒頭に出てきますが、撮影は最後に行われたものだったのです（笑）。

『突然炎のごとく』のジャンヌ・モローは出番がない日も、毎日現場に姿を見せていました。スタッフの食事の準備を手伝うことも、しょっちゅうありましたね。その後、『黒衣の花嫁』で再び仕事をした時も、彼女の態度は全く変わらなかった。ジャンヌ・モローは本当に、賞賛に値する女優です。

正確に早く撮る

――大島渚監督との仕事について、お聞かせください。

RC　『マックス、モン・アムール』(86) のオファーがあった時、まずは漢字という表意文字で書かれた脚本を、どのように映像に転換するのか見たい。私の中にそんな好奇心が芽生えたのです。

渚との仕事の話をしましょう。彼はとても丁寧に、自分が何を求めているのか説明してくれる。カメラを廻すのは、ワンテイクかツーテイクだけ。とても仕事が早かった。そして何より忍耐強い監督でもありました。「カット」と言った後、彼は「OKか？　何か問題はなかったか？」とスタッフの皆に、聞いて回るのです。私は大島渚監督のお宅へお邪魔したこともあるし、彼を我が家に招いたこともあります。

――いつ頃から日本映画に興味を持っておられたのですか？

RC　学生時代、日本映画についての文献を、図書館でみつけたことがあります。当時、映画には全く興味がなかった。でもなぜかその時、「日本」という国に興味を持ったのです。もちろんアジアという地域全体にも。戦争中、日本軍と戦いに行くと決めたのは、現地に行きたい、何かを見たいという思いが先でした。そして、いつの間にか私は「アジア人 (asiate)」になっていたのです。私が日本軍と戦ったことは確かです。でもそのことについて、話す気はありません。でも私は決して、そのことを忘れない。そうとも決めたのです。

――他の撮影監督とのお付き合いはありますか？

RC　全くありません。なぜなら撮影期間中に、他の撮影監督に会う機会はないからです。あの頃の映画界は、今とは環境がまったく違いました。

——アンリ・ドカ、ネストール・アルメンドロスとは？

RC　アンリ・ドカは私を嫌っていました。『勝手にしやがれ』以降、多くの撮影監督が失業してしまいましたからね。アルメンドロスのことは知りません。とにかく他の撮影監督については、何も言うことはありませんね。

——フランス撮影監督協会（ＡＦＣ）には加入なさっていましたか？

RC　協会の価値感とは合わないと分かったので、すぐに私は脱会しました。

——具体的にはどういったことでしょうか？

RC　数人の重要な撮影監督の名がリストに入っていなかったので、私は協会関係者と電話した時、その理由を尋ねたのです。彼らは私の仲間でした。じゃあ彼らの名前がないのに、なぜ私が入っているのか。そう聞くと、コダックか富士のどちらかから、「クタールの名がなければ出資しない」と言われた。それで渋々、私の名前を入れたと言う……でも出資者の意向で撮影監督の仕事を評価するなんて、信じられますか？

　私の考えは単純明快です。これまで美しい映像は撮ったことはない。私のやり方は、正確に早く撮ること。そして絶対にノーとは言わない。これが信条です。撮影までには長い待ち時間があります。もし撮影期間が延びたら、プロダクションに迷惑がかかってしまう。だから最も重要なことは、監督と俳優がちゃんと働ける環境を整えておくことです。そのためには、撮影だけでなく照明・美術・録音といった技術スタッフは、無駄なくセッティングする必要があるのです。

　次に映画を撮る時の基本は、「観客は一回しか見ない。五〇回も見て、作り手でさえ知らなかった要素を見つけ出す映画狂相手に、私は撮るわけではない」ということを、頭に叩き込むことです。

——あなたは同業者と親密な関係を築かれませんし、組織に所属してもいません。ですが仕事の環境には敏感でいらっしゃいます。

RC 仕事をして給料をもらう、それは当然のことです。組織に属すだなんて、馬鹿馬鹿しい。たとえば撮影監督になれば、つまらないイベントに誘われることもありますが、でもどうせ退屈するだけだと分かっているから、私は一切参加しません。

例えば友だちが撮った映画で撮影時間が延びたことがあります。友達だったからノーとはいえません。でも協会は契約書の規定に反していると、すぐにクレームをつけてくる。私は撮影が始まれば、ちょっとしたことぐらいでグダグダ言わない主義です。

——なぜアメリカでのキャリアに挑戦なさらなかったのですか？

RC まず、私は英語を話すのが苦手です。だがもしかしたら、やるべきだったのかもしれない……。そう、フランス語ペラペラの監督から電話がかかってきたことがあった。『プラトーン』（86）という映画の撮影をお願いできないか？　と言わたんです。彼の名前は忘れたけれど……。

——オリバー・ストーンですね。

RC 彼から送られてきた英語のシナリオを、読みました。数日後、電話で感想を訊ねられたので、素直に「アメリカ的すぎる」と答えた。「気に入ってもらえなかったのですね……」彼はガッカリした様子でした。

映画監督ラウル・クタール

――監督としてのあなたのキャリアについて、うかがいたいと思います。あなたは、『ホア・ビン』(70)、『コルヴェッジに降りた外人部隊』(79)、『サン・サルバドル地獄の戦火』(82)の三本の映画を監督しています。他にも扱いたかったテーマはありますか?

RC これはいつも言うことですが、私はこれまでに三本長編を撮りました。撮った作品は、撮る必要があったから。撮らなかったのは、撮る必要がなかったから。単純なことですよ(笑)

――最も想い入れが深い作品というと、やはり『ホア・ビン』でしょうか。なにせ完成までに、三年の月日を要したのですから。

RC この企画が実現するために、多くの労力を費やしました。周りの人間からは、それではキャリアを変更しなきゃならなくなるとまで言われたほどです。撮影前の一年間は『ホア・ビン』に没頭して、それ以外の仕事は一切しませんでした。その頃の私の名前は映画業界には存在しなかったのです。映画が完成し、「さて、どちらかの仕事を選ばなきゃいけない」となった。それで、撮影監督の仕事を再開したわけです。だって三年もの間他の仕事ができないなんて、もうこりごりでしたから(笑)。

――『ホア・ビン』はジャン・ヴィゴ賞、カンヌ映画祭新人監督賞を受賞、アカデミー賞外国語映画賞にもノミネートされています。

RC たしかにたくさんの賞をもらいました。でも『ホア・ビン』は長い間、政治的な映画、コミュニストのプロパガンダ映画だと言われ続けたのです。

――『サン・サルバドル地獄の戦火』は撮るべきではなかったと、のちに回想されていますね。

RC　別に商業的な映画が嫌いというわけではありません。ただ作者のジェラール・ド・ヴィリエはとんでもない差別主義者で、性格も最悪だった。ある日曜日、彼から昼食に誘われたことがありました。でもお目当ての店は閉まっていて、他にも心当たりのある店は、一軒も開いていなかった。仕方なくわれわれは、三ツ星の高級レストランに入ったんです。そこで黒人がスープを食べているのを見たド・ヴィリエは、支配人にこう言ったのです。「この店はいつ、黒人に買収されたんだ！」そしてその黒人客の元へ行き、こう彼は吐き捨てました。「さっさとカフェを飲んで、金を払ってここから出ていけ！」。ド・ヴィリエは支払いもせずその場を立ち去って出てしまい、私が会計するはめにまでなった。いずれにせよこの作品には、いい思い出がありません。

――あなたの監督二作目『コルヴェッジに降りた外人部隊』(79)のキャスティングについておうかがいします。ジャック・ペラン、ブリュノ・クレメールの起用は、ピエール・シェンデルフェールへのオマージュですか？『317小隊』には、二人が出演していましたから。

RC　それは違います。ボールガールが決めたのです。「昔の勝者をもう一度、スクリーンで見たい」ボールガールはそう言っていました。

――この作品は、色々な問題を抱えていたそうですね。

RC　一番の問題はジーン・セバーグでした。彼女は全国有色人向上協会やブラック・パンサーを支持していたせいで、FBIからマークされていたのです。当時のセバーグはアル中で、精神安定剤や睡眠薬に依存していた。ボールガールは彼女の出演を危ぶんでいたのですが、私は楽観していました。でも何シーンか撮影をし、一旦フランスに戻った後、セバーグは行方不明になってしまいました。彼女は自殺したのです。

――彼女は一週間後に、パリ一六区の自宅周辺の路上で発見されます。彼女は車の後部席で冷たくなっていた――その後、ジーン・セバーグによく似た女優をすぐに見つけられました。

RC 代役を探す段階で、なぜか分からないが、この女優をポランスキーの映画に出ていた女優だと勘違いしていたのです。あの、金髪でショートカットの……

――『ローズマリーの赤ちゃん』のミア・ファローでしょうか。

RC そう。ボールガールから彼女を提案され、私は即決しました。ところが現場に現れたのは、ミア・ファローではなく、ミムジー・ファーマーだったのです！

――今まで撮影した映画で最も記憶に残っているシーンはなんでしょうか？

RC やはり、屋外での撮影です。（沈黙の後）よく考えなければ思いつかない。もう昔のことですから……。今すぐ思い浮かぶのは、スイスで『小さな兵隊』を撮っていた時、ある男が殺人を犯して逃げるというシーンがありました。あれは隠し撮りだったから、通行人は本当の逃亡犯だと思って、俳優を追いかけ始めたです。それで何と、犯人役を捕まえてしまったのですよ（笑）！　こんなこともありました。『女は女である』でアンナ・カリーナが「私、妊娠したの！」と叫ぶシーン。あそこも路上での隠し撮りでした。だからあそこで映っている人たちの反応は、本物なのです。通行人は立ち止まり、カリーナを祝福するかのような表情を見せている――そう、あれは忘れられない体験ですね。

（二〇一二年八月一五日　南西バスク地方バイヨンヌ、ラウル・クタールの自宅にて）

追記　クタールは、二〇一六年一一月八日、九二歳で逝去した。

レナート・ベルタ　*Renato Berta*
撮影監督と映画作家との〝共犯関係〟

「私が作品自体の出来を語ることに、意味はない。監督の想いを映像で表現する。それがキャメラマンの仕事だ」

ダニエル・シュミット、アラン・タネールの多くの作品を手掛け、スイス映画を世界に知らしめたレナート・ベルタの言葉である。さらにその活動は国内に留まらず、マノエル・ド・オリヴェイラ、アラン・レネ、ストローブ＝ユイレ、フィリップ・ガレルといった映画作家から絶大な信頼を寄せられてきた。

以下は二〇一四年と二〇一六年、二回に分けて行ったインタビューをあわせて再構成したものである。一回目は、二時間半にわたって撮影監督としての極意を聞かせてくれた。そして二回目はフィリップ・ガレル監督『パリ、恋人たちの影』(15)の日本公開に合わせてのもの。それぞれ『映画芸術』『キネマ旬報』に寄稿している。

ベルタは五〇年もの長きにわたる華々しいキャリアでタッグを組んできた映画作家たちとのエピソードを饒舌なことばで、まるで昨日の出来事のように鮮やかに再現してくれた。超一流のキャメラマンは、超一流の語り手でもあった——。

厚田雄春との出逢い

——これまでのあなたの「偉大な」フィルモグラフィーについて、お聞きしたいことは山のようにあります。が、まずは日本との関係からお話しいただけますか？　歌舞伎界の至宝・坂東玉三郎を追ったダニエル・シュミット監督の『書かれた顔』（95）は、日本で撮影されています。

レナート・ベルタ（以下、RB）　はじめての来日は一九七四年、イタリアの国営放送局ＲＡＩ《ライ》のドラマ撮影で、でした。その時の文化的衝撃が、とても大きかった。正直言って、今でも日本の習慣は分からない。たとえば「はい」という返答が、実は否定の意味であったり……曖昧なことばかりで不可解きわまりない。地図も読みにくいし、タクシーに乗っても目的地にたどり着くまで、想像以上の時間がかかったりもする。「先進国なのに非合理的な国」、これがその時私の眼に映った日本の姿でした。

二度目の来日は一九八五年、ユーロスペースなどで開催されたアラン・タネールのレトロスペクティブの時です。そこで蓮實重彥先生とキャメラマンの厚田雄春《ゆうはる》さんと対談しました。蓮實先生は本当に怖ろしい人物だった……なんという知識の量、なんという教養の持ち主！　完璧なフランス語を書かれ、私などよりはるかに巧みに話している。私のフランス語力ではとても理解できないような内容を雄弁に語られる強烈な印象でした。

——蓮實先生の文章は日本人にとっても難解だと思います。

RB　それなら安心しました（笑）。その時の私はすっかり委縮してしまいましたからね。フランス文化センターを訪ねた際には、まず小津安二郎の初カラー作品のプリントを見せてほしいと頼み

レナート・ベルタ
Renato Berta
一九四五～。撮影監督。スイス生まれ。ローマのチネチッタにある国立撮影技術センターにて学ぶ。帰国後は、アラン・タネールの『どうなってもシャルル』（69）、ダニエル・シュミットの『今宵かぎりは』（72）などでカメラを担当し、スイス映画の一翼を担う。八〇年代以降は、ゴダール、エリック・ロメール、アラン・レネ、マノエル・ド・オリヴェイラ、ストローブ＝ユイレ、アモス・ギタイらとタッグを組み、国際的に活躍の幅を広げる。

ました。厚田さんとは、それぞれが撮影を担当した作品を同時に見て、その後に対談する機会を作っていただいたのです。彼はダニエル・シュミットの『ラ・パロマ』(74)を、私は小津の『彼岸花』(58)を見て、その後に丸一日ご一緒する機会を得ました。厚田さんとの出逢いは、本当に素晴らしかった……。厚田さんは小さなノートに赤と青のペンで何かを書き分けていたのですが、私にはその違いがさっぱり理解できない。厚田さんは『ラ・パロマ』の主演女優イングリット・カーフェンの顔に驚いていたのです。「日本人にはあんな顔はいない。あんな陰影のある顔を見たのははじめてだ」とおっしゃる。このようなカルチャー・ギャップはとても興味深いものでした。

――イングリット・カーフェンの存在感だけでなく、ダニエル・シュミットの特異なスタイルにも、我々は驚かされたのだと思います。ケレン味たっぷりで、ちょっと行きすぎた感のある演出。そこにあなたの流麗なカメラワークが相まって。

RB　『書かれた顔』の撮影では約二ヵ月間、日本に滞在しました。最初はダニエルから坂東玉三郎のことを聞かされました。それまで日本についての知識がほとんどなかったものですから、急いで日本文化や伝統芸能について書かれた文献を漁りました。一冊目を読んでもあまり理解できず、もっと詳しく書かれた本を一〇冊読んだら、さらに混乱が深まってしまった……これでは勉強は永遠に終わらないでしょう！

　私は日本に到着するとすぐに、玉三郎の公演を見に行った。そしてあまりに素晴らしすぎて、もう声も出ないくらいに圧倒されてしまったのです。その時、我々は決めたのです。日本人の視点を真似ようとするならば、そもそもこの映画を撮る意味はない。だからあくまで自分たちの視点から、玉三郎という歌舞伎役者を描くことにしました。

　できるだけ対象をリスペクトする。半可通ぶらないで、見たままをカメラに映し出す。それがこの映画の大前提となったのです。

――撮影中で、最も思い出深いエピソードをお聞かせください。

RB 撮影において靴を脱いで、スリッパを履いたり脱いだりして移動するのは、我々ヨーロッパの人間には違和感がありましたが……。ある日のこと、靴を脱いだ私はカメラを担いで花道に近づいていきました。するとまさにいま、玉三郎が踊り始めたところだったのです。花道に向かってすり足で近づいていく私の姿を見て、会場は静まり返っていた。「しまった！ 私は何か、とんでもない失敗をしてしまった！」、そう直感した私は恐る恐る、通訳の方に訊ねました。「その板の上は、玉三郎さんしか歩けないのです……」、そう言われた私はすっかり気が動転してしまった。必死で許しを請う私に玉三郎さんは「もちろんだよ、もちろんだよ」と温かい言葉をかけてくれました。あの時はスタッフ全員、凍りついたものです。

私たちは違う文化を背負っている、同じ教育を受けたわけでもない。だから我々は、玉三郎を通して日本の伝統文化をどのように切り取っていけば良いのか、手探りで進めていったのです。

映画と旅する

――ダニエル・シュミットは自然光を嫌っていたそうですね。

RB ダニエルは完全な虚構を好む男で、自然光を毛嫌いしていました。彼と初めて組んだ時の話をしましょう。ある日、共通の友人を介してダニエルから連絡がありました。長編デビュー作の『今宵かぎりは』(72)のキャメラマンを探していると言う。その電話があった時、私は「今、マリア・カラスのオペラを聴いていたんだ」と告げた。そうするとダニエルは「おお、マリア・カラスか！」これが私たちの初めての会話でした。そして彼は続けた。「私の名前はダニエル・シュミット。いま現金で二万スイスフラン持っている。それと両親の所有するホテル、これは私が育った家でもあるのですが、つまり現在オフシーズンで営業していない館がある。役者の友だちがたくさんいる。それに衣装を貸してくれる者もいる。どうだい、そのホテルで私と、映画を撮らないか？」どんな内容かと訊く私に、「まずはこっちに来てくれ。そうすれば分かる」、そしてガチャリと電話を切られた。

だから映画の内容について何も知らないまま、私はそのホテルに向かったのです。到着するやいなやダニエルは、駆け足で話し始めました。「映画の舞台となるこの屋敷では年に一度、ネポムクの聖ヨハネの祭りの日に限り、主人と召使いがその役割を交換する。大広間で繰り広げられるその一夜を描くのがこの映画だ」と説明された。いや、なんて気狂いじみた内容なんでしょう！　しかもそれが映画のテーマであって、あらすじでもあるという。「一体どのように映画として見せるんだい？」そうダニエルに訊ねたのですが……その答えは完成した『今宵かぎりは』を見れば分かります。入れ替わり立ち替わり現れる俳優たちが、恋の歌や踊りを披露する。そしてその様子を私たちはただ、映し続けたのです。

――当時からダニエル・シュミットは、奇想天外なアイデアをいくつも抱えていたのでしょうか？

RB　ダニエルのユニークさは、『今宵かぎりは』の頃からはっきりしていました。いつだって彼は、映画の範疇を超えるものを作りたがっていた。だからいわゆる映画の文法はまったく無視。全シーン長廻し、構図は明確に決まっている。でも撮影の各過程では、私は自由にオーガニゼーションすることができた。だから私は何とも不思議な制約の中で、キャメラを長廻ししていたのです。

――流れるような長廻しは、ダニエル・シュミットの映画の大きな特徴です。

RB　彼がなぜそのリズムにこだわるのか、当時の私には分からなかった。

――『ラ・パロマ』の冒頭、キャバレーの場面での、アップを多用しながらの流麗な長廻しが印象的でした。

RB　あのシーンは全て、クレーンで撮影されています。

――アラン・タネールの『ジョナスは２０００年に25才になる』(76) の教室のシーンでも、流れるようなカメラワークが印象的です。

RB　こんにちキャメラは昔に比べて、俳優のアクションに密着する傾向にある。でも例えば暴力を描きたければ、私は直接的な動作に寄り添うのではなく、固定カメラで距離を置いて撮ることを選ぶ。その方がより暴力的に描けると考えるからです。これは別に我々の発見ではなく、たとえば一昔前からロッセリーニが巧みに表現していたことです。

――あなたはヴィスコンティやフェリーニを多く手掛けた撮影監督ジュゼッペ・ロトゥンノを崇拝しておられます。

RB　素晴らしいキャメラマンは、素晴らしい監督との出会いがなければ存在しません。最も重要なことは、優れた監督と信頼関係を結ぶこと。空間をどのように構築していくかが、撮影クルーの仕事です。私にとってロトゥンノは、ヴィスコンティ、ロッセリーニ、デ・シーカらネオリアリズモの作家たちと組んで、彼の持つ能力や知識により、作品のレベルを引き上げたキャメラマンのお手本です。

――監督と共犯関係を持つことが、作品を成功させるカギだとも、あなたは言っています。

RB　映画作家が信頼してくれたら、私はただついていくのみ。その視線に寄り添って、キャメラを通してお互いの考えを交感していく。それが撮影監督の役目です。そして二人の間に化学反応が起きれば、映画は成功するでしょう。キャメラを廻している後ろから、「あの女優を、こうして撮ってくれ」などといちいち口出しされていたら、うまくいくわけがない。

カメラが映しだす「現象」をただそのまま、ダニエルは受け入れる。アモス・ギタイの映画では、たびたびキャメラが動く。そこには監督の意志が反映されているのです。

――『キプールの記憶』(00)の冒頭、キャメラがアップからボディ・ペインティングしているカップルの姿を捉える、忘れ難い映像があります。このアイデアはどちらから提案されたのですか?

RB　アモスです。まず私の方から、この二人を俯瞰で撮ったらどうだろうと提案しました。それに対して、予算の範囲内でこのアイデアで実現可能か見据えたうえで、「やってみよう」と決めたのはアモスなのです。このような共犯関係が成立してさえいれば、常により良い撮影方法を探っていくことができる。

――アモス・ギタイとは、どのように知り合ったのですか?

RB　その話を始めたら、ゆうに一晩はかかってしまう(笑)。随分と前に一度、アモスから撮影を頼まれたことがあったのですが、その時は断りました。その後、改めてオファーを受けたのは、イスラエルで撮った『メモランダム』*Devarim*(95)の時です。当時の私は、当時、パレスチナとの関係において、イスラエルの政治的姿勢には賛成できなかった。でもアモスから言われたのです「まずはイスラエルに来てくれ。そうすれば分かる」。

アモスと巡るイスラエルは、メディアで報道されるものとはまったく別世界でした。建国してまだ六〇年余りだというのに、イスラエルは紀元前からの歴史を背負っている。矛盾に満ちた、ダイナミックで現代的な国なのです。

はじめての国に足を踏み入れることは、外国映画を見ることに似ています。これまで撮影で数多くの国を訪れてきましたが、観光客として足を運んだことは一度もありません。そして、観光客とは違う視点で、世界中に足を運べたのは幸運だったと思っています。

――アモス・ギタイだけでなくマノエル・ド・オリヴェイラ、ストローブ＝ユイレなど何度もコラボレーションを結んだ監督がいる一方で、一作品しか撮らなかった監督もいます。アーティスティックな面で意見が合わなかったということなのでしょうか？

RB それは、もちろんです。でもエリック・ロメールとは、また仕事がしたかった。ロメールは俳優の意見に耳を傾ける監督で、ファブリス・ルキーニとはしょっちゅう政治について話していた。マルクス信仰者でありながら、王党派でもある。ロメールはそんな、矛盾を抱えた人物でした。

でも、また一緒に仕事をしたいと強く願っても、叶わないことはあります。ロメールとの場合、『満月の夜』（84）に主演しヴェネツィア映画祭で主演女優賞に輝いたパスカル・オジエが直後、フランス公開前に亡くなってしまった。その経緯があまりにも辛かったものですから……。

――あなたはパスカル・オジエの母である、ビュル・オジエを何度も撮られています。特別な思い入れがあったのですね。

RB パスカルのことは、子供の頃から知っていました。それに『満月の夜』では、彼女は美術を手掛けてもいた。だから私たちは俳優と撮影監督というだけではなく、同じスタッフとしても仲間だったのです。映画の中の彼女の部屋に、モンドリアンの版画がかけられている。でも私はそれが嫌だったし、ロメールも反対だった。でもパスカルは、どうしても譲れないと主張したのです。

――あなたはルイ・マルの『さよなら子供たち』（87）で、セザール賞・撮影監督賞を受賞されました。この賞をとられた時は、どのような想いでしたか？

RB それが自分の仕事に対する賞讃だとは思えなかったですね。セザール賞に投票する映画関係者全員が、この映画を見たとは到底思えませんから。私は二〇一三年にヴェネツィア映画祭の審査員をしましたが、候補作に均等に賞が行き届くように配慮するという仕組みがありました。セザール賞の場合も、きっとそうだったのでしょう（笑）。

伝説のふたり、オリヴェイラとマストロヤンニ

——ハリウッドで積極的に活動しなかったのはなぜでしょう？

RB 一九九〇年にアメリカ映画『ツイスター』をやりましたが、監督のヤン・デ・ボンと共犯関係を築くことは一切できなかった。ハリウッドではそれぞれの役割がはっきり決まっていて、そこを外れたらもう、君の持ち場ではないと言われる。私はそのシステムにはまったく魅力を感じなかったのです。それまでの私のやり方とはかけ離れていましたから。

——反対に、ヨーロッパのシネアストからはずっと熱望されてきました。巨匠・オリヴェイラの映画を六本も手掛けています。

RB 多くの人間はマノエルの作品を長廻しが多すぎると言う。でも私はただ、監督の指示に従うのみです。はじめて『パーティ』（96）で組んだ時、マノエルは不安そうに、いちいちファインダーを覗きこんでいました。でもこの作品で、私の構図の捉え方と俳優との関係性を気に入ってもらえたのでしょう。『家宝』（02）の時には、もっと信頼を寄せてくれていた。

彼は超人的な眼の持ち主なのです。ある日、リハーサル中にほんの数センチ、タンスを動かした

ことがありました。その時現場から離れていたマノエルは、戻って来るや否や「誰がタンスを動かしたんだ⁉」と声を荒げたのです。彼はカメラの前に置かれている物だったら何でも、たとえそれがわずか二ミリメートル動かされただけでも、すぐに気が付いてしまう、恐るべき男なのです！

技術面にもマノエルは精通していました。遠景に配された河に至るまで、フレームに入るすべての物を把握しているのです。私が他の部分について考えていると、「ダメだ、ダメだ。それじゃあ河が見えないよ！」と指摘されたものです。マノエルはすべての要素を頭の中で構築し、それをフレームの中に収めていく。それと……彼はしょっちゅうフランス語が分からないふりをしますが、実は完全に理解しているのです（笑）。

――不躾な質問ですが、あなたは結婚して子供がいらっしゃいますか？

RB 今の結婚は三回目で、子供はいません。この仕事をしながら子供を持つのは、なかなか難しい……。私が六八年にローマの国立撮影技術センターを終えた頃、世の中は性の解放運動の真っ只中。だから私は真面目な男女関係に、興味を持てなかったのです。仕事は順風満帆、でもプライベートは困難を極めている。そんなことも、ままあります。だから状況に応じて、過去をやり過ごしてきたとしか言いようがない……もう二〇歳ではないから、今はずいぶん落ち着きましたけれどね（笑）。

――でもオリヴェイラの横に並べば、あなたはまだ、ほんの青年です。

RB 思春期の小僧と言ってもいいでしょうね（笑）。

――あなたが初めて組んだ時、オリヴェイラはすでに八〇歳でした。八〇歳の〝若者〟だったのですね。

RB いやまったく、驚異的な八〇歳でしたよ！　撮影班が着いていけないほどのエネルギーでした。そういえば『家族の灯り』（12）の撮影中、マノエルは急遽入院したことがあります。でも食欲がなくなり憔悴しきっても「どこも悪いところはない！　入院など馬鹿げた話だ」と言い張っていたのですから！

――『世界の始まりへの旅』（97）では、車での移動シーンが多いのに、固定カメラで、車中でトラベリング（移動撮影）までしていました。

RB　まず彼は、どうしても車種をメルセデスにしたいと言い張った。昔、マノエルがカーレーサーだったことはご存じですね。でも同じくレーサーだった兄がレース中の事故で亡くなったのをきっかけに、きっぱりと辞めてしまった。そのマノエルが、「自分がレースに出場する時は常に、メルセデスだった」といって、どうしても譲らないのです。しかも彼が乗っていたのは、三〇年代のメルセデスですよ！　マノエルが一番最後にシュトゥットガルトまでメルセデスを買いに行ったのは、一九三八年のことだという……当時のドイツの情勢はご存じの通り。いざ契約書にサインしようという時、店内に大きな音が鳴り響いたそうです。そう、真後ろにナチの軍曹がしかめっ面をして立っていた。マノエルは驚きのあまり、大笑いしてしまったそうです。その軍曹からは「何がおかしいんだ！」と詰問されたそうですが（笑）。

頑固にメルセデスだと言い張るマノエルに対して私は、ルノー・エスパスを提案しました。二人でリスボンのガレージに出向き、ルノー・エスパスの車内にどれだけのスペースがあるかを見せて、納得してもらったのです。車内に二台のカメラを置き、そこに撮影班が乗り、どのようにトラベリングをするかも説明した。この映画でマストロヤンニが運転する車は田舎道から森を抜け、トンネルをくぐっていく。このトンネルのシーンは、車内に置いたカメラから撮影した映像がなければ編集できないと説明しました。マノエルは「キャメラを二台も置くなんて無理だ！」と言いました。

プロデューサーのパウロ・ブランコも、「何を考えているんだ！　そんな無茶な話はない！」と反対した。二台の車を用意させ、それぞれに二台ずつカメラを搭載する必要性を理解させた。

車での撮影にはどうしても、かなりの時間がかかってしまう。だから時間の節約のためにも、どうしても二台の車を準備しなければならなかった。でなければ、二週間は撮影が延びると計算した。ただ美しい画像が撮りたいとか、そういったエゴではない。私は一貫してこの映画のために、提案したのです。マノエルもそれをよく分かってくれました。だから彼と何か問題が発生したことは、一度だってありません。

――毎回、それぞれのやり方に応じて、解決策を見つけてこられたのですね。

RB　重要なことは監督の言葉に耳を傾け、何をしたいのか理解しようとすることです。撮影監督が照明などを仰々しく語る時に、何の具体例もあげずにセオリーだけ語るとしたら、私には何の意味もないディスクール（言説）としか思えない。

撮影監督は映像だけを担当するのではありません。私にとって一番不愉快に思える感想は「映画の内容はともかく、映像は素晴らしかった！」というものです。だってそれは、映画自体のバランスが取れていないということですから。映画は総合芸術であり、すべてのエネルギーが同じ場所へ向かって進んで行かなければなりません。キャメラはその瞬間を捉える。だから俳優の演技はイマイチなのに、映像だけ素晴らしいなんてありえない。

――これまで印象に残っている俳優とのエピソードをうかがえますか？

RB　マルチェロ・マストロヤンニは、これまで会った誰よりも、自由な俳優でした。誰にでも寛容で親切、そして何か問題が起こっても、全てを解決してしまう。アクターズ・スタジオに通った俳優の演技、役柄に憑依するそのメソッドは、確かに興味深いものではあります。でもマストロヤンニの演技は、それとはかけ離れている。そして私は、彼の考えに同感です。マストロヤンニは役柄に入り込み、セリフを完全に覚え、監督の言葉に従う。でも厳格なセオリーなど持っていないのです。いつでも臨機応変に対応できる、驚くほど自由な俳優でした。

通常は、こちらから俳優に声をかけて、撮影準備完了の合図を送ります。でも彼の場合、その時には既に現場の空気を把握しているのです。一見、待機しながら休んでいるように見えても、我々の用意ができると同時に、彼は完璧な状態になっている。それがマルチェロ・マストロヤンニという俳優です。まさに驚異的でした。『世界の始まりへの旅』での彼のセリフの多さは、尋常ではなかった。にもかかわらずマストロヤンニは、まるで飲み込むようにセリフを吸収している。魔法を見ているかのようでした。

私は俳優に対して一般論を述べる気はさらさらありません。でも高慢ちきな奴に限って、大根役者であるようなケースが、ほとんどですね（笑）。

ゴダールとシャブロル

――ゴダールの『勝手に逃げろ／人生』（79）を撮影した時のことを、聞かせて下さい。

RB 彼との仕事は非常に特殊なケースだったと言えるでしょう。当時ゴダールと組むことは、自ら耐え難い状況に身を投じることだと言われていた。彼はつねにスタッフを泣かせ、俳優を怒鳴り散らしていた。若い役者に対しては、特に。だから彼との仕事は非常な苦痛が伴うもので、常に精神の危機と隣り合わせでしたよ。何しろゴダールは、怒りを爆発させることで生まれる悲劇的状況こそを、求めていたのですから。

――『甘い罠』(00)のシャブロルとの場合はいかがでしたか?

RB まさに、ジャン=リュックと正反対です。シャブロルは私が会った中で「フォトグラフィーには一切興味ない!」と言い切った唯一の監督です。

――ホントですか!?

RB 私は耳を疑いましたよ! シャブロルは言うのです。「私が興味あるのは、コンテとカメラの配置だ。フォトグラフフィーに関してはすべて任せた。イザベル・ユペールと相談してやってくれ」。ゴダールとシャブロルなら、私はゴダールとの仕事の方がいい。ゴダールはカメラと俳優の位置、空間設計をどのように作り上げていくかという、明確で素晴らしいビジョンを持っていましたから。

いい結果を生み出すために、たった一人で撮影プランを練っていくことは非常に難しいのです。シャブロルの撮影では、長年彼と仕事しているいわゆるシャブロル組の面々がいて、私はその中で完全な部外者でした。周りはまるで家族のように和気藹々としていて、私が入り込む余地はなかったのです。皆さん、シャブロルの現場は愉快で笑いが絶えないというイメージをお持ちでしょう。でも私にとっては悲壮で、うすら寒くすら思える場所でしたね。誰かが冗談を言ったら別の誰が応え、その後、皆がドッと笑わなければいけない。そんな暗黙のルールがありました。でも私には馬鹿げた、まったく無意味なことに思えた。

彼の撮影で救われたのは、役者が期待以上の演技をしてくれたことです。だから、役者と一緒にキャメラ・ポジションを決めてからコンテを進めていく作業は、興味深い経験にはなりました。

いずれにせよ撮影監督にとって重要なことは、監督がもっとも重要だと考えていること――それが俳優の演技なのか光なのか、を知っておくことです。だからリハーサルが終わり、私が撮影現場に入る時、監督には自分のビジョンを明確に把握しておいて欲しい。

――抽象的な質問ですが、撮影監督という仕事でもっとも難しいことは何でしょう?

RB 光や照明、フレームを決めていく時、どの地点まで理想を追いかけるか、あるいはどこに妥協点を見出すか、それを判断することです。その見極めがいちばん難しい。例えば夜、ある瞬間に涙が一粒落ちるというカットを狙うとしましょう。その場所に光がないと、当然涙は映らない。それならば、涙を輝かせるための照明を考えます。あるいは、涙を見せるという演出が正しいのか否か。たとえば涙そのものにクローズアップするならば、俳優の顔は見えにくくなる……こういったように試行錯誤しながら、よりベターな解答を探っていかなければならない。

たとえばオリヴェイラならば涙を見せるための条件を、自ら作り出すことができる。その角度は違う、このようにすればいいと、俳優に的確な指示を与えます。でも多くの監督はそのような正確さで自分の意図を伝えることができない。例えばフィリップ・ガレルには、フレームの中の全配置を計算して、さらに役者の動きまでを把握することまでは、できないのです。

フィリップ・ガレル、本物の詩人

――フィリップ・ガレルとは二〇一五年の『パリ、恋人たちの影』で初めてタッグを組んでいます。ガレルは非常に特殊な監督だといわれていますが。

RB それはもう、何と表現したらいいか……特殊ですね(笑)。普段、シナリオを受け取って読むと、大体監督の意図がわかるものです。シナリオには空間、時間、ダイアローグ、背景、昼か夜かなど、細かなところまで書かれていますからね。だからどのように撮りたいのか、映画全体をどのようにオーガナイズしたいのか、想像することはできる。それは撮影現場における、演出家との間の親密さに関係してくるのです。監督が何を探しているのか、心の奥底に潜んでいる欲望が何なのかを、私は知りたい。監督が探しているものを見つける手助けをするのが、私の仕事だから。

でもそうは言ってもシナリオは最初の手掛かりに過ぎません。私はそこからさらに奥深いところまで、入っていこうとする。俳優はどのように演技をしていくのか。それをキャメラの傍で見て、そこから少しずつ前に進んでいく場合もあります。この段階になってようやく、フィリップ・ガレルとの共犯関係が芽生えました。

ある意味、フィリップ・ガレルは本物の詩人と言えるかも知れません。だから彼のような男と映画を作るのは、新鮮な経験になりました。彼にとって最も大切なのは映画のテーマではなく、そのテーマと彼自身の関係性なのだと思っています。どのようにテーマを扱い、そこに登場人物を導いていくのか。たとえば『ジェラシー』(13)にはフィリップの父・モーリス・ガレル、彼の息子のルイ・ガレル、そしてルイの娘を演じる子役までが登場します。その三世代の描き方が、私には非常に興味深く感じられた。

——彼は何度もリハーサルを重ねた上で、本番はワンテイクかツーテイクしか撮らないと聞いています。

RB フィリップは原則、ワンテイクしか撮りません。これまでワンテイクしかとらない監督とは何度も組んできました。『満月の夜』のエリック・ロメールも、オリヴェイラもそう。そうすれば俳優は本番目掛けて最大限、集中力を高めていく。私は撮りたいものを逃さず捉えられるように、万全の準備を整える。それで現場全体が一体となっていくのです。

——あなたは二〇一二年、ジャック・ドワイヨンの『アナタの子供』を撮っています。ドワイヨンは何十テイクも撮る監督として有名です。

RB ドワイヨンは撮影中あらゆる可能性を探りながら、最も大切な何かを追い求めていく。それに対してガレルは撮影前に徹底的に準備し、膨大な時間をかけて俳優とリハーサルを重ねるのです。だから撮影現場に入った時にはもう、演じる準備はできている。だからガレルの撮影現場では、俳優たちは素晴らしい芝居を見せるのです。それを引き出すのがガレルの演出の核心なのです。そのために、たとえば彼はシナリオの一ページ目から順番に、撮影を進めていきます。最新作では日中の道端、その次に夜、そして道に戻り、父と暮らす女性の階段でのシーン、そして次のシーンへ……といった具合に。外に出ては中に入り、また外に出ては入る、といったように繰り返していくことになる。

「俳優がその時その場を生きていないとダメなんだ」と彼は言う。とはいえそのために撮影をオーガナイズすることは、そんなに簡単なことではないのです。一晩に四つも五つものセットを作ったことすらあります！　照明を準備し、芝居の舞台を作り込み、いったん撮影が終わったらそれを片付け、また新たに舞台を作って片付ける——ガレルにはよく言ったものです。「君の撮影現場には映画のテクニカルな専門家よりも、引っ越しのプロフェッショナルが必要なんじゃないか！」ってね（笑）。

自然光を採り入れること、それは映画美学的にはとても重要です。でも限られた撮影期間の中でそれができるかどうかは、また別の問題になる。フィリップは「時間は見つかる」と言う。でも私は最初のシーンを撮っている時にも、次のシーンについて思い描いていなければならないのですからね！

彼は多くのことにおいて、とても頑なです。たとえば彼は、「私にとって映画とはフィルムである」と断言している。でも私はデジタルの撮影でも、素晴らしい映像を生み出すことは可能だと思っています。それぞれ何がしたいのか、何を撮りたいのか、状況に応じて選べばいい。でも彼には、そのような柔軟性がない。編集も同じでクラッシックな、つまり二〇年前のようなやり方でやっている。編集室にこもって、フィルムを切り貼りするようなね。ダニエル・シュミットとの最後の会話は、「我々は絶対、デジタルに手を出さない！」といったものでした。でもどんな技術もそれをどう使うかが大切なのです。「一〇年後にはあなたも、デジタル技術を無視できなくなる」そうジャン＝マリー・ストローブに言ったこともあります。「絶対にない」彼は断固として譲らなかった。でも、「じゃあ君は、音をどうするんだ？」と訊いたら、彼は何も言えなくなった。その時もう、アナログ・テープは存在していませんでしたからね。

でもガレルの場合、そもそも議論すら成立しないのです。彼がフィルムといえばフィルム、それ以外の選択肢は存在しない。だが彼は私には見えないことが見えることがある。たとえば、フィリップが「目が痛い！」と言い出す。「どうしたんだ？」と私。「……この場所は光が強すぎるんだ！」「そんなはずはない」と伝えたら、「いや、とにかく目が痛いんだ」「じゃあ、照明のトーンを落とそう……」という感じで進んでいく。

――光についてお聞かせいただけますか？

RB ただ待っていても、光は捉えられるものではありません。あらゆる方向から可能性を探っていく中で、映画が自ずと光を見出していくのです。「上からもこちらからの照明もだめだ！」と言うガレルに、「それなら何も見えないよ！」と私が返す――彼とはそういった議論を、何度戦わせてきたことでしょう。私はまず光を作り、それから様々な選択肢を提案します。時に彼は「ノン」と言下に否定する。また時には試してみることもある。いずれにせよガレルとの映画作りでは、これまでの経験で培ってきたのとは別の方法を、模索しなければならないのです。

——あなたの手掛けたガレル作品は一貫して白黒映画です。白黒とカラーでは大きく変わりますか?

RB 個人的には白黒の方が、より高度の技術が求められると思っています。光の量だけで、映るか映らないかが決定される。でもカラーならクロマティシズム(主にグリーバックを使用したCG合成)を使ったりと、その他の様々な要素で光の不足を補うことができますから。でも白黒にはただ、グレーの階調しかありません。

——これまでまったく異なった個性の監督たちと組み、彼らの脳内に入っていかれた。そんなあなたは自分自身をどのようにオーガナイズし、コントロールしているのでしょうか?

RB いちばん重要なことは、時間や予算といった制約の中で、スタッフ皆がその映画を理解しようと努め、同じゴール地点を目指すことです。与えられた条件の中でスタッフ全員がそれ以上の仕事をすれば、映画は現実味を帯びてくる、そしてひとりでに動き出していく。私がキャメラを動かせば、その方向に自然と現場が導かれていく。

オリヴェイラとアラン・レネの対面

——アラン・レネとは幸福感に溢れた四作品を撮っています。『ノースモーキング』(93)、『スモーキング』(93)、『恋するシャンソン』(97)、『巴里の恋愛協奏曲(コンチェルト)』(03)です。

RB レネはまず、本物のエレガンスを持った紳士であり、また素晴らしい映画作家でした。彼はカメラ、俳優の位置、その他すべての要素を細かく決めていきます。それぞれ対して明確なビジョンを持っている、それがレネ流の映画術なのです。もちろん、彼と対話しながら映画作りを進めていく作業には、わくわくしましたよ。青年時代に見て大きな感銘を受けた『二十四時間の情事』(59)、『去年マリエンバードで』(60)、『ミュリエル』(63)などの巨匠と仕事ができるなんて……それはもう、夢見心地でした。『スモーキング』と『ノースモーキング』では二〇日間もの期間をとって、リハーサルを行っています。リハーサルは一般的に、撮影前にするものです。でも彼の場合は違う。レネはまず独りだけで構図を考え、それから俳優とのリハーサルを始めるのです。次に撮影クルーを交えてのリハーサルに入る。

レネのミューズであったサビーヌ・アゼマはエキセントリックな性格で、タイミング(きっかけ)をトチッてしまうことはしょっちゅうでした。彼女はその時、その瞬間で生まれてくるエモーションで演技をする。例えばリハーサルの時には背景の方に座っていても、カメラが回ったら前に出てきたりもする。それならば、彼女の演技に合わせてフレームを臨機応変に作り出そう。そうレネと話し合ったのです。

そうそう、私はここ(ベルタのアパート)で、オリヴェイラとレネが対面する機会を作ったのです! 初対面のぎこちない二人を見ているのは、本当に可笑しかった(笑)。

——これまで五〇年近いキャリアで、特に思い入れの深い作品は何でしょう?

RB それは母親に「どの子が一番好きですか?」と聞くようなもので……答えられませんよ(笑)。だって内心は特にお気に入りの子どもがいたとしても、絶対言えないでしょう? ただ製作の過程で、特に興味深かった映画というのはありますよ。でも私が作品自体の出来を語ることに、あまり意味があるとは思えない。監督の思いを映像として表現するのが、キャメラマンの仕事ですから。でも偉大な監督ほど、我々からの提案に耳を貸してくれるのも事実なのです。その筆頭が、アラン・レネでした。

アラン・タネールとは脚本から想起される映像のイメージについて、とことん議論しました。長い時間をかけそれぞれセリフがなぜ必要なのか徹底して話し合い、そこから照明の設計などのアイディアが生まれてきたのです。

――タネール作品には精神論や哲学的な言葉がよく出てきます。

RB 監督の意図を完ぺきに把握することなど、所詮は不可能なのです。たとえばストローブ＝ユイレの作品は約八本撮りましたが、私には理解できないことが多かった。彼らはガレルとは正反対で、驚くほどテイクを重ねていく。五〇回テイク撮影したこともありました。ストローブ＝ユイレの作品では映画と時間とのかかわり方が、他の映画とはまったく違うのです。役者が上や下に動き、光、風が推移していく。風に吹かれて葉が散っていて、そこをトカゲが横切る……彼らは人間のコントロールを超えた事象を、フィルムに刻みつけていくのです。ストローブ＝ユイレの映画は同時録音なので、撮影現場では音とのアンサンブルも重要になってくる。

マルグリット・デュラスとオリヴェイラ

――同業の友人はいらっしゃいますか？

RB ピエール・ロムとカロリーヌ・シャンプティエとは、とても仲がいい。まるで家族のように付き合っています。ベルトリッチの作品を多く手掛けたヴィットリオ・ストラーロも、友人です。ストラーロは完全にイカレている（笑）、自分だけにしか分からない映像のディスクール（言説）について、際限なく語り続けるのですから。同業者の私でも、全く訳の分からないような話をね。私が「監督と意思の疎通がなければ、映像は存在しないよ」といっても聞く耳を持たない男、それがストラーロです。

――これまで一緒に組みたくて実現しなかった監督はいますか？

RB もちろんです！　エリック・ロメールから『O侯爵夫人』（76）のオファーがあったのですが、タイミングが悪くて参加できませんでした（キャメラはネストール・アルメンドロスが担当した）。アラン・タネールの『メシドール』（78）を撮っている時にマルグリット・デュラスから電話がかかってきたこともありました。彼女はすぐに撮影できるキャメラマンを探していたのですが、あいにく私は『メシドール』のクランクイン直後だったのです。その後、ずいぶん経って、ゴダールからデュラスを紹介された時に、物凄い形相で私を睨み付けました。「あなたが私の映画の撮影監督を、断った人ね！」。その点、オリヴェイラはさっぱりしています。タイミングが合わなければ、「では、次の機会に！」、そして次作の時にまた、声をかけてくれるのです。

――同じ監督と何度も組まれる方が、仕事はやりやすいのでしょうか？

RB イスラエルでアモス・ギタイに、こんなことを言われました。「我々にとっては日常的な光景を別の視点から見る人間が、キャメラの後ろに必要なんだ」。

たとえばパリに住んでいる人間が、エッフェル塔を撮ることはないでしょう？　でもパリの外の人から「エッフェル塔を撮影したい」と言われたら、「ん？」と思うでしょう。でもそのような意外な提案は、興味深いことでもあるのです。驚きは日常のあちこちに転がっているのですから。

――あなたは子どもの頃から映画ファンだったのですか？　はじめて夢中になった作品は何ですか？

RB 私が初めて見た、エロティックな映画から始めましょう。それはディズニーの『ピーター・

パン』（53）です。

――あの映画のどこがエロティックなのですか⁉

RB　どこが、ですって⁉　あれは全編、エロティシズムに溢れ返った映画じゃないですか！　私は劇場公開された時に見に行きました。小さな妖精がセクシーで、下着を着た女性がいて、逆光からそのシルエットが浮かび上がってくる。それを見ている男がいて……。

　映画ファンになってロカルノ映画祭に通うようになる前に見た『赤い河』（48）に、衝撃を受けたこともあります。ジョン・ウェインが河を渡る、壮大な西部劇。その時はまだ、監督のハワード・ホークスの名前は知らなかったのですが。この作品も私を映画の世界に導いてくれた、想い出深い作品だと言える。

――最後にあなたの写真を撮らせていただけますか？

RB　あなたは私が料理している写真でも撮りたいのですか？　まあ……それもいいでしょう（笑）

（二〇一四年一月二七日、二〇一六年一〇月一五日　パリ一二区、レナート・ベルタの自宅にて）

カロリーヌ・シャンプティエ

Caroline Champetier

撮影においての革命は
ヌーヴェル・ヴァーグの前か後、その時だけに起こった

「ヌーヴェル・ヴァーグの前か後か、それが重要です」

撮影監督カロリーヌ・シャンプティエはそう、はっきりと言った。

彼女は、ユダヤ人大虐殺についての証言を集めた五六七分の超大作『ショア』(85)の撮影を手掛けたウィリアム・ルプシャンスキーのアシスタントとして、キャリアをスタートさせた。そして撮影監督として独立してからは、ジャック・リヴェット、ジャン＝リュック・ゴダール、フィリップ・ガレル、ジャック・ドワイヨン、レオス・カラックスといった名立たる映画作家たちとタッグを組んできた。

二〇一六年、ウニー・ルコント監督作『めぐりあう日』(15)の日本公開を機に、撮影監督協会のウェブサイトに掲載されていた彼女の連絡先へメールして、インタビューをオファーした。するとしばらくして本人から、承諾の返信が届いたのである。

「ウニーの映画のためなら」、同志への親愛の情が込もった、それは連帯表明だったのだろう。

語るべき物語

――ウニー・ルコント監督の長編二作目『めぐりあう日』（15）の原題 *Je vous souhaite d'être follement aimée* は「あなたに狂おしいほどに愛されることを、わたしは願っている」という意味ですね。

カロリーヌ・シャンプティエ（以下、CC）　アンドレ・ブルトンが娘にあてた美しい手紙をまとめた『狂気の愛』、その最終章から抜粋されたものです。ここでブルトンは娘に、こう語りかけています。「あなたはあなたの父と母の、愛の結晶として産まれたのであり、そこにはいかなる影も差していない」。韓国で生まれたウニー・ルコントは孤児院で育ち、やがて養女としてフランス人の家庭に引き取られていきました。このブルトンの一節を心の支えに、彼女は生きてきたそうです。この映画の中では唐突に、この手紙が読まれることになる。そこにはまさに、ウニーの心情が託されているのです。

――なぜこの映画の撮影監督を務めようと思ったのですか？　あなたは撮影監督として映画作りに参加される時、よく〝解釈する〟という言葉を用いられますね。

CC　彼女の書いたシナリオを読んで、私はとても興味を覚えました。そこには私の知らない世界……生物学上の両親を知らず、養父母の下で育てられ大人になった女性に生じる葛藤に、私は心を動かされたのです。実体験やパーソナリティーの上で主人公の女性とウニーとの間に、多くの共通点があるということにも惹かれた。

　私は二〇〇九年の東京国際映画祭で、アレハンドロ・ゴンサレス・イニャリトゥを審査委員長にイエジー・スコリモフスキらと共に審査員を務めました。その時にウニーの監督デビュー作『冬の

カロリーヌ・シャンプティエ
Caroline Champetier
一九五四〜。撮影監督。パリ生まれ。国立高等映画学院（IDHEC）で学び、卒業後、アシスタントとしてキャリアをスタート。ゴダール、カラックス、グザヴィエ・ボーヴォア、諏訪敦彦ら、多くの作品の撮影を担当。監督作品には『画家モリゾ、マネの描いた美女　名画に隠された秘密』（12）など。

小鳥』（09）に出会ったのです。ウニーは本物の映画作家であり、語るべき物語を抱えている人だと知った。『冬の小鳥』で韓国の撮影からフランスに帰ってきたウニーは、母語であったはずのことばを失ってしまった痛みを、強く感じたそうです。そして苦悩の末に、自分のランガージュ（ことば、表現手段）は映画だと思い至った。自分の居場所は映画の中にある、自分を表現する手段は映画しかない……そう気づいたそうです。そこに私は、ウニーとの共通点を見出しました。

『めぐりあう日』のシナリオを読んだ直後、私が考えたのは「町」についてです。この作品の舞台は、北フランスのダンケルク。フランスでは風光明媚な南仏の方がずっと人気がありますが、この映画は重化学工業の盛んな工業都市で、多くの労働者が住んでいるダンケルクを選んだ。そしてこの町は厳しい貧困問題や移民問題に揺れる港町でもあるのです。

──朝市の場面を見れば、この町に様々な人種の人間が住んでいることが分かります。

CC　私はこの町を知るために、すぐロケハンに行くことを提案しました。そしてダンケルクの町で丸一日過ごすため早朝、パリ北駅から列車に飛び乗ったのです。それで町の全体像を、おおよそ摑むことができた。鉄鋼、造船、製油、化学工業が発展することで、生活の変更を余儀なくされた住民たちは闘っている。そういった現状がすぐにわかったのです。この町の顔と言えるだろう港ですら、変わっていかざるを得ない。新たな住居地区が河岸沿いに建設途中だという。それだけでも私はこの町で撮影をしたいと思いました。ロケ地というのは登場人物と同じくらい、映画にとって重要なのですから。この町を撮りたい──そう強く想った時、私の心は動かされます。だからこの映画の目的は映像と言葉だけではなく、町を通してそこに生きる人を撮ることでもありました。

その後、各シーンのレフェランス（引用元）を探すために、様々な映画、絵画、写真などの資料に当たりました。その過程を経て私の中で、この映画をどう表現してどのように画面をつくっていくかが、具体的なイメージになっていくのです。

それとこの映画は、主人公の女性の人物設計がいいでしょう。彼女はフランス人だけど、日本人に多く認められるような慎み深さを持ってもいる。すべてを口で説明せずただ、心の内に秘めているのです。それともう一つ、私にとって興味深いことがありました。主人公の実の母の、その母親。彼女は人種差別主義者で、非常に狭量な精神の持ち主です。本作ではフランス人の「ある側面」を見せることにも関心があったのです。

――つまり地方の片田舎に住む人々特有の、差別意識について、でしょうか？

CC　人はそれぞれ違うから典型とまではいえませんが……その通りです。

――正面からの表情だけではなく、横顔、背中からだけで心情が伝わってくるようなカットが、いくつもありました。そしてこの映画ではロングショットでダンケルクの夜景を撮っていますね。あなたはこれまでも多くの映画で、「闇」を撮影してきました。

CC　カメラで闇を捉えるのは大好きです。なぜって、闇は光を浮かび上がらせるから。私だけではなくすべての撮影監督にとって、闇の描写は非常に重要です。闇にも色々な闇がある。例えば私は、光沢のある白黒映画の闇は嫌いです。私が好きな闇、それは例えばデヴィッド・リンチが描くような闇で、ウニーの映画にもそれがある。アンヌ・フォンテーヌが一九四五年のポーランドを舞台にした『夜明けの祈り』（16）の闇も好きですね。あの作品においても「黒の表現」重要になっていましたね。

第二世代の撮影監督

――あなたはIDHEC《イデック》（国立高等映画学院、現FEMIS《フェミス》）を卒業された後、ウィリアム・ルプシャンスキーのアシスタントを八～九年務めています。独立してはじめて撮ったのがシャンタル・アケルマンの『一晩中』（82）です。アケルマンの『ブリュッセル1080、コメルス河畔通り23番地、ジャンヌ・ディエルマン』（75）が最も影響を受けた作品の一本だと、あなたは以前語っていました。アケルマンの映画ではじめて撮影監督を務めたことには、やはり大きな意味があるのでしょうか？

CC　彼女には、どんなに感謝しても感謝し尽くすことができないほどです。当時、私は若くしかも女性であったのに、シャンタルは信頼を寄せてくれました。『一晩中』は非常にモダンで、ある種、現代アートでもあり、その中ではダンスとフィクションが混じり合ってもいます。彼女の関心事をすべて集めた結晶みたいな映画。だから私にとってもこの映画は、とても思い出深い。そしてこの撮影は私にとって、非常に貴重な経験になっています。

　でも『一晩中』が、私がシャンタルとともに働いた、最初で最後の作品になってしまいました。彼女は非常に複雑なパーソナリティの持ち主で、暴力的な部分さえあった。私はあの映画に抜擢されて本当に嬉しかった。それはもう、死ぬほど働きましたよ。でも私はまだ若く、演出家の言わんとすることが汲み取り切れないところもあったのでしょう。結果として彼女を不安にしてしまったのかも知れません。

　つまり、ただ撮影することだけが撮影監督の仕事ではないのです。映画作家と親密な関係を築き、そのビジョンを視覚化すること。それがもっとも重要なこと。相手の映画作家が友人ならば話は別ですが、映画を通して一から関係を築いていく場合、それは本当に難しい。

若いときはまだ経験が浅く自分に自信を持てないものです。そんな時は目の前にある仕事をこなすだけで、もう手一杯になってしまう。だから他の人の仕事まで気が回らない。今はある程度経験があるので自分の仕事を早く終えて、余ったエネルギーで他のスタッフがベストを尽くせるよう手助けすることができます。

撮影監督にとって現場は、一番大切な場所です。なぜかって、すべての被写体はカメラを通してはじめて、映画という作品の内部へと昇華されるのですから。逆に言えばすべての人も物もその場所では、カメラに映されるためだけに存在している……。

ヌーヴェル・ヴァーグ以前の現場では、フレームを決める人間と撮影監督、最低二名のカメラ・クルーがついていました。そんな撮影監督の世界に革命を起こし、初めてすべてを一人でこなしたのが、ラウル・クタールその人です。彼はシネアストに密着して肩にカメラを担ぎ、戸外を自由に動き回った。撮影においての革命は、ヌーヴェル・ヴァーグの前か後、その時だけに起こった。カメラを持った者が戸外に飛び出しスピーディーに一人で、すべてを行う。私はラウル・クタールと同じように仕事をしています。つまり撮影監督として、すべてのショットに責任を持っているのです。

――あなたはご自身のことを、ラウル・クタール、ネストール・アルメンドロス、ウィリアム・ルプシャンスキー、ピエール＝ウィリアム・グレンらに次ぐ二世代目に属するのだと言っています。

CC 撮影監督としてのクタールやルプシャンスキーは、私の父だと言っていいくらい偉大な存在。だから自分のことを、彼らの次に来たジェネレーションだと感じているのです。

――ルプシャンスキーのもとで八〜九年間アシスタントをしていた時代に、特に印象的な映画はありますか？

CC トリュフォーの『隣の女』（81）、リヴェットの『北の橋』（81）、『地に堕ちた愛』（84）、ジュリエット・ベルトの監督作『雪』*Neige*（81）や『カナイユ岬』*Cap Canaille*（83）……どれも思い出深い映画ばかりです。その後、独立してアケルマンの『一晩中』を撮った後しばらくして、自宅の電話が鳴った。受話器を取ったらそれは何と、ゴダールからのものだったのです！　そして私は『右側に気をつけろ』（87）を撮ることになった。二九歳の時でした。

――あのゴダールからいきなり撮影監督に指名されて、怖気づいたりしませんでしたか？

CC 私は強心臓なんですよ（笑）。

――あなたがゴダールから学んだことは？

CC 「見ること」です。彼はあまり話しません。だからこちらも慎重に言葉を選ぶことが大切です。でも「何かが見えた」と囁いた時はいつだって、私の話に耳を傾けてくれました。ゴダールから学んだのは映像において、被写体と、的確な距離を探ること。すなわち高い光、低い光を、どのように映像にのせていくのか。それからフレームの中にどの物体を入れて何を入れないか……つまり「フレームの方法論」を、彼から学んだのです。ゴダールほどフレームに対する確固とした哲学を持っている映画作家を、私は知りません。彼にとってはフレームとフレーム外、そしてその相互関係が重要で、それは想像以上に複雑なものなのです。ただフレームで画を枠どって見せるだけではない。ジャン＝リュック・ゴダールの作品のフレームは決して、フレームの中に閉じられていないのです。それが分かって以来、『右側に気を付けろ』以外のゴダール作品まで、よく理解できるようになりました。

――あなたを撮影監督に選んだ理由を、ゴダールは教えてくれましたか？

CC　私はこの仕事を少しは知っていたけれど、まだ知りすぎてはいなかったからでしょう（笑）。ジャン＝リュックは撮影監督から「そんなことはできるわけがない！」と拒絶されるのが嫌だった。すべての既成概念から自由でいたかったのだと思います。私は監督の要求を何一つ拒否しません。とにかくすべてを試してみます。監督のリクエストに応えられるよう、ただ全力を尽くすのです。

それとおそらく彼は、撮影の技術を習得したかったのでしょう。彼はカメラ、カメラと被写体の位置関係、その性能までは当時、熟知してはいませんでした。でも最終的に映像がどのようなかたちになるのかは、撮影現場の時点で完璧に把握していた。だから編集段階でビューワーで拡大して映像を見せたら、「思った通り、よく撮れてるな」と言っていました。

映像を捉えるためには、ふたつの対照的な物の見方が求められます。彼は近視ですから、全体の量（ボリューム）は見えても、その輪郭（ライン）は見えない。だからまず、量としての光が見えて、それから輪郭が見えてくる。でも多くの人はまず輪郭が見えて、次に光が見えるそうです。光を見ることは、形を作っていくことでもあります。彫刻家は量を作っていくでしょう。輪郭ではなく量を見ている……それが映画作家ゴダールの、強烈な個性なんだと思います。

目の前にある現実を正確に把握すること

――あなたはこれまで八〇本以上の映画を撮ってきました。これまで組んできたシネアストの名前を見ると、とりわけ気難しく複雑な性格の人ばかりと映画を作ってきたという印象を持ちます。

CC　本物の映画作家には、気難しく複雑な人なんていませんよ（笑）。ただ怒りっぽかったり、怖がっていたり、不安を抱えていたり……それぞれにキャラクターは異なります。レオス・カラックスがその典型です。でも本当の映画作家でない人と組むよりは、ずっと楽です。

——本物のシネアストではない映画作家とは、どういう人のことでしょうか？

CC 説明することは、難しい……それは音楽家やミュージシャンの場合と同じです。映画作家とは、何かを見て、誰かとコミュニケーションできる人のこと。物語を語って、誰かに伝えられること。誰がシネアストで誰がそうでないのか、私にはすぐ分かります。

——これまで「映画作家でない」人と働いた経験はありますか？

CC すごく少ないけれど、ありますね。

——あなたが撮影監督として仕事をオファーされた時、受ける受けないの判断基準として一番重要なのは、映画作家の名前ですか？ それともシナリオですか？

CC 常に映画作家の名前を大切にしています。例えばジャン＝リュック・ゴダールからオファーされたら……何があっても断わりませんよ！ だって彼があまりに偉大な、映画作家中の映画作家であることは、あまりに明白なことですから。これまでのキャリアで私は、数多くの素晴らしい機会に恵まれてきました。ジャック・ドワイヨン、ジャック・リヴェット、アルノー・デプレシャン、グザヴィエ・ボーヴォワといった作家たちと一緒に映画を作ることができたのですから。もちろんまだキャリアが浅い、若い映画作家との仕事にも挑戦してきました。

——グザヴィエ・ボーヴォワについて聞かせてください。『死ぬことを覚えておきなさい』*N'oublie pas que tu vas mourir*（95）の時、彼はまだ二〇代の青年でした。あなたが学んだ映画学校ＩＤＨＥＣの教師だった、映画批評家のジャン・ドゥーシェ。彼がボーヴォワに、映画化を薦めたと伝えられています。

CC その通りです。グザヴィエ・ボーヴォワと私を引き合わせてくれたのも、ジャン・ドゥーシェだったので。私はその前にグザヴィエの長編デビュー作『北』（91）を見ていました。あの作品には彼の幼少時代が描かれていて、それがあまりにも印象的だった。その後、『カイエ・デュ・シネマ』のパーティーで、彼に出会ったのです。彼はまだとても若い青年でした。でも私は「あなたと一緒に仕事をしたい。わたしたちはどうして一緒に映画を作らないのかしら？」と真っすぐ、彼に言ったのです。

グザヴィエは夢想家で、偉大な映画作家でもある。彼の中には死に対する強迫観念があって、それを映画で表現しようとしてきました。彼の映画の中には必ず「世界の美しさ」と「死」が混在している。そこに私は胸打たれるのです。

――『神々と男たち』（10）ではラスト、修道士たちが亡くなります。

CC この映画のラストで修道士たちは自らの意志で、死を選びます。危険を冒してあの場所から離れるよりも、留まることで死を選んだ。一人残らず殺されるとまでは、誰もが想像していなかったはずです。でも結果として、修道士たちは皆、死んでしまった。

あの映画の撮影で興味深い出来事がありました。映画では死は暗くて黒いものとして表現するのが普通でしょう？　でも我々撮影班はその時、雪を待っていたのです。この映画は四季を通して撮影していましたから、ラストにはどうしても雪が欲しかった。そして念願叶って丘に白い霧が立ち込めてきたその時、グザヴィエは叫んだんです。「これこそが、ラストシーンだ！」

シナリオではラスト、修道士の頭が切り落とされ、堀の中に落ちていくと書かれていた。新聞の三面記事に載る事件のような終わり方でしょう？　実際、小道具の人たちは四万ユーロものお金をかけて作った偽の修道士の頭を、撮影現場に用意していたんです。だけどこの雪の風景を見た瞬間グザヴィエは、これが最後のシーンになると確信した……これが私の知っている、本物の映画作家なんです。つまり、目の前にある現実を正確に把握すること。偶然を積極的に、映画へと呼び込むこと……それを言葉で説明するのは難しい、でも雪の中に霧が立ち込める風景によって、シナリオよりはるかに繊細なラストになりました。

――『神々と男たち』はモロッコで撮影されました。あなたはロケでよく海外にも出掛けられます。日本での撮影についてお聞かせ下さい。諏訪敦彦の『Hストーリー』（01）、そしてカラックスの東京を舞台にした撮った『メルド』（中編オムニバス映画『TOKYO!』（08）の中の一編）についてです。

CC　諏訪さんの『M／OTHER』（99）は、興味深く見ていました、でも『Hストーリー』のオファーがあった時、日本での撮影には不安があった。だってその当時私は日本について、何も知らなかったのですから。私が日本を発見したのは吉武美知子[1]さんと諏訪敦彦さんの導きによってです。

ヨーロッパの映画作家にとっては日本は、非常に印象的な国です。なぜならば光が白く強烈だから。それはたとえば地中海の光とは全く異なります。日本の光はより「概念的」で「決定的」なのです。そして様々な構造が入り混じった街は、光で創られている。その美意識、美の空間概念が日本にはあります。長い文化の伝統があることも感じさせられる。美の味わいを楽しむ意識の高い人間にとって、日本は素晴らしい国です。私はあなた方の文化に心酔しましたし、賞賛してもいます。日本での滞在中、私は常に何かを見ては刺激を受けていたものです。

――東京を舞台にしたオムニバス『TOKYO!』中のレオス・カラックス監督作『メルド』で再度来日し、東京の街を撮っていますね。

▼1　映画ジャーナリスト、プロデューサー。一九八〇年代に渡仏し、ジャン・ユスターシュ、ストローブ＝ユイレ、ジャック・ロジエらの映画を日本に紹介する。レオス・カラックスの『ポーラX』、フランソワ・オゾンの『まぼろし』など日仏合作をコーディネート。二〇〇九年に映画製作会社 FILM-IN-EVOLUTION を設立し、黒沢清の『ダゲレオタイプの女』（16）、諏訪敦彦の『ライオンは今夜死ぬ』（17）など合作映画をプロデュースした。二〇一九年に逝去。

CC　『Hストーリー』で日本の光の性格が分かっていたので、その経験を踏まえて『メルド』の撮影に臨みました。あのような撮影は日本人なら、きっとやらないでしょう。そう、私はまるでカウボーイのように映画を撮った。つまり、車に乗った私は毛布で覆ったカメラを手に、ひと息に映画を撮り上げてしまったのですから！　まずは一〇箇所くらいの公園を回ってリハーサルを重ね、軍隊のように周到に準備を整えいざ、東京の街へ。一カットにつき二テイクのみ、撮影期間はたった二日間。渋谷の駅前の交番に呼び出され厳重注意を受けた吉武美知子さんは、もう平謝りに謝ったそうです。たしかに私たちは、あまりに非常識なゲリラ撮影を敢行しました。でもこのような方法でしか作れない映画もある。映画撮影の常識から飛び出すことで、創造される映画があるのです。『メルド』はプロデューサーに迷惑をかけたり通行人に待ってもらったりして撮った作品です。でもそうすることで、東京の街のドキュメンタリーにもなっている。誇るべき撮影ができたと私は思っています。

――驚くべきチャレンジだったと思います。カラックスの次作『ホーリー・モーターズ』(12)の成功も、奇跡的なものだと言えるのではないでしょうか？

CC　準備段階ではものすごく悩みました。シナリオを読み解くことからして、困難を極めた。だってすべてはレオスの頭の中にあったのですから！　それを映像として、どのように具体化していくか。その作業に膨大なエネルギーを費やしました。テスト撮影をしながら自問自答をし続け、答えを探していったのです。でもいざ撮影がスタートすると、物事は信じられないほどスムーズに運びました。撮影期間は八週間。私たちは撮るべき映像はすべて、撮ることができたと思っています。この映画の主人公はリムジンに乗って、ある場所からまた別のある場所へと移動していく。そして夜、廃墟になった百貨店「サマリテーヌ」の場面でのエモーションを捉えること――準備段階で試行錯誤を重ねていった結果だと思っています。

——あなたは現場では非常にスピーディに仕事をされると聞いています。師匠にあたるウィリアム・ルプシャンスキーだったら二時間かかるところを、あなたは三〇分で仕上げてしまう……。

CC 今日の撮影現場では、すべてを迅速に進めなければなりません。ルプシャンスキーは照明に、すごく時間をかけていました。なぜなら撮影期間が一〇週間から一二週間と、今よりもずっと長かったからです。でも現代の映画は六週間か八週間で撮り切らなければならない。ですから、より多くの作業が準備段階で求められます。光を作るのが私の仕事です。そのために撮影前にすべて整える必要がある。映画はあらかじめ考えた通りには仕上がりませんから、あらゆる事態を想定して撮影に臨むのです。そうすると少しずつイメージが見えてくる。『神々と男たち』の時は撮影前にはまだ、明確なイメージを持っていなかった。でも『ホーリー・モーターズ』の場合、クランク・インの時にはもうはっきりと、撮るべき映像が見えていました。

——話は遡りますが、ルプシャンスキーのアシスタントとして『ショア』(85)に参加した後、撮影監督としてクロード・ランズマンとは『ソビブル、1943年10月14日午後4時』(00)、『不正義の果て』(13)で組んでいます。ランズマンは非常に独裁的で頑固な人物だという印象を持っているのですが。

CC 『ソビブル、1943年10月14日午後4時』はクロードの監督作品の中でも、最も美しい一本だと思っています。確かにクロード・ランズマンは、厳格な頭脳派です。彼はいつも、何かを見分けようとしている。そしてその何かが見えた時それをはっきり、言葉で伝えます。彼が見たものを、カメラは的確に映し出さなければならない。そして彼が見たものだけではなく、その頭の中で描かれている彼なりの視点をも、映像化しなければならないのです。

映画という生き物に入っていく

——強烈な個性をもつ映画作家の脳内へと入り込んでいく——それが撮影監督としての、あなたの個性と言えないでしょうか？

CC それが私と他の撮影監督との違いなのかは分かりません。でももちろん影響を受けた撮影監督はいます。レナート・ベルタのことは崇拝している。私のやり方はベルタに近いとも感じています。

——具体的にはどういうことですか？

CC まず、映画作家の意志や考えを理解して映像化することを、私は前提としている。映画作家の傍らに寄り添うこと、それは彼らのビジョンに入っていくことでもあります。レナートも同じです。とはいえ映画作家と完全に同じ視点に立つのではなく、彼らには見えていない部分を補っていく。つまり彼らの脳内ではなく、映画そのものに全身全霊で入っていくのです。

映画という生き物がいる。その生き物の声に耳を傾けて、ときにイエス、ときにノーと判断していく——それが撮影監督の仕事なのです。

これまで私はいろんな映画作家と働いてきました。でも「映画がおのずと語り始めた時、映画が始まる」という確信だけは、彼ら皆に共通しています。それは映画の共通言語なのです。例えば諏訪さんはグザヴィエ・ボーヴォアとは、正反対の作風の持ち主です。諏訪さんはものすごく細やかで、映画のコンセプトがはっきりしている。かたやグザヴィエはアル中で、しっちゃかめっちゃか。だですがふたりとも、「映画がおのずと語り始めた時、映画が始まる」という確信は持っている。だったら私はそのどちらにも、飛び込んでいくだけです。

――女性として撮影監督でいることは、男性の場合とは大きな違いがあるとお考えですか？

CC それはそうよ。そもそも一般論として男性は機械に強いと言われている。だから女性の場合、男性の撮影監督より慎重に、技術的な側面を扱っていく必要があります。撮影機材を支配しようとするのではなく柔軟に、繊細に付き合っていく。それからもう一点。多くの男性の撮影監督は非常に女性的です（笑）。だって誰もが女性的な部分と男性的な部分を持ち合わせているでしょう？一〇〇％男性、一〇〇％女性という人間はあり得ないと思うわ。ルプシャンスキーやレナート・ベルタにも、とても女性的な部分がある。あの偉大なアルメンドロスだって、非常に女性的に見えることがあります。

――では、撮影監督に女性が少ないのはなぜでしょう？

CC それは映画との向き合い方や関係性によるのだと思う。私の場合はチャンスに恵まれたからです。そもそも映画が好きで、そこからあらゆることを学んできた。それと撮影現場ではものすごく体力を消耗するし、並々ならぬ集中力を強いられる。だからその緊張感に耐えられない女性が多いのかも知れません。張りつめたテンションの中でいつも、全神経を集中させなければなりませんから。

――あなたはタフな肉体を保つために、ジム通いを続けていると耳にしました。

CC 肩にカメラを担がなければいけないわけだから、撮影監督に体力が求められるのは当然です。ラテン語で「健全な精神は健全な身体に宿る」という言葉があります。集中力と体の状態は別問題かも知れませんが、私がいつでも集中できる性格であるのは確かだと思う。

――これまで二本の作品を並行して撮影したことはありますか？　例えばゴダールが一九六六年

『メイド・イン・USA』と『彼女について私が知っている二、三の事柄』、翌年の六七年に『中国女』と『ウィークエンド』を作ったように。

CC 同時に二本の映画を撮影するなんて、不可能です！ それらはゴダールならではの離れ業で、撮影前にすべての映像が彼の脳内で、オーガナイズされていたのでしょう。私は『右側に気をつけろ』とTV映画『映画というささやかな商売の栄華と衰退』(86)は同時を撮影したことがあります。その時も一週間はこちらを撮って、次の一週間こちらを撮る……というように、ゴダールの頭は完全にオーガナイズされていました。

――あなたが撮影を担当したフィリップ・ガレルの『ギターはもう聞こえない』(91)を見たゴダールからオファーの手紙がきたそうですね。

CC そこには「『ギターはもう聞こえない』が素晴らしかったから、ぜひ一緒に仕事がしたい」と書かれていました。

それとこんなこともありましたね。私が撮影を担当したデプレシャンの『魂を救え！』(92)を見たゴダールから、連絡があったんです。そこで、「君は古臭い撮影監督になったものだ」とダメ出しされた(笑)。私が経験豊富な手練れの撮影監督に「成り下がった」んじゃないかって、揶揄したのよ。

それと、そこにはデプレシャンに対する批判もあったんだと思います。『魂を救え！』は複雑でインテリの映画だという。だってアルノー自身がそうなのですから。アルノーはゴダールよりも、ずっとトリュフォーに近い物語を語っていると思う。だからゴダールが「アルノーの映画はシンプルにいえることを、わざわざ複雑にしている」と考えているんだろうって、私には理解できる。

四白眼のおんな

――ではあなたご自身の監督としての経験をお聞かせください。あなたは印象派の女性画家ベルト・モリゾに関するフィクション『画家モリゾ、マネの描いた美女　名画に隠された秘密』（12）と、撮影監督ブルーノ・ニュイッテンに関するドキュメンタリー『ニュイッテン／フィルム』（15）の二本の映画を、監督しています。後者でブルーノ・ニュイッテンは「芸術家を主人公にした映画は必ず失敗に終わる。モーリス・ピアラの『ヴァン・ゴッホ』を除いては」と語っていますね。あなたが実在した芸術家をテーマに選ばれた理由は何でしょうか？

CC　ベルト・モリゾの伝記映画ははっきり、「注文仕事」として引き受けました。自分からあのテーマで映画を撮りたいと思ったか……それは分かりません。もちろん映画を撮る時は、情熱のすべてを傾けます。あの時代の絵画、エドワール・マネとベルト・モリゾとの関係、それから二人の絵画への情熱に導かれたのです。

一方、ニュイッテンに関するドキュメンタリーは、私自身の想いから生まれた企画です。たしかに芸術家を映画に映し出すことには、大きな危険をはらみます。ある程度、うまくいったとしても、つねにそのアーティストの作品以下のものになってしまう。それは明白です。ですが各人の創作の現場に近づくことはできると思う。ベルト・モリゾの場合、その時代に女性であるということは一体どういうことだったのか。そして彼女の前にはあまりに偉大な画家マネがいる。彼女はマネのモデルでしたが、彼女自身も筆を持ちたいと強く想っていた。どのように機転を働かせながら、近くにいる自分以上に偉大な人物との関係を保っていくか……ベルト・モリゾが抱えていたのはそういう問題です。彼女は一九世紀、まだ女性の社会的地位が確立していない時代に女性画家のはしりとなった。現代の女性にとって共感できる点がモリゾにはあると、私は思います。それと、一九世紀のパリ一六区のブルジョワジーの生活を、映像化してもみたかったんです。

――この映画の中では、一九世紀のフランス社会の風習が、克明に映し出されています。あなたは子ども時代、執事によって育てられたそうですね。一九世紀のフランス文化を受け継いでいるとも語っています。

CC　たしかに一九世紀の絵画でもマネの絵を見ると、私のルーツを意識せずにはいられません。

――あなたの幼少時代の話をおうかがいできますか？

CC　なんと説明したらいいのでしょう……とても貴族的な雰囲気に囲まれた子ども時代でした。サント・マリーという学校（何代にもわたり、貴族やブルジョワの子女が通うことで有名なフランス全土に名を馳せる名門私立女子校）に入れられた私は、一切ＴＶのない教育を施された。

我が家は父がカトリック、母がプロテスタントでしたから、家庭内は複雑でした。建築家だった父は、まだ子どもだった私をしょっちゅう、展覧会に連れて行ってくれた。父との想い出で今でもはっきりと覚えているのは、はじめてピカソの展覧会に行った時のことです。いい大人がピカソの絵を前に高揚して、子どものように震えている。その時、芸術こそがすべてを超越することのできる世界だと、私は直感したのです。世界は「リプレゼンテーション」、つまり人間がそれぞれの経験を通じて生み出す観念をイメージとして再現したものだと。それからは、どのように表現するか、どのように語るものか、どのように歴史を語っていくのかを考えるようになりました。建築家の父は視覚的な表現者だった。そのこともあって私は、ビジュアルからの印象に感銘を受けるようになったのです。

――あなたは映画学校で学ぶ前は、文学へと進みたいと思っていたそうですね。

CC たしかに文学を学びたいと考えていた時期もありました。でももし別の道を選択していたとしたら、父のように建築家になりたかった。建築は最も偉大な芸術だと思っています。インテリジェンスに溢れ、より多くのものを人間に与えることができる。どのように住まい、そこで家族とどのように幸福な時を過ごすか――それに幼少時代には、自分の父親を他の大人と比べたりしないでしょう？

私が映画に進んだのは、社会情勢の変化が大きく反映しています。映画に出会って以来、映画が私の人生そのものになりました。

――ＩＤＨＥＣに入学された一週間目に『市民ケーン』(41)を見て、映画に対するビジョンが大きく変わったと言っていますね。

CC それまでの私は、映画に対するビジョンを何一つ持っていなかった。だからビジョンが変わったと言うよりも、世界観そのものが覆されたと言った方が正確かも知れません。大きな窓が開け放たれ、その前にはこれまで知らなかった別世界が広がっている――『市民ケーン』を見て私は、それほどの衝撃を受けました。そしてこの大きな窓は……「シネマ」と呼ばれていた物だったのです。

自分の幼少時代ですらただの表象でしかない。世界そのものではなく、ただの表象に過ぎない。この考えを私は、父から受け継ぎました。そして私は『市民ケーン』で、映画における「世界の表象」に出遭った。「人生とは何か」「成功するとは」「成功しすぎて、その後堕ちていくとは」、それらのことすべてを学んだのです。

――あなたが映画学校ＩＤＨＥＣに通われていた頃は、まだ一六区のヴィーニュ通りに校舎があったのですね。シネマテークもトロカデロのシャイヨー宮にあった。

CC 両親は一六区ランラグ公園に近いボーセジュール通りに住んでいて、私はパリ一六区で生まれ育ちました。サント・マリー校では、どのように集中して勉強するかをみっちり叩き込まれました。でも私は旧体制に反対して、公立のジャンソン・ドゥ・サイィ高校に転校したのです。

――それは時代のせいもあったのでしょうか？ フェミニズム、学生運動など、時代の動きが……

CC それはもちろんです。当時、女性にはすべてが禁止されていて、あり得ないほど劣悪な立場に置かれていた。私が技術畑に進んだ一番の理由は、そこはまだ女性の進出していない分野だったからです。今なら映画プロデューサーか脚本家の道を選択していたと思います。でも当時の私にとって映画への道は、すなわちカメラだった。なぜかって？ そこは女性の立ち入りが禁止されていたから。

　ＩＤＨＥＣに入った一年目は誰もが監督、シナリオ、音響など映画全般について学びます。映画を組み立てる要素は演出家、シナリオ、俳優、それから資金と色々ありますが、私はカメラを選んだ。あの時代ではそれは、「過激な」選択だったと思います。でもだからこそ、私はその道に進むことを決めたのです。

――あなたはフィルムからデジタルに変更された柔軟な姿勢をお持ちです。

CC ゴダールもデジタルカメラに移行するのが早かったですよね。私はいま、親指二本くらいのカメラ、パナソニックＤＶＸシリーズを使っています。このカメラはもうだいぶ前から使い始めていて、ブノワ・ジャコの作品やアモス・ギタイの『いつか分かるだろう』(08)、諏訪敦彦の『不完全な二人』(05)などを撮ってきました。なぜ現在、銀塩映像(写真フィルムに銀塩を感光材料として使用した映像)が必要不可欠なのかは知っています。きめの粗さ、窓ガラスに映る粒子の美しさが、映像に奥行きをもたらしてくれるからです。どのように映像を捉えるか、どのように粒子を活かすか……いまではデジタルでもかなりフィルムに近いことを表現できるようになってきた。ソニー65の感度は、とても高性能です。日本の機材はすごく性能が高い。

私は技術に対する感性は優れていると自負していますし、何が問題かを察知する直感もある。それはおそらく、私が「四白眼」を持っていることとも関係するのでしょう。それは女性にしか持てない眼だそうですが……。

——一体どういうことですか?

CC ほかの人よりも、より多くの色を見ることができるのです。男性の多くは三白眼だと言われています。でもある種の女性だけが四つの方向すべてに白目が見えていて、より多くの色を認識できる。例えば（窓の外の木を指さして）私は緑の色の違いがすべて見極められる。色の温度差（ある光源が放つ光の色を数値で表したもの）を即座に見分けることができるのです。

——具体的に「色の温度差」とはどういうことですか?

CC 例えば、あのランプとそのランプとこのランプでは、色の温度差が違うといったように。ある種、私にはビジュアル的な五感の感度が備わっており、それを活かして仕事をしているとも言えます。

（二〇一六年六月二七日　パリ一〇区、カロリーヌ・シャンプティエの自宅にて）

ピエール・ロム　*Pierre Lhomme*

『美しき五月』が私の映画人生を導いてくれた

二〇一九月七月四日にこの世を去った撮影監督ピエール・ロム。手持ちカメラを応用した初代のキャメラマンと言える。

ドストエフスキーの悲恋物語を翻案した『白夜』（71）ではロベール・ブレッソン、五月革命後の空白を生きる男一人と女二人の三角関係を描いた『ママと娼婦』（73）、覗き魔の男を主人公にした『不愉快な話』（77）ではジャン・ユスターシュなど、いわゆる映画作家とタッグを組む。

一方で、イザベル・アジャーニがロダンの恋人となる彫刻家を演じた『カミーユ・クローデル』（88）、ジェラール・ドパルデューが大鼻の詩人にして剣客に扮した『シラノ・ド・ベルジュラック』（90）といったいわゆる文芸大作まで、幅広い映画で撮影監督を務めてきた。

アルジェリア独立戦争の終結直前、パリの人々を捉えたドキュメンタリー『美しき五月』（62）のリバイバル版が公開された折に、過去の思い出、そして当時の心境を語っていただいた。

クリス・マルケルとの美しい季節

――『美しき五月』（62）を私は、フランスのドキュメンタリー映画史に残る傑作だと思っています。舞台は一九六二年五月、アルジェリア独立戦争が終結する直前のパリ。動揺する時代を捉えようとあなたは街に飛び出し、市井の人々にインタビューしてます。低所得者団地に暮らす人、洋装店の主人、元フランスの植民地コートジボワール出身の留学生、証券取引所の前にたむろする人々……政治、経済、家庭について。そして自らのアイデンティティの寄って来るところなどそれぞれの想いを、それぞれの言葉で語っています。撮影当時のあなたは、それが革新的な試みであることを自覚していましたか？

ピエール・ロム（以下、ＰＬ）　いや、まったく。想像だにしていませんでした。ただその当時、カメラの重さが六〇キロから一挙に四キロまで減ったので、これまでとは別の撮影方法ができるかも知れないという予感はありました。それで『美しき五月』で初めて私は、手持ちカメラでの撮影に挑戦した。エクレール社の試作品だったカメラ「ＫＭＴ」の16ミリで、パリの街をさ迷いながら、面白そうな人を見つけたら果敢にインタビューする。そんな方法を採ったのです。その頃はカメラとマイクで記録されることに、人々はまだ慣れていませんでした。

――驚いたのは、インタビューする側とされる側の会話が、あまりにも率直であったことです。その間には五〇年以上経ったいまでも通じる、普遍性を感じます。

ＰＬ　いまはあのような試みはできないでしょう。この作品に登場するパリの人々に、私はきわめて単純な質問ばかり投げかけています。当時、我々の世界を取り巻いていた状況に対する肉声を

ピエール・ロム
Pierre Lhomme
一九二〇〜二〇一九。撮影監督。パリ郊外、ブローニュ＝ビヤンクール生まれ。ジャン＝ピエール・メルヴィル『影の軍隊』（69）、ロベール・ブレッソンの『白夜』（71）、クロード・ミレール『死への逃避行』（83）、ジャン・ユスターシュ『ママと娼婦』（73）など、幅広いジャンルの監督とダッグを組む。

聞き出して、彼らのリアルな生活を映したかったのです。冒頭に出てくる仕立屋は、撮影で最初にインタビューした人でもあります。我々の撮影機材の倉庫の真隣りに、彼は店を構えていました。でもそれまで我々は彼のことを、まったく知らなかったのです。

五区ムフタール通りで初めて彼との会話を記録したあの晩、私は確信しました。『美しき五月』は我々が想像しているよりずっと遠くまで、到達することができるだろうと。クリス・マルケルが国立映画センターに宛てた手紙に、こんな素晴らしい一節があります。「この映画は過去から未来に向かうために、漁師に船を贈り届けるような作品になるだろう」と。

——どのような経緯でクリス・マルケルと仕事をすることになったのですか？

PL 彼のことはそれまで名前しか知りませんでした。ある日突然、「ルポルタージュのようなスタイルで、身軽に撮影できるカメラマンを探している」と連絡があったのです。被写体となる人々に対して謙虚に、常に公平な視点を持てるカメラマンを、クリスは求めていた。当時の私は数本の映画を撮ってはいましたが、まったくの無名でした。クリスが私を指名してくれたのは、私が兄のように慕っていたギスラン・クロケという撮影監督のおかげです。クロケはアラン・レネの初期の短編三本を撮っていました。そのうち一本『彫像もまた死す』(53)が、レネとクリス・マルケルとの共作だったのです。そのような縁があって、クロケは私を推薦してくれました。

——撮影監督として本格的にデビューされる前、あなたがフレーム担当として携わったエリック・ロメールの処女作『獅子座』(59)は、ヴァカンスで空になったパリ中にロケしていますね。その時と『美しき五月』では、どのように撮影条件が異なりましたか？

PL それはもう、全く違います！ ヌーヴェル・ヴァーグの作家たちはデビュー当時、同時録音での撮影はしていませんでした。六〇キロもの重さのカメラにマイクはついていないし、彼らの考えにも予算にも合わなかった。例えば『獅子座』のサプライズ・パーティのシーンで、ゴダールは同じレコードを何回も、かけているでしょう？　あの場面での同時録音は絶対に無理だと、ロメールは知っていた。後からアフレコで音を入れていたのです。

――『獅子座』ではどんなカメラを使っていたのですか？

PL　あの映画では二種類のカメラを用意しました。一つは先ほどもお話したエクレール社の作品「KMT」。このカメラは一九六〇年代のジャン・ルーシュの作品『ある夏の記録』(61)をはじめ、数多くの映画で使われていました。もう一つは戸外の撮影用に手持ちカメラのカメフレックス。これ一〇分以上の連続撮影が可能な16ミリフィルムで、簡単にマガジンを交換できるので便利でしたが、電動ミシンのような騒音を立てるという短所がありました。

当時はいきいきとした映画を撮る可能性を模索している真っ只中でした。くり返しますが、街に繰り出し同時録音で撮影することによって、映画の撮影は飛躍的に身軽になったのです。

『美しき五月』の録音技師アントワーヌ・ボンファンティと私は、ロープで互いの体を結んで撮影していました。この撮影で私は、映画に撮って音がどれだけ重要であるかを実感したのです。ボンファンティが録《と》っている音を同時に聴きたいと思った私は、ヘッドフォンを用意してくれと頼んだのです。

――『美しき五月』にはあなたの名前が、共同監督としてクレジットされています。

PL　サプライズのクレジットについては、クリスから最後まで秘密にされていました。はじめて映画を見た時、自分の名前が監督としてもクレジットされていることに驚きました。あの時の感動を、どう表現したらいいのでしょうか。クリス・マルケルはそのようなかたちで共同作業した私へ敬意を表してくれた。だからあのクレジットは、ただのギフトではないのです。一九六二年の時点では以前よりだいぶ軽くなったとはいえ、カメラはまだ四キロもの重量がありました。長時間、動かないままでカメラを担いでいることは不可能だった。だからとにかく動き回り続ける必要があったし、その動き方は自分で見つけなければならなかったのです。それで私は一つのスタイルを生み出したのです。凝りに凝った筋肉をほぐすように（笑）トラベリング（移動車に乗せたカメラで撮影すること）、パン撮影（カメラの軸を固定したまま、左右の水平方向へ旋回移動撮影する方法）を行いました。クリスも気に入ってくれた。私の生み出した撮影方法が、作品の価値に繋がったと考えてくれたのです。その後一九七〇年代後半まで、クリス・マルケルとの共同作業は続きました。デジタル・カメラが登場してからは、クリスは一人で編集までこなすようになった。最晩年の彼は小さなワンルームに編集環境を整えて、たった独りで仕事を続けていたのです……。

ヌーヴェル・ヴァーグと『カイエ・デュ・シネマ』

――クリス・マルケルだけではなく、あなたはこれまで多くの映画作家たちと映画を作ってきました。その中で、クリス・マルケルくらい親密な関係を築いた監督はいましたか？

PL　私にとってシネアストは仲間でも、友人でもない。言ってみれば先生のような存在です。もちろん例外的に、友人になったシネアストはいますよ。兵役時代、軍の映画班で知り合ったアラン・カヴァリエ、それからジャン＝ポール・ラプノーも友人と言えます。八〇年代後半には、ジェームス・アイボリーとも親しくなりました。

――あなたのフィルモグラフィーを辿ると、ヌーヴェル・ヴァーグと呼ばれた映画作家たちの作品が、ほとんど見当たりませんね。そのことを残念に思っておられませんか？

PL それは、分からない……。ただ映画史におけるヌーヴェル・ヴァーグの意味をいま、再検討する必要があるのではないかとは考えています。ヌーヴェル・ヴァーグの映画作家を育んだ場所として、『カイエ・デュ・シネマ』という批評誌があったのは素晴らしいことです。その中で特に才能豊かだった四〜五人の批評家が後にシネアストとなって、成功を納めた。彼らには才能があったことはたしかです。でもその成功には後ろ盾として『カイエ・デュ・シネマ』という権威の存在があった。ヌーヴェル・ヴァーグの作家たちと仕事をするためにはまず、『カイエ』の同人と知り合わなければならなかった。そうしないと、仲間同士で褒め合うような閉じられた集団には入れなかった。

でもそんな私ですが、実は大ファンであったヌーヴェル・ヴァーグの監督から、撮影監督の仕事をオファーされたことがあるのです。でもすっかり委縮してしまった私は、せっかくの機会を逃してしまったのです。その映画作家の名前は、エリック・ロメールとジャック・リヴェットです。本当に残念なことをしたと、いまでは後悔しています。

でも一九五七年から一九六三年にかけて、彼らと同じくらい素晴らしい作品を撮っていた映画作家たちも存在していました。ただ正当に評価されていなかっただけなのです。たとえば当時、アニエス・ヴァルダやジャック・ロジエは、ヌーヴェル・ヴァーグのシネアストだとは見なされていなかった。だから批評が追いつくまでの間、彼らはある程度の時間待つ必要がありました。評価されるチャンスすら訪れなかった者もいます。たとえばフィリップ・ド・ブロカ。彼はシャブロルの『美しきセルジュ』(58)、『いとこ同志』(59)、『二重の鍵』(59)の助監督を務めたのに、遂に陽の目を見ることはなかった!

――どのような経緯であなたは、撮影監督になったのでしょう?

PL 一七歳の時、ミュージシャンになるのが私の夢でした。子どもの頃からクラリネットを習っていて、当時は熱狂的なジャズファンでしたから。アメリカ文化を学びたくて一九四八年には、オハイオ州に留学したこともあります。そこで私は学生仲間にフランス映画を見せるシネクラブを主宰していました。やがて音楽から映画へと、私の興味は移っていった。それで帰国するとすぐ、パリ一五区の国立写真映画学校ルイ＝リュミエールに入学したのです。そこでジャック・ドゥミや『鹿島パラダイス』(72)を監督したヤン・ル・マッソンと知り合いました。一昨年に彼が亡くなる最期まで、ヤンとは親しい関係を続けていたのです。あの学校には当時、何ら分け隔てのない素晴らしい友情関係の輪がありました。

兵役が終わった後、私はエキストラとして、ジャック・ベッケルの『7月のランデヴー』(49)に参加しています。その後撮影アシスタントになって、それからは物事が全て、上手く運んでいったのです。ロベール・ダレーヌ監督の『ビゴルヌ、フランスの伍長』*La Bigorne, caporal de France* (58)という「駄作」に関わってしまった以外はね(笑)、すべてが順調でした。この映画の撮影班にはジョルジュ・ロートネルもいましたが……とにかくあの映画は、最悪の出来だった。

でもそれ以降は幸運にも、私はよい作品にばかり恵まれました。アラン・カヴァリエの『島の闘い』*Le combat dans l'île* (62)、ジョリス・イヴァンの『ミストラル』*Le Mistral* (65)、それからフィリップ・ド・ブロカの『まぼろしの市街戦』(60)など。フィリップ・ド・ブロカは王党派で、私はコミュニスト。だから撮影現場では、大いに議論したものです！

恐るべきシネアストたち

――『影の軍隊』（69）の時はいかがでしたか？

PL ジャン＝ピエール・メルヴィルは、あまりに複雑な人間でした。彼が大監督なのは揺るぎない事実。ですが人間として……驚くべきひねくれ者です！ 彼の感情は一瞬にして、愛から憎しみへと転じてしまう。ただ彼の映画の撮影監督を務めることで、素晴らしい経験をさせてもらったのは事実です。過酷な現場ではありましたが、あらゆる技術的な限界に挑戦することができました。

――ジャン＝ピエール・メルヴィルよりもっと「曲者」のシネアストとも、あなたは仕事をしていますね……ロベール・ブレッソンの『白夜』（71）は二〇一二年、日本で再上映されています。

PL 『白夜』は呪われた映画です。私はこの映画のポジフィルムを、アメリカに送ったことがある。フランスではもうこの映画を見ることはできません。当時のプロデューサーだったジャン＝ヴィットリオ・バルディというイタリア人とブレッソン未亡人が、権利の問題で衝突してしまったからです。

ブレッソンは、周囲に自分の意志を伝えるのが苦手な人でした。彼はなるべく説明を省き、人と人との繋がりを避けている面があった。ブレッソンの現場は驚くほど殺伐としていた。撮影当初はうまくいっていたのですが徐々に、しかも確実に雰囲気が悪くなっていったのです。この映画の性格上、夜間撮影が中心だったからか、あるいはブレッソンはもう高齢だったから、疲れが溜まりやすかったのかも知れない……。いずれにせよ彼はいつも不機嫌で、もっとも残酷にふるまう術を心得ていました。特に俳優たちがその標的になった。ブレッソンは誰かに裏切られることを、極度に怖れていたのです。周囲の人間が驚嘆する程に。「自分の意図から外れた演技を俳優がしたら、私の思惑はめちゃくちゃになってしまう」ブレッソンがそう言っていました。それでも彼が偉大な監督であることには、変わりありませんが。

『美しき五月』と同じくらい、私は『白夜』の出来に満足しています。ブレッソンからこんな風にも言われたこともありました。「ピエール、これまで誰もしていないことをしてみよう！」。そして我々は、それを成し遂げたのです！　撮影が終わった時、私は何か突き抜けたように感じました。『影の軍隊』の時と同じです。だから彼らのような偏屈なシネアストから学ぶことが多いのです。

――あなたはジャン・ユスターシュの『ママと娼婦』の撮影もしています。本作が「伝説の映画」となったのは、果たして偶然なのでしょうか？

PL　往々にして作品の評価と撮影現場の居心地の良さは、合致しないものです。いや、むしろ正反対であることの方が、ずっと多い。

ユスターシュの最期については、あなたもご存じでしょう。とにかくあれは、凄惨な現場だった。彼は魅力的であると同時に、あまりに複雑で激しい内面の持ち主でもあったのです。そしてユスターシュその人と同じように、『ママと娼婦』の現場も狂っていた。彼は常に生きがたさを抱えていた。その重苦しさが周囲にもじんわり伝わってくるのです。彼の痛みはあまりに強烈でした。撮影自体が順調に進んでいても、彼の中では何もかもがうまくいっていない。この世に存在するためには不幸であることが、絶対に不可欠だとも言うように……。

――マルグリット・デュラス、ジェームス・アイボリーともあなたは、仕事をしています。

PL　デュラスの現場にはとにかく、愛が溢れていた。そもそも私はデュラスの文学が大好きでした。そして彼女の映画は……純粋な映画的作品ではないとは思います。それでまるで思い出、例えば食卓の思い出、どのようにパスタを茹でるか、それを丁寧に映像で紡いでいくような……。でもそこにはデュラスの強烈な存在が、たしかに感じられるのです。彼女とよい関係を築くことができて、私はとても幸せでした。

ジェームス・アイボリーとは、後年友人になりました。彼と私は同年代で、我々はお互いのキャリアが終盤に差し掛かった頃に出会った。いまではもうアイボリーは映画を撮っていません。でも我々は今でも時々会っています。

――最後にこれまでの撮影監督としての人生、いちばん忘れがたい思い出を一つ、聞かせて下さい。

PL　私自身はそれ程多くの作品を手掛けたとは、思っていません。他の撮影監督ならコンスタントに年間二～三本は撮っています。でも生活に支障を来さない範囲で私は、つまらない仕事を断ってきました。もちろん興味深いシネアストからのオファーや「これは！」という主題であれば、即引き受けてきましたけれど。

とにかく何よりも感慨深いのは、五〇年以上にもわたって映画を撮り続けてこられたことです。撮影監督としてのキャリアを始めた『美しき五月』が今日まで、私を導いてくれた。この映画の修復作業に携わったこともあって、私は最低五〇回、この映画を見ています。でも毎回あらたな感動がある。クリスと一緒にこの映画を撮ってから、どれほどの歳月が流れていても……。

（二〇一三年六月四日　パリ一区、ピエール・ロムの自宅にて）

追記　ピエール・ロムは、二〇一九年七月四日、八九歳で逝去した。

7 映画史を〝書いた〟男

ジャン＝クロード・カリエール Jean-Claude Carrière
脚本という万華鏡

二〇一三年一月一五日、映画監督・大島渚監督が逝去した。政治、家族、貧困、差別、組織などのテーマを過激に追求しつづけた異才・大島渚。一九七六年には大胆な性描写の衝撃作『愛のコリーダ』をカンヌ国際映画祭の監督週間部門に出品。以降、〝世界のオオシマ〟として知られるようになる。その大島が人間とチンパンジーの性愛という「タブー」に挑んだのが、『マックス、モン・アムール』（86）だ。シャーロット・ランプリング主演、ラウル・クタールが撮影監督を務めたこの怪作の脚本を手掛けたのが、この男・ジャン＝クロード・カリエールだった。

『昼顔』（67）、『銀河』（68）、『ブルジョワジーの秘かな愉しみ』（72）、『自由の幻想』（74）、『欲望のあいまいな対象』（77）といったルイス・ブニュエルの後期作品群、フォルカー・シュレンドルフ『ブリキの太鼓』（79）、フィリップ・カウフマン『存在の耐えられない軽さ』（88）――カリエールはこれまでに数々の傑作、名作、奇作のシナリオを執筆してきた。国境を跨ぎ様々な監督や俳優たちと交流を結んできた、まさに映画史の生き証人と言える存在だ。

「大島渚の訃報に接して、あなたの話を聞きたい」そんな依頼に応じて彼は、私を自宅に招いてくれた。パリの映画人が多く暮らすモンマルトル界隈、ヴィクトール・マッセ通りから奥まった一軒家。そこにカリエールは住んでいた。みずから出迎えてくれたカリエール自身が案内してくれたサロンには、アフリカやアジアの彫刻やオブジェがびっしりと並んでいる。それだけで、彼がいわゆる「西洋中心主義」的な価値観とはまったく無縁な男だと分かる。日本の相撲をこよなく愛し、イランやインドなどの東洋文化にも造詣が深い。幅広い教養の持ち主としても、ジャン＝クロード・カリエールは知られているのだ。そんな博覧強記の男の、半世紀以上にもわたる映画人生、めくるめく幻灯絵巻のような物語。私は魔法をかけられたように、聞き入ってしまったのだった。

大島との本物の友情

ジャン＝クロード・カリエール（以下、J＝CC）　まず大島渚は何より、私に相撲の魅力を教えてくれた、まさに恩人と言える存在です。大島は国技館での本場所だけではなく、私を稽古場にまで連れて行ってくれました。本物の相撲取りとの試し稽古まで体験させてくれたのです！　そうして足しげく稽古場に通うことで、私はいつのまにか相撲の専門家になっていた。一時期はフランスのTV番組に、相撲コメンテーターとして出演していたこともあった。イタリアでは「ドラマツルギ

ジャン＝クロード・カリエール
Jean-Claude Carrière
一九三一～二〇二一。フランスの脚本家、作家。フランス南西部、エロー県生まれ。ジャック・タチ、ルイス・ブニュエル、フォルカー・

ーと相撲の関係」について講演してもいます。（フランスの大統領だった）ジャック・シラクとは何度も一緒に相撲観戦したものです。何しろシラクと私は、フランスでもっとも熱狂的な相撲ファンですからね。そのシラクが大統領を辞してから、スポーツ専門チャンネルでの相撲放送が終わってしまった。それはとても残念なことでした。

相撲のドラマツルギーはとてもユニークなものです。形而上学的で、神話的な次元にあるとも言える。力士たちは単なる物語の登場人物なのではなく、「別の何か」を表現してもいるのです。長い時間を厳しい稽古に費やし、そして彼らはほんの数秒間の勝負に臨む――そこに強烈な演劇性が生まれるのです。

――あなたを相撲の世界に導いたその大島渚と、出会ったきっかけは？

J＝CC　それまでの彼の映画はもちろん、見ていました。『愛のコリーダ』（76）は世界的に知られている傑作と言えるでしょう。『愛の亡霊』（78）も非常に興味深い試みだと思いました。

大島本人を知ったのは、『マックス、モン・アムール』（86）の仕事を通してです。ブニュエルのプロデューサーだったセルジュ・シルベルマンが彼と出会うきっかけを作ってくれたのです。シルベルマンは日本に行き、二本の映画を製作する契約書にサインして帰ってきた。一本は黒澤明の『乱』（85）、そしてもう一本が大島渚の『マックス、モン・アムール』です。シルベルマンが間に入ることで私たちは、脚本を共同執筆することになった。でも大島とはその仕事以降も交流し、それは彼が亡くなるまで続きました。これは本物の友情です。大島がパリの私の家を訪ねてきたこともあります。そして私が日本に行った時にはいつも歓迎してくれたものです。

『マックス、モン・アムール』の仕事場は、東京のホテルの一室でした。初めて会う約束をした日、私は雑誌をパラパラめくりながら、大島を待っていた。そうしたらなんとっ！　そこに大島渚

シュレンドルフ、大島渚、フィリップ・カウフマン、ジャン＝ポール・ラプノーら、数多くの監督と組み、手がけた脚本は一〇〇本以上。六〇年代以降のフランス映画界を牽引した脚本家といえる。著作には、ウンベルト・エーコとの共著『もうすぐ絶滅するという紙の書物について』（邦訳、工藤妙子訳、CCCメディアハウス、二〇一〇年）などがある。

が眼鏡の広告モデルとして、載っているじゃありませんか！　山本寛斎のモデルをするほどエレガントな男だとは、聞いていましたけれど……。

私の滞在中、大島は毎日違う衣装をまとってやって来ました。山本寛斎の服、サムライの衣装、時には一九〇〇年代の羽織をはおっていたり……今日の大島はどんな恰好で現れるのか？　私はいつも、ワクワクして待ったものです。しかし立襟、小さな鞄、木のトングといった、中国僧のような姿で現れた時は、さすがにたまげましたね！

でも少しずつ、私は分かってきました。衣装を変えることで大島は、仕事の進め方をも変えようとしていたのだと。だって中世の中国服を着ている人物と、山本寛斎を着ている人物。どちらとも同じようなやり方で仕事をするなんて、できるわけがないでしょう！　つまり服を着替えることで共同作業に、新たな風を吹き込む。それが大島流の「演出」だったんです。

シナリオの執筆は毎日五～六時間。休憩時間にＴＶで相撲観戦するのが楽しみでした。

――あなたにとって、大島渚監督の存在を一言でいえば？

J＝CC　小津は私にとって、神のような存在。その小津・溝口・黒澤より下の世代で最も興味深い映画作家、それが私にとっての大島渚なんです。『戦場のメリークリスマス』（83）を私は、何度見たことでしょう！　『マックス、モン・アムール』で彼と仕事したフランス人スタッフたちは皆、大島を敬愛していました。彼は常に周囲と適切な距離を置いていた。アメリカ人やラテン系みたいに、すぐに慣れ慣れしく肩を叩いてくるような人間たちとはまったく違う。品位のある振る舞いです。私が知っている大島渚は、日本という国とは切り離せない。私は、もう三四年もコラボレーションを続けているピーター・ブルックと一緒に、何度も来日しています。でもいつも日本の印象は、大島を通して感じた日本のそれとは、一八〇度違う……。

そして、もちろん彼は比類なき芸術家であり、一貫したヒューマニズムをもつ人物でもある。だから彼の映画に私たちは、深い感銘を受けるのです。

猿と外交官夫人

——『マックス、モン・アムール』のシナリオ執筆の作業は、どのように進められていったのでしょう？　あなたの発想からスタートしたと聞いていますが。

J＝CC　まず私は、八頁くらいのシノプシスを書きました。そして何人かの脚本家が書いたシノプシスから大島は、私のものを採用してくれたのです。どうやら猿が登場するのが気に入ったようですね。

——外交官夫人と猿が愛人関係にあるという設定は、かなり挑発的で大胆不敵ではなかったですか？

J＝CC　それまで奇想天外な発想をした結果採用されなかったことはありました。でも大島は、このアイデアをすぐに気に入ってくれた。そしてこれまでの人生を話し合いながら、物語を膨らませていったのです。まずは私が二度日本まで行き、最後は彼がパリに来て、最終稿を仕上げました。執筆作業から撮影まで、すべてがスムーズにいきましたよ。プロデューサーのシルベルマンは、オーガナイズの天才でしたからね。

——当時、大島監督はあなたのことを既によくご存知でしたか？

J＝CC　私のそれまでの仕事について何を言われたか、その記憶はありません。でも私の存在は知っていたようです。

東京滞在中はいつも昼食を共にして、長い時間を過ごした。あちこちのレストランにも連れて行ってくれた。そうそう！　ある日は、中国から届く蟹があるからといって早朝、魚市場まで連れて行ってくれたこともありました。とにかく、その日じゃなきゃ駄目だからと。

――主演にシャーロット・ランプリングを配役するというのは、あなたのアイディアですか？

J＝CC　彼女を推薦したのは私ではありません。でも彼女とはそれ以前に、一緒に仕事したことがありました。パトリス・シェロー監督のデビュー作、ジェームス・ハドリー・チェイスの原作を脚色した『蘭の肉体』（78）で、です。シャーロット・ランプリングだけではなく、ファブリス・ルキーニの怪演も楽しかったでしょう。

――あのディナーの場面には、ブニュエル映画を彷彿させられました。

J＝CC　ブニュエルっぽいとは言えませんよ。だって彼が猿が主演の映画を撮るかなんて、想像もできませんから！

――あの猿の着ぐるみの中には、ダンサーが入っていたそうですね。

J＝CC　ええ。ヒュー・ハドソンが監督した『グレイストーク　猿人類の王者　ターザンの伝説』（83）に出演していた女性です。『マックス、モン・アムール』の猿の芝居は実に七五％、彼女が演じているのです。実に素晴らしかったでしょう。着ぐるみと本物の猿、それから睫毛、目、口の動きを見せるために作った頭、撮影ではこの三つを用意したんです。もちろん本物の猿だけを使っての撮影なんて無理だということは、はじめから分かっていました。そもそも猿と人間の女性が性交して愛情を分かち合うなど、あり得ない。なぜって本物の猿は、もの凄く早漏なのですよ（笑）。

――そうなのですか！　劇中、あらゆる分野のスペシャリストが、「人間と猿の愛が可能かどうか？」実験していきますね。

J＝CC　猿と人間の性交が可能か？　それを実地で試すことまではしませんでしたが（笑）。

――とはいえ、すごくリアリティがあります。あえてタブーを扱いながら、ブルジョワ社会への批判精神を感じました。

J＝CC　まず、特撮を多用するような映画は絶対に作りたくなかった。だからパリの日常的な生活風景をセットで作ったのです。一つだけ不可解な要素を入れたとしたら、ビクトリア・アブリル演じる女中役について、ですね。猿がアパートにやってきて以来、彼女はアレルギーにかかってしまう。実にはまり役でした。それ以外は、すべての奇妙な現象が、ごく当たり前のように進んでいきます。夫は猿を受け入れる。二人と一匹の三角関係も、最初はうまくいったでしょう。

――大島監督の完璧主義が、フランス人スタッフを驚かせたとも聞いています。

J＝CC　夫が妻と猿の密会現場を目の当たりにする場面では、特にそうでした。あそこはすごく狭い場所で、視線と視線を切り返して撮影しています。普通、切り返しの構図での照明は、現場全体を照らすものです。でも大島はワンカット、ワンカット、照明を作り直して撮っていった。だが撮影班で、大島のことを悪く言う人物は一人もいませんでしたよ。

もうひとつ、いまでもはっきり覚えている出来事がありました。昼食休憩中にあるフランス人のプロデューサーが大島に、CMを撮らないかと提案したのです。レストランを出た途端、大声で大島は「ノー！」と叫んだ。彼が声を荒げたのを見たのは、それが最初で最後です。大島のこの頑な態度に、私は感銘を受けました。

――あなたの脚本のどこが気に入ったのか、大島監督と話したことはありますか？

J＝CC　私はどの映画作家とも、セオリーについて話すことはありません。それは批評家の仕事です。お互いの領域に足を踏み入れない。それが鉄則ですから。

ブニュエルの魔力

――あなたの膨大なフィルモグラフィーについて、お話しいただけませんか。

J=CC　私はこれまで多くの作品を手掛けてきましたが、自分で作品を選んだわけではありません。デビュー当時からうまくいったラッキー・ボーイだったとは言えますが。ピエール・エテックスの短編『仲たがい』(61)がオスカーの短編賞、長編デビュー作『女はコワイです』(62)はルイ・デリュック賞を獲得しています。そしてその後すぐに、ブニュエルの『小間使いの日記』(63)の話が舞い込んできたのです。

――ブニュエルとは二〇年間もコラボレーションを続けられました。彼との出会いは?

J=CC　最初、シルベルマンから連絡がありました。ブニュエルの次回作のために、脚本家を探しているというのです。当時の私はまだ、ピエール・エテックスの作品やアニメのドキュメンタリーに携わっただけ。右も左も分からない若造でした。もちろんブニュエル作品の大ファンではありましたがね。そして一九六三年のカンヌ映画祭中でブニュエルに会うためだけに、現地に行ったのです。待ち合わせのモンフルーリー・ホテルで、ブニュエルは挨拶をするなり、「君はワインを飲むかな?」と鋭い目つきで聞いてきました。「私の一家はブドウ園を経営しています」と答えた時、ブニュエルの表情がぱっと輝いたんですよ。それから一〇数年後に言われたことがあります。「もし君に才能がなくても、我々にはワインという共通の話題があったね」と(笑)。

――まるで映画のようなエピソードですね。その後、ブニュエルとの仕事はスムーズに進んだのでしょうか?

J＝CC　『小間使いの日記』を一緒に脚色した時、私は委縮し過ぎていました。そしてブニュエルの質問に対して全て、「イエス」と答えていたのです。とにかくブニュエルを崇拝してましたから！　でもある日、シルベルマンから夕食に招待され、そこでブニュエルにもっとはっきり意見を伝えるように、きつく言われたのです。後に聞いた話ですが、その夕食の席はブニュエルがセッティングしたという。それ以来私たちは二〇年間、共感と共謀に基づく長い関係を続けたのです。

――その間にも、他の監督の作品を手掛けています。

J＝CC　ピエール・エテックスにはよくいわれたものです。「ブニュエルの元から戻ってきたら、毎回、君はすっかり人が変わっているよ」と。人の価値観を覆したり、無意識の内に彼を模倣させてしまう。ブニュエルにはそんな「魔力」があるんです。だからブニュエル映画専属になるのではなく、いろんな映画作家と仕事することを選んだのです。

――あなたの作品の根底にはシュルレアリスムが重要な位置を占めているように思うのですが。

J＝CC　一五歳の頃、生まれて初めて大きな衝撃を受けた本が、アンドレ・ブルトンの『シュルレアリスム宣言』でした。その頃は全く理解できてはいなかったでしょう。でもあの本に出会って以降、読むに値しない本を読まなくてすんだのです。ブニュエルに出会う前から、シュルレアリスムの精神が根底に流れている『アンダルシアの犬』(28)、『黄金狂時代』(25)、『糧なき土地』(33)に魅了されて何度も隅々まで観ていました。シュルレアリスムといえば、滑稽なアメリカ映画には必ずシュルレアリスムの要素がありますね。たとえばキートンやチャップリンのコメディを見る時、私は大きな高揚感と幸福感に包まれます。まるでプルーストにとってのマドレーヌのように、幼少期の記憶が蘇ってくる。ブニュエル自身が一九三〇年代のバスター・キートンの映画に関する大きな記事を書いたことがあるんですよ。

――シュルレアリスムをその後のパリにおきかえると、自動的にブルジョワジーへの皮肉へと繋がっていったのでしょうか。

J=CC　『ブルジョワジーの秘かな愉しみ』(72)というあのタイトルは、一番最後についたのであって、別にブルジョワジーの世界に興味を持っていたわけではありません。友人たちがディナーをしようとして、その間に起こる出来事をスケッチのように綴ってみたのが、そもそもの始まりでした。もし私とセルジュ・シルベルマンがブニュエル映画に少しでも貢献できたとするなら、戦前とは別の手法を見つけだす手伝いしをしたということでしょう。第二次世界大戦後、シュルレアリストは大きな困難に突き当たっていました。ホロコーストの後、果たしてスキャンダルを起こすことができるのかという大きな疑問符があった。アウシュビッツと広島で起こった惨事の後、子供じみた悪ふざけを続ける意味があるのか。シュルレアリストたちは悩んでいたのです。ブニュエルは私と会う前、アンドレ・ブルトンとのディナーの席で泣いていたそうです。「もうスキャンダルを起こすことはできない」と。

でもそういう時期を過ぎて彼は、独特の世界を貫きながらも、たとえば目の球を剃刀で剃ったりする必要のない別の表現法を見つけた。その面では、おそらく少しはブニュエルの役に立ったのではないでしょうか。

――あなた自身、タブーを扱うことを楽しんでいらっしゃるのではないでしょうか?

J=CC　私が興味を持っているのはただ、いいシチュエーションといい物語だけです。私が本当に心を奪われるのは相撲のように、フランスではなく外国の文化。なぜか自分が属する文化とは違うものに惹かれてしまうのです。もしあなたが知りたければ、ヘテロセクシャルについての私の見解を申し上げましょうか?　あ、これはカミングアウトではありませんよ(笑)。

──それはまた、別の機会にお願いします（笑）。

J＝CC　これまで何度か、フランス革命を映画化するという企画を持ち込まれたことがあります。私は歴史家としてのディプロム（学位）も持っているからでしょうか。でもルイ・マルが監督するという話には、まったく興味を持てなかった。同じフランス人として、同じ文化のもと、同じ本を読んで育った人間が描くフランス革命の映画になんて、何の面白味もありませんからね！　でも戒厳令下にある共産主義国ポーランドのアンジェイ・ワイダが『ダントン』（82）の指揮をとるという企画には、すぐに飛びついた。フランス革命の中心人物ジョルジュ・ダントンを、ポーランド人が撮るというのですから！　しかも原作は二〇年代に自殺した女性作家スタニスワヴァ・プシビシェフスカだという。だからそこには壮大な背景が潜んでいたのですよ。

　私の人生における最大の冒険は、まずこのワイダの『ダントン』に関わったこと、ピーター・ブルックとの長年のコラボレーション、そして一一年も研究を続けるインドの抒情詩「マハーバーラタ」。この三つに尽きます。

　ピーター・ブルックの演劇では、毎日俳優たちの稽古に立ち会います。これまでに彼とは一二回もの舞台を作ってきました。しかも私は各公演ごと、二〇〜二五回は巡業に付き添って細かいメモをとるのです。俳優をその登場人物の中に入れ込むこと。演劇においてはそれが最も重要なことだと思っていますから。

──俳優の演技のおかげで、脚本がより生きることはありますか。

J＝CC　もちろん。たとえば『シラノ・ド・ベルジュラック』（90）のジェラール・ドパルデューは、その典型例です。監督のジャン＝ポール・ラプノーと私は、ドパルデューが役作りに入る前に、お願いしました。「台本をすべて読んで、カセットに吹き込んで欲しい」とね。彼は見事にシラノを朗読しました。それだけではなくロクサーヌまでをも演じ、女性の心理までも表現してみせた。ドパルデューの声には、脆さ、弱さ、躊躇があるのです。ぐんぐん巨大化していくその体つきとは対照的にね（笑）。

『昼顔』（67）のドヌーヴの場合もそう。ブニュエルの奇怪な評判を聞いていた彼女は最初、ひどく怯えていました。それで初日の撮影は、全然うまくいかなかったのです。それに彼女は服を脱ぐことにも抵抗があったよう。『昼顔』に彼女の乳首は映っていません。けれども自然に反した性愛、いわゆるソドミーと呼ばれる行為など、あらゆるタブーが語られている。だからドヌーヴが躊躇するのも分かります。彼女は賢明な女優です。だから具体的な映像にはないものの、神を冒瀆するような仄めかしに気付いていました。でもうまくいかなかったのはクランクインして二日間だけ。彼女はすぐ、ブニュエルに信頼をよせました。そしてふたたびタッグを組んで『哀しみのトリスターナ』（70）を撮ったのです。

――『昼顔』の衣装を担当したイヴ・サンローランは、あなたがブニュエルに紹介したそうですね。

J=CC　当時、ミニスカートが流行していて、ドヌーヴはそのスタイルを映画に採り入れるようブニュエルに提案しました。でもある時代の流行というものは、時間を経ると古びて見えてしまうことがある。多くの映画作家はそこまで考えません。だがブニュエルは彼の作品が生き続けるとを最初から念頭に置いていたのです。

そこで私はサンローランのアトリエに、皆を連れて行きました。ブニュエルとサンローランは、すぐに打ち解け仲良くなった。そしてミニスカートではなくサンローランの衣装が映画に採用されたのです。『昼顔』はブニュエルの作品群で唯一、ファッショナブルな映画ではないでしょうか。

――ミラン・クンデラの『存在の耐えられない軽さ』（88）の脚本を手掛けた時のことを、聞かせてください。クンデラはインタビュー嫌いで、すごくシャイで頑固な人物だと知られています。

J＝CC　昔は違いました。彼はすっかり変わってしまったのです。

最初に彼に会ったのは、チョコスロバキア時代です。ミロシュ・フォアマンの『パパ／ずれてるゥ』（71）の撮影時に私は、『存在の耐えられない軽さ』が映画化されるという話を聞きました。古典的な文学作品を映画言語に置き換えるのは、とても困難な作業です。この小説の脚本化の話があった時、絶対不可能だと周囲から猛反対されました。「この哲学的で、まるでベートーベンの交響曲のように構成された文学作品を、映画にできるわけがない」と、皆が口を揃えた。だが私の中には不思議と、いくつかの映像が浮かんできたのです。そこで、どのようにすれば映画として成立するか、私のプランをクンデラに送りました。その頃からクンデラとは、頻繁に手紙のやり取りをはじめたのです。クンデラとの話が尽きることはなかった。なぜなら彼はトルストイ・ファンで、私はドストエフスキー・ファン。だからしょっちゅう議論したものです！

クンデラと交わした手紙は全て、大切に保管してあります。それらの中に、原作にはないが、映画のために私が考えたアイディアが二〜三箇所、書かれているのです。

『ブリキの太鼓』（79）の原作者ギュンター・グラスの時もそうでした。こちらからシナリオの提案をして、積極的な反応が返ってきたらいい兆候です。グラスから興味深い指摘をされたことがあります。彼はポーランド出身で、それほど敬虔なカトリックではなかった。ダンツィヒという小さな町で、ポーランド人やドイツ人など様々な民族の中で生まれ育ったのです。つまりドイツ人監督のフォルカー・シュレンドルフですらニュアンスの分からないダンツィヒ固有の地方性を、映画に入れたがったのです。グラスは最終稿に、その地方に典型的な表現を一〇個くらい付け加えてきました。その結果に彼はとても満足して、映画の公開日にめでたく結婚したのです。ところでついさつきまでフォルカー・シュレンドルフは、ここにいたのですよ。

――彼との新しいプロジェクトがあるのですか？　それとも近くに住んでいるのでしょうか？

J＝CC　彼はすぐ隣にアパートを持っていたのです。今は（彼の）元妻のものになってしまいましたがね。フォルカーのことは、彼がルイ・マルのアシスタントをしていた頃から知っています。今朝は、我が家に朝食を食べに来ていたんですよ。

ゴダールとキアロスタミ

――『勝手に逃げろ／人生』（79）のゴダールとは、どのような関係でしたか？

J＝CC　とてもいい関係でしたよ。つい最近、スイスに旅行する機会があったのですが、結局彼と会うことは叶いませんでした。

　私はジャン＝リュックとキアロスタミの映画を見に行った日のことを、いまでもよく覚えています。『オリーブの林をぬけて』（94）があまりに素晴らしかったので、私たちは二回連続でその映画を観たのです。ゴダールも私もそれまでに、かなりの量の映画を見てきている。しかし遠いイランの監督が、私たちがまだ出会ったことのない映画言語をもたらした。そのことに心底驚いたのです。まったく新しいシンタックス（統語法）を運んできたのですから！　どうのような方法でキアロスタミは、このような映画を作り出したのだろう？　ゴダールとは私は、一緒に思考を巡らせたのです。

――あなたは『トスカーナの贋作』（10）に俳優として出演されています。キアロスタミに多くのアドバイスを与えたと言われていますが。

J＝CC　脚本にはまったくタッチしていませんよ。それは私が主人公の男性にアドバイスを与えるシーンのことを言っているのでしょう。「彼女の隣を歩いて、そっと肩に手を触れなさい。この単純なしぐさが、全ての問題を解決してくれる」というあのセリフ。あのシーンは八分に及ぶワンショット、演技は難しかったですね。

キアロスタミから出演のオファーを受けた日のことは、よく覚えています。ちょうど私がイランに滞在している時、電話をもらったのです。「君にピッタリの役を用意した」と言うので、私は即決しました！　その後、シナリオが送られてきたのですが、私のセリフが書かれているはずの部分には「好きなことを言えばいい」と書いてあった（笑）。そしてロケ地のトスカーナに発つ前、彼はこう言いました。「君の妻を演じるフランス人女優と一緒に、こちらにいらっしゃい。誰を選ぶかは、任せる」と。キアロスタミはフランスの女優のことを、まったく知らなかったのです。困った私はジャン＝ピエール・マリエルに頼みました。「君の奥さん（アガット・ナタンソン）を数日、お借りしてもいいかい？」するとマリエルは答えた。「永遠にでも連れて行ってくれ！」（笑）。

フィレンツェの空港に着いたらなんと、主演のジュリエット・ビノシュが迎えてくれたのです。あれはすごくチャーミングなひと時でしたよ。

——あなたは俳優たちと、とてもいい関係を築いていらっしゃいますね。一般的に脚本家はそうなのですか？

J＝CC　いい脚本家の場合はね（笑）。監督が俳優に何かを伝えたい時、脚本家を通してやるというのはよくあることです。これは世界中の監督を悩ませていることですが、とにかく撮影中は時間がない。だから多くの場合、監督は俳優とコミュニケートする余裕がないのです。たとえばブニュエルは一切、演技指導をしません。例えば『小間使いの日記』の時、ジャンヌ・モローが私に訴えたものです。「ブニュエルは演技指導をしないから、とても不安だわ」。ジャンヌはフラストレーションを抱えていました。だが実際には、ブニュエルは彼女の演技にすっかり魅了されていて、手を加えてはいけないと思っていたのです。

——最後にひとつ、あなたは清少納言のファンだとお聞きしました。それで、一一世紀の日本の宮中を舞台にした脚本を書かなかったことを後悔されていると、発言されているようですが。

J=CC　とんでもない、脚本化なんて大それたことが、できるわけがありません！　『枕草子』は片時も肌身離さない、私の愛読書です。モーリス・ベジャールから勧められて手に取り、一気に読みました。一一世紀の日本の女性で、私にはあまりに遠い存在。だが清少納言を自分の姉か妹のように、身近に感じたのです。

——清少納言のどこに惹かれるのでしょうか？

J=CC　たった一瞬の印象、旋律、動揺、背景の描写が秀逸です。愛人が出て行く時の風の音、息を呑むような数秒を見事に表現しています。

例えばいくつか、私の好きな箇所を暗唱しましょう。▼1 “manger des fraises dans l'obscurité”（暗い時に、いちごを食べているの）一度は試すべきでしょう、きっと恐ろしいに違いありませんがね。“un lotus épineux”（水ふふき〔鬼蓮、葉や茎に刺がある〕）、“une fête où l'on ne connaît personne”（人の顔を知らないで見物しているの）、その繊細な観察眼、感性に驚かされる。

他にもあります。“Choses qui font naître un doux souvenir du passé”（過ぎ去った昔が恋しいもの）、“un jour de pluie où l'on s'ennuie, on retrouve les lettres d'un homme jadis aimé”（しみじみと心にしみておぼえた手紙を、雨などが降って、一人やるせない日に探し出したの）、そしてとりわけ気に入っているのが、“un homme qui a beaucoup de cheveux et qui les fait sécher après s'être lavé la tête”（髪の多い男が頭を洗って

▼1　（）内に記した『枕草子』の現代日本語訳は以下の文献を参照した。『枕草子〔能因本〕』松尾聰・永井和子訳注、笠間書院、二〇〇八年。

乾《ほ》すあいだ）。

……とても想像もつかない発想です！　摩訶不思議な目録のようだ。時空間をタイムスリップして、夢心地にさせてくれる。日本文学の最高峰が二人の女性だということは、私にとっては最大のミステリーなのです。

（二〇一三年三月一日　パリ九区、ジャン＝クロード・カリエールの自宅にて）

追記　カリエールは、二〇二一年二月八日、八九歳で逝去した。

8 映画に見出された親子

フィリップ・ガレル
永遠の青年を生きる

Philippe Garrel

「ガレルは息を吸うように映画を撮る」ジャン＝リュック・ゴダールはかつて、そう言った。フィリップ・ガレル、ヌーヴェル・ヴァーグの精神を継承する「ポスト・ヌーヴェル・ヴァーグ」と呼ばれる映画作家の代表格といえる存在だ。弱冠一六歳にして短編映画を発表。以来彼は一貫して〝愛の傷み〟だけを描きつづけてきた。デジタルでの撮影がほとんどになったいまでも、ガレルは、35ミリフィルムにこだわる。映画の原点を忘れない、フィルムに刻み付けられた光と闇の像によって、普遍的な〝愛〟を追求するために……。

二〇一六年一一月、『パリ、恋人たちの影』(15)の日本公開にさきがけて、私はパリで、ガレルへのインタビューを試みた。待ち合わせのカフェに早めに到着すると、そこには一心に何かを書いているフィリップ・ガレルの姿があった。彼は〝偏屈〟〝頑固〟〝孤高の人〟などと言われてもいる。しかし実際に会って話してみて、一途に映画へと向かう彼の姿勢に心を打たれたのだ。妥協のない映画作りを続けてほしい、このまま我が道を突き進んで欲しい。そう願わずにはいられなかった。

新たな愛の可能性

――『ジェラシー』、以来、あなたは嫉妬という感情を軸に、変化していくカップルの関係性を描いてきました。本作『パリ、恋人たちの影』ではこれまでのあなたの映画よりクローズ・アップを多用していて、観客が登場人物の感情にピッタリ寄り添える、そんなタッチになっていたように思います。

フィリップ・ガレル（以下、ＰＧ）　『ジェラシー』(13)、『パリ、恋人たちの影』(15)、『つかの間の愛人』(17)の三部作で、私は、嫉妬をめぐってうつろう男女の感情を描いています。フロイト的な主題を扱った映画だとも言える。登場人物を三人に限定し、恋愛心理、つまり嫉妬と欲望……私はそこに、新たな愛の可能性を見出そうとしたのです。そのためにどの映画もモノクロフィルムで撮影し、上映時間は一時間一五分に統一した。だからこの三本の映画は、短編を三本編んだかのような構造になっています。

――『ジェラシー』はあなたの父モーリス・ガレル[1]の実体験が元になっています。彼は三〇歳の頃、あなたの母親を捨て、別の女性に走った。そこから起こる悲劇が描かれていた。それに対して『パリ、恋人たちの影』では、自分の夢を捨てて、映画監督の夫を支える妻が登場する。そして映

フィリップ・ガレル
Philippe Garrel
一九四八～。監督。パリ郊外、ブローニュ＝ビヤンクール生まれ。一六歳で短編『調子の狂った子供たち』*Les enfants désaccordés* で監督デビュー、「神童」と言わしめる。七〇年代はローマで出会い結婚した歌手ニコを主演に『内なる傷痕』(72)、『孤高』(74)など実験映画を七本製作。その後商業映画に復帰。俳優である父や息子を起用し、私小説的で親密な作品を撮るようになる。代表作には『自由、夜』(83)、『ギターはもう聞こえない』(91)、『白と黒の恋人たち』(01)、『愛の誕生』(93)、『恋人たちの失われた革命』(05)など。

画制作に行き詰まりを感じた夫は、研修生と恋に落ちていきます。この物語にも、あなたの自伝的要素が入っているのでしょうか？

PG この映画のように夫婦それぞれに愛人がいるということ自体は、決して珍しいことではありません。むしろ普遍的なテーマだと言える。私は人生におけるごくありふれた断片からインスピレーションを得ているのです。つまり日常のささやかなシチュエーションを切り取って混ぜ合わせ、貼りつけ、そして想像を膨らませる――そのように物語を作ってきた。愛が絡み合い連なっていくことで、この映画の三角関係は思ってもいない顚末を迎える。

この三作に共通することは「メソッド」です。一作一作、話を広げていくのではなく、各作品ごと一つのテーマに絞り込んだ。そして三作とも二一日間で撮影され、シナリオの順番に沿って撮影されている。しかも撮影と並行して編集していったので、それまでの物語を把握しながら映画を作り進めていくことができた。だから快適に演技できる環境を、俳優たちに提供できたとも思っています。

――あなたはリハーサルを重ねて、いざクランクインすると、ワンテイクで撮影されるといわれています。

PG 撮影に入るまで一年近くかかりました。毎週土曜日に集まってリハーサルを繰り返したのです。そこで俳優たちの様子を見ながら、セリフを変更することはあります。でもいざ撮影現場に入ったら一言一句、シナリオは書き換えません。シナリオに沿って時系列通りにワンテイクで撮ること、そしてシネマスコープで撮ること。これは最初から決めていました。

――35ミリのアナモルフィック・レンズを使ったシネマスコープですね？

PG これは私に許された、ほぼ唯一の贅沢だといえます。シネマスコープを使うことによって、

▼1 Maurice Garrel
一九二三〜二〇一一。トリュフォーの『柔らかい肌』（64）、『黒衣の花嫁』（68）などヌーヴェル・ヴァーグからポスト・ヌーヴェル・ヴァーグ世代の経験を経て、現代映画まで駆け抜けた俳優。フィリップ・ガレルの短編デビュー作『調子の狂った子供たち』（64）から『灼熱の肌』（11）まで、ほぼ全作品に出演している。

より美しい映像を撮ることができる。つまり画面の片隅にある些細な背景までもフレームに収められるので、他では得られない奥行きが生じたのです。

――登場人物の心の動きや葛藤まで、ひしひしと伝わってきました。

PG シネマスコープで撮ると、人物をただ見せるだけではなく、画面に奥行きが生まれてくると思っています。ですからこの三部作はすべてフィルムで撮影し、同じ予算で作りました。しかも素早く短期間で撮れた。一作目は二〇一三年、二作目は二〇一四年、三作目は二〇一六年に製作と、間を空けずに次々と撮影しました。

――これらの作品に共通しているのは、成熟を拒否した男女が描かれていることです。彼らはいくつになっても恋に身を焦がし、苦悩しそして、歓喜します。私たちはこんな純粋な愛に生きることができるのでしょうか？　これはあなたの強迫観念なのでしょうか？　〝永遠の青春〟を生きるという、これまで描いてこられたテーマ。これもあなたご自身の強迫観念なのではないでしょうか？

PG それはあなたの解釈ですね（笑）。私が映画によって語るとき、そのように思ったことは一度もありません。でもあなたにとって私の映画がそのような意味を持つのであれば、それはそれでいいのでしょう。

――この三作品では、物語の中で描かれている女性像にとりわけ目を見張らされました。『ジェラシー』のアナ・ムグラリス、『パリ、恋人たちの影』のクロチルド・クロー……どちらも素晴らしい。この二人の女優がこれほど繊細な演技をする姿を、私はこれまで見たことがありません。

映画作家の人生、俳優の人生

——あなたは『白と黒の恋人たち』（01）以降、パリの国立高等演劇学校（コンセルヴァトワール）で演技の指導をされていますね。教鞭を執るようになってからあなたの俳優への向き合い方は、ずいぶんと変わったのではないでしょうか？

PG　学生を指導するようになって、私は以前より俳優に注文することが多くなりましたし、俳優との関係性も変わりました。若い学生たちを演出する素晴らしさを知ることができて、いまはこの上ない喜びとやりがいを感じています。まず、俳優はうまく演技できることが第一です。私の映画に登場する若者たちは皆、演劇学校の元教え子や元在籍生たちで、エキストラは一切使いません。演技を学んだ経験のある者ばかりなので、撮影現場はまるで演技実習をしているような熱気に包まれている。スタニスラフスキーの俳優教育システム[▼2]を実践している。そんな環境でした。

——あなたがいま高等演劇学校で俳優指導をしていることは、俳優だった父親のモーリス・ガレルをはじめ芸術一家に育ったことに関係していますか？

PG　それは、間違いなくあります。俳優の育成に興味を持つのは、俳優の人生が精神的にも肉体的にもいかに苦しいものであるか、私自身よく知っているからです。俳優とは監督より遥かにずっと、苦しい職業なのです。私は父の背中を見ながら、俳優の人生がいかに苦しいものであるかを、いつも感じていました。だから私はいっそう俳優を大切にしている。学生にも、注意深く公平かつ真摯な姿勢で接しています。

俳優を演技指導することは、監督としての自分を訓練することにもなります。それに対して大学

▼2　俳優が演技を創造していく上で、より自然で的確な表現をするために、俳優自身の持つ感情や感覚を呼び覚まし、よりリアルな演技へと導いていく訓練法。徹底した演技指導により化学反応が起きて、俳優は普段より何倍もの演技力を発揮することになる。

や映画学校で監督の仕事を教えることに、私は一切興味がありません……。

俳優たちが最高の演技を披露すること――映画ではそれが、いちばん大切なのです。演出の要は的確な演技指導、映画の核は俳優なのです。


――『灼熱の肌』（11）をローマで撮影した時、あなたは父親のモーリス・ガレルからイタリアのスター女優モニカ・ベルッチを起用するよう勧められたそうですね？


PG　父にこう言われました。「モニカはまだ本物の俳優ではないが、あの役にふさわしい。この映画によって彼女は女優として、開眼するかもしれない」と。はじめて会った時、彼女はまるで新人女優のようでした。でもそれがかえってよかったのです。クランク・アップの時には「私も今なら高等演劇学校に入れるかしら？」と、モニカから言われたくらい（笑）。『灼熱の肌』の撮影現場で、私はひたすらモニカに演技の訓練をしていた。やっと撮影が終わって、出来上がったプリントを父に見せたら、「モニカ・ベルッチだって、普通に演技ができるんじゃないか」と感嘆していましたよ！

映画や演劇へのアプローチについて、父とは常日頃から議論を交わしていました。こんな非常に印象深いことを言われたことがあります。「最も危険なのは、演技の下手な俳優を使うことだ。不適切な演技指導を受けて、しかもそれに気付かずに実践してしまっている。そんな俳優を使ったらもう、取り返しがつかない」。

いつも思うことですが、フランスにおける芸術教育は軽視されています。徹底的な俳優指導を行う監督は非常に少ない。そもそもフランスでは公立でも私立でも、演劇学校の俳優コースに重きを置いていません。まるで存在しないに等しい。映画学校の監督科にすら、俳優指導の講義はない。どのように俳優に演技をつけるか、それが映画監督にとって最も大切なことであるにもかかわらず、です。

――配役についてお聞かせください。

PG 普段、キャスティングの時は、まず役者を一人選び、その役者と化学反応を起こすことができる相手を探します。テストを繰り返し、その二人の役者と相性のいい三人目の俳優を選ぶのです。

――あなたは「ロベール・ブレッソンは無名の役者を使う。でも数ヵ月つきっきりで演技指導をしていたら、アマチュアも次第に本物の役者になるのだから」と言っています。

PG たとえば六〇回も同じシーンを繰り返したら、最高の演技とまではいかなくても一回くらい、そこそこの演技はできるでしょう。道端で誰かをスカウトして成功する可能性がゼロだと、私は言いたいのではありません。でも可能性としては一〇〇分の一程度だと思います。天性の才能を持った俳優など、ほぼ存在しない。本番までにリハーサルを重ねることで、彼・彼女たちは俳優になっていくのです。

ところで私にとって不思議でならないのは、フランス以外ではじめて私の映画を配給してくれた国が、日本であることです。それまで私の映画はヨーロッパのシネマテークで上映されたことはありましたが、劇場で一般公開されたことはなかった。九〇年代はじめになって、日本ではじめて『秘密の子供』(79)が劇場公開されたのです。

――日本では二〇〇〇年代に入ってからも、あなたの特集上映は時々開催されています。あなたの妻だったシンガーソング・ライターのニコが主演した『内なる傷痕』(72)や、そのニコとジーン・セバーグを起用した『孤高』(74)などを、私は東京の映画館で見ました。日本であなたはヌーヴェル・ヴァーグの後継者として、常に次世代の監督として紹介され続けてきたのだと思います。

PG それはとても嬉しいことです。最近はソウルの近代美術館やベルリンでレトロスペクティブが開催されています。ようやく私の映画が広く語られるようになった。でもいちばん早く私を認めてくれた国は、日本なのです。

――あなたの作品は時代によってスタイルが変わります。青春時代、ニコを主演に七作撮ったアンダーグラウンド時代、叙述の時代、シンプルに物語を語るようになった時代、ロマネスクの時代、それから今回の嫉妬にまつわる三部作[▼3]……とはいえ、あなたをヌーヴェル・ヴァーグの後継者とみなす人が多いのではないでしょうか。あなたはゴダールに見出されましたが、あなたの映画にはトリュフォーのような親密さがあると、私は感じています。

PG 私の映画のナレーションが、トリュフォーを髣髴させるのですね。それは当然のことです。『ジェラシー』をのぞく「嫉妬をめぐる三部作」には、ナレーションが入っていますから。『パリ、恋人たちの影』では男性のナレーション、『つかの間の愛人』では女性のナレーション。ですから『突然炎のごとく』（62）や『恋のエチュード』（71）のようなトリュフォーの映画を想起するのは、当然のことです。この二作はトリュフォーの作品の中でもとりわけ素晴らしい。何度見ても心を打たれる。

私の家にはテレビもパソコンもありません。無論ＴＶドラマには一切興味がない。唯一の趣味は、名画座でクラシック映画を見ること。私の暮らしているパリ五区のカルチエ・ラタンには名画座があちこちにあって、映画好きには最高の環境なのです。私は暇さえあれば名画座に足を運んでいる。見たことのない映画の上映には駆けつけるし、昔見て感銘を受けた作品は何度でも見直します。私は正真正銘の「映画の虫」なのです。ヌーヴェル・ヴァーグの作品はすべて見ています。アニエス・ヴァルダの『5時から7時までのクレオ』（61）、ジャック・ドゥミの『天使の入江』（63）……アラン・レネの作品はすべて好きです。いまでもゴダール、トリュフォー、そしてアントニオ

▼3『秘密の子供』（79）、『ギターはもう聞こえない』（91）、『恋人たちの失われた革命』（05）の三作を指す。私小説的な悲恋ロマンス。

ーニの映画は繰り返し、何十回と見ています。真似しようなんて思ったことは一度もありません。でも彼らの精神が心に、強烈な刻印を打っていることは確かなのです。現役で活躍する監督の中ではナンニ・モレッティ、アキ・カウリスマキ、ペドロ・アルモドバルが大好きです。

私はとにかくできるだけ、傑作を見続けようとしています。高貴な映画を見ていると、あまりに美しい演出に、私はほれぼれする。自分のよりもずっと優れた映画に触れ続けることが、私には必要不可欠なのです。ドライヤーの『ゲアトルーズ』(64)を見るとゴダールの『女と男のいる舗道』(62)と同じくらい、いつも激しい衝撃を受けます。そういった体験を繰り返すことで私は映画を信じ続けることができる。自分が映画を撮るとき、私をあらたな地平へと導いて行ってくれる――そんな気がするのです……。

――あなたの映画には、ヌーヴェル・ヴァーグの精神を引き継ぐ、確固たる意思と純粋さがあります。あるいはあなた自身が永遠の青年期を生きているようにも思える……。

PG 私は永遠の青春を信じています。私は映画を愛しているのではない。私にとって映画は存在証明なのです。私よりも優れた映画監督は、いくらでもいます。でも傑作を見続けることで、私はより高みを目指していくことができるのです。

(二〇一六年一一月七日 パリ六区、カフェ・ド・ラ・メリーにて)

ルイ・ガレル　*Louis Garrel*

映画で起こる出来事は、その監督に実際に起こったのだと信じ込んでいました。

恐るべき才能によって、「ゴダールの再来」という最大級の賛辞でフランス映画界に迎えられた男、フィリップ・ガレル。その息子ルイ・ガレルはサラブレッドとして映画界に登場し、いま、フランスで圧倒的な人気を誇っている俳優。

最近作『グッバイ・ゴダール！』（17）ではなんとジャン＝リュック・ゴダールを演じてまでいるのだ！　また多忙なかたわら、監督業にも乗り出している。二〇一八年に製作された長編監督第二作『パリの恋人たち』は、短編小説のように軽快な作品。その公開を控え、自他ともに認める筋金入りのシネフィルであるルイ・ガレルが、映画への情熱をたっぷり語ってくれた。

まるで短編小説のように

――『パリの恋人たち』（18）は久々に登場した、典型的なフランスらしい小噺です。溌剌として軽快なテンポで、次々に新たな展開が繰り広げられます。

LG それが狙いだったのです。共同脚本のジャン＝クロード・カリエールとは、まるで観客とチェスに興じるような感覚で楽しめる、フランスらしい映画をつくろうと話し合いました。たとえばピエール・エテックスの映画のシナリオのようにね。ピエール・エテックスは元々道化師で、その後は役者、イラストレーターをしていた。でもジャック・タチと出会ったことで彼は、映画界に転進したんだ。それ以降はタチ作品のアシスタントや、ユロ氏のイラストを担当している。六〇年代には監督業にも乗り出して、『女はコワイです』（62）、『ヨーヨー』（64）といった、溌剌として小気味良いコメディを発表したんだ。『ヨーヨー』を見たトリュフォーは、「すべてのショット、アイデアが好きな美しい映画。多くのことを私に教えてくれた」と絶賛している……つまり僕の映画もピエール・エテックのような。ユーモアたっぷりのテイストにしたかったんです。できれば観客を笑わせたいというよりも、もう笑わせる気まんまんでしたよ。

――なぜ、ジャン＝クロード・カリエールに共同脚本を依頼したのですか？

LG 僕はティーンエージャーの頃から彼がシナリオを手掛けた映画の大ファンで、いつか一緒に仕事をしたいと思っていたんです。特に後期ブニュエル作品には、衝撃を受けました。たぐいまれな想像力と親密な感情の表現法は、僕に未知の映画の世界を開いてくれた。ジャン＝クロードの脚本作では、アンジェイ・ワイダの『ダントン』（82）や監督のジャック・ドレーと共同執筆した『太陽が知っている』（68）も好きです。それに彼は『勝手に逃げろ／人生』（79）や『パッション』（82）と、ゴダールの作品までも手がけている！　まさにフランス映画界が誇るべき、名ストーリーテラーと言えるでしょう。

映画の冒頭から結末まで、ジャン＝クロードはいい意味で観客の期待を裏切りながら物語をひっぱっていく。重苦しい心理描写は一切なし。脚本のタッチはすごく乾いている。僕の書いていた脚

ルイ・ガレル
Louis Garrel
一九八三〜。俳優、監督。パリ生まれ。父は映画監督のフィリップ・ガレル。幼いころから母や祖父とともに父の映画に出演する。フランス国立高等演劇学校（コンセルヴァトワール）に進み、学業の合間に舞台に立つ。本格的な映画初出演はジェーン・バーキンと共演の『これが私の肉体』（01）。フィリップ・ガレルの『恋人たちの失われた革命』（05）で主演。二〇〇六年より監督業にも乗り出し、『ふたりの友人』（15）、『パリの恋人たち』（18）を発表するなど活動の幅を広げる。

本はずっと感傷的だったから、ずいぶんと軌道修正させられました。

――上映時間は一時間一五分と、非常にミニマルです。

LG 小説には長編と短編のふたつの形式がありますが、この作品は短編小説のように見立てています。短編小説のような感覚で物語は軽快に進んでいきます。それは深刻な、重苦しい心理ドラマへのアンチテーゼでもあるのです。

――冒頭であなたが演じる主人公のアベルは、同棲相手のマリアンヌから妊娠を告げられます。でも喜びも束の間、子供の父親はあなたではなく、友人のポールだと知らされる。そしてアベルとマリアンヌ、二人の別れからこの物語はスタートします。アベルは最初から最後まで、女性に振り回されっぱなしです。

LG 女性の手の平の上で転がされるのは、楽しいものですよ（笑）。これまで僕にはたくさんのガール・フレンドがいましたが、たびたび彼女たちに主導権を握られてきました。だからこの映画には僕の自伝的なエピソードも含まれています。アベルは従順で、女性に操縦され、従うことに喜びを覚えている。でも自分は欲望の対象で、主導権は女性に委ねるとは言いつつも、最後には欲しいものを手に入れてしまう。オーストリアの作家ロベート・ムージルの書いた『特性のない男』という小説がありますね。主人公は金儲けや出世といった現実問題に無関心で、とにかく流されるまま。でもなぜか女性にはもてるんです。僕はムージルのこの作品からも、インスピレーションを得ました。

――本作を見れば、あなたが大の映画ファンでいらっしゃることがはっきり分かります。パリの街並みのイキイキとした描写や物語の語り口は、トリュフォーの『夜霧の恋人たち』（68）や『家庭』（70）からの影響が感じられる。主人公は情けなくも憎めないキャラクターで、映画はコメディ・

タッチですが、そこにはサスペンス色もある。どのようにこの映画を構築していったのでしょうか？

LG まるでゲームを作っているような感覚でした。それとこれまでの映画からのレフェランス（引用）を次から次へと発見できる作品にもしたかった。冒頭でエッフェル塔を映しだし、いかにも紋切り型のパリ映画であると思わせる。だがすぐに思ってもいなかった展開になるのです。悲劇から始まってサスペンスを漂わせる、だからそこにはヒッチコック的な要素もある。マリアンヌは子供の父親を殺したのではないかと匂わせながら、同時に別れたアベルと再会する。そこに三人目が登場して恋敵になる――このように次から次へと新しい局面を作って、それらを繋げていきました。

――あなたはこれまでに短編映画を三本、本作を含めて長編映画を二本監督しています。そして長編映画の主人公の名前は共にアベルですね。そこには何か意味があるのでしょうか？

LG アルノー・デプレシャン映画の模倣ですよ。『そして僕は恋をする』（96）から『あの頃エッフェル塔の下で』（15）まで、デプレシャンにとって親密な物語を描いた映画の主人公は皆、ポール・デダリュスという名前でしょう。一人の人物に仮面を次々とつけて、いろいろな役を演じてみせる。デプレシャン映画のそういう感覚が好きなんです。僕の長編処女作『ふたりの友人』（15）のアベルは皮肉屋です。それに対してこの映画でのアベルは、心の中では怒っていても、表面上は穏やかで優しい。今日は優しい仮面をつけ、明日は別の仮面をつけるといった具合に、劇中で何度も生まれ変わって変化していく。みずからに降りかかってくる災難を、全部ひっくるめて楽しんでしまうのです。それに〝フィデリテ〟（忠誠、忠実）という概念が、僕は好きなんです。

――本作の原題は『誠実な男』*L'homme fidèle* です。このタイトルをどのように解釈すればいいのでしょうか？　何に対する〝忠誠〟なのでしょう？

LG　アベル自身の忠実さを描いています。彼は愚かでも、すべてに受け身なわけでもない。ただある秘密を抱えているだけなんです。最大の秘密は、マリアンヌに対する愛を止められないこと。とにかく彼は猛烈な恋をしているのです。アベルの職業は情報機関で働くジャーナリスト。だから朝から晩まで世界情勢に敏感でいなくてはならない。でも日常生活においては人とうまくかかわっていけない、現代の典型的な男です。でも彼はそんな自分に忠実で、そこだけは揺るがないんです。

――シャブロルの『不貞の女』*La femme infidèle*（68）からもインスピレーションを受けている？

LG　『不貞の女』はシャブロルの中でも、とりわけ好きな作品です。でもこの映画とは、まったく主題が違う。僕は家庭における男女の葛藤や破局を突き詰めるのではなく、とにかく自分自身に忠実な男を描いたんです。〝揺るぎない忠誠心〟これが本作のテーマです。

嘘の動きでも真実を表現できる

――アベルが忠誠をつくすマリアンヌは、イングマール・ベルイマンの『ある結婚の風景』（74）でリヴ・ウルマンが演じた妻と、同じ名前ですね。今回、そのマリアンヌ役にあなたの妻であるレティシア・カスタを起用されたのはなぜですか？

LG　レティシア・カスタはその美しさだけではなく、才能、知性、飽くなき好奇心によって、賞賛に値する女優です。彼女はこの映画の撮影に入る前、舞台で「ある結婚の風景」のマリアンヌを演じていました。偶然にも本作と同じ役名だったのです。ベルイマンの映画は三人の映画ではなく、二人の物語で、より深刻な心理ドラマです。この傑作を前にしたら、僕の映画は素人の映画みたいなもの。ですが僕は僕なりに、家庭における男女の関係を描いてみたかったんです。レティシアはベルイマンの舞台が終わったばかりだったので、軽やかに展開する映画の中で演技することに喜びを見出していたし、その時の彼女にはそれが必要だったんだと思う。この映画の〝軽み〟に、彼女は惹かれたのです。もちろん本作のシチュエーションは悲劇的とも言えるのですが……。それとミラン・クンデラの小説『存在の耐えられない軽さ』からもインスピレーションを得ています。軽やかさによって、主題をより深く突き詰めることができる。クンデラの小説はこの映画のテーマに大きなヒントを与えてくれました。

——本作でレティシア・カスタはこれまで見たことがないほどの存在感で、硬質な輝きを放っていました。

LG レティシアはゲンスブールの自伝映画『ゲンスブールと女たち』(10)のブリジット・バルドー役が、あまりに官能的だった。それで、いつか彼女を念頭にシナリオを書いてみたいと思っていたんです。本作のマリアンヌという女性を描くために、僕は戦争の女神アテナを想定しています。つまりミステリアスで強力、残酷で、相手を思いのままに支配するマニピュレーター(他人の心をコントロールしようとする人間)、それなのに脆《もろ》い……などなど、多様な顔を持った女性像を描きたかった。レティシアはマリアンヌの過去を構築して役を作り上げることに、心血を注いでくれました。

——冷たく気高い、ヒッチコック映画に出てくる女優の雰囲気もありました。

LG もちろん。ヒッチコックのヒロイン像からも影響を受けています。残酷で冷ややかな女性、暗くて何もかもをコントロールしようとする女性です。脚本ができたばかりの段階では、表面的な人物に見えたりする場面もありました。でも、実際現場に入って役者に演技をつけると、情感に溢れていて、非常にリアリティがあることがわかってきました。

――レティシアは何かのインタビューでクロード・ソーテの映画を参考にしたと言っていましたね。

LG　ソーテの映画では、ロミー・シュナイダーではなくてエマニュエル・ベアールです。きっちりとシニヨン（束ねた髪を後頭部でまとめた髪型のこと。ひっつめ、お団子）にした髪型などは『愛を弾く女』（92）のベアールを参考にしています。感情が凍結していて、表面には決して心のうちを現すことはありません。でもだからこそ、より官能的に映るんです。

――特に印象的なシーンはありますか？

LG　彼女が満面の笑みを浮かべながら、荷物をまとめて恋敵のイヴのところに行くよう、アベルに勧めるシーンがあります。あの場面では完全にレティシアが主導権を握っています。観客には彼女の感情がまったくわからない。マリアンヌは、アベルには彼女の心理がまったく見えないことを熟知した上で、行動しているような気がしました。

――不躾な質問ですみません。好きな女性と映画を撮るのは難しいことでしょうか？　本作であなたはあなたの妻を起用されました。そして『ふたりの友人』は、当時の恋人ゴルシフテ・ファラハニが主演しています。

LG　僕はいつも好きな人と映画を撮ります。カサヴェテスの大ファンなんです。彼の映画を見ていると、カサヴェテスが俳優たちを本当に愛していることが伝わってくる。僕の場合も全く同じ。監督が役者たちを本当に好きなんだと観客に伝われば、僕にとって映画は成功したことになる。例えば『ラヴ・ストリームス』（84）を筆頭にカサヴェテス映画のジーナ・ローランズは、そのカリスマ性や脆さを含めてそこに魂が感じられる。映画ではそれが一番大切なことなのです。ジャン・コクトーは「僕はつねに真実を語る嘘つきだ」と言っている。つまり真実の感覚こそに価値があるんです。映画監督とはいくつもの〝フェイク〟を指揮する中から、真実を摑みとっていく存在だと、僕は思っています。

——だからこそ、自伝的な要素を持つ映画に惹かれるのですか？

LG 一六歳ごろまでは、映画で起こる出来事は、その監督に実際に起こったのだと信じ込んでいました。その頃好きな映画は「これが実際、僕の人生にも起こる」と感じられるものだけだった。当時はアントワーヌ・ドワネルの格好を真似て、同じようなキャップをかぶってまでいたんです。本当に馬鹿げた話だけれども、それでアントワーヌ・ドワネル自身になった気分だったんです（笑）。でも後々になって、僕にもわかってきました。たとえ一つ一つの事象がつくり物であったとしても、より真実に近づくことができる。監督とは〝真実の正確性〟を探す作業ではないかと思います。自然・現実のイミテーションではない。より構成されたかたちで語りかける。嘘の動きでも真実を表現できるのです。『パリの恋人たち』のテーマはごく平凡で、登場人物はごく普通の人々。この映画で起こることは、多くの人の日常にも起こるはずだし、実際に起こり得る話を誇張して表現しました。

——激情や怒り、悲しみ、喜びなど感傷的になりそうな場面はなるべく抑制していたように見受けられます。

LG メロドラマにはしたくなかったんです。トーンはあくまで軽くコメディ・タッチで、現実との間に微妙なズレがあるようにしたかった。

——他にはどんな作品から影響を受けておられるのですか？

LG アルノー・デプレシャンの『クリスマス・ストーリー』（08）です。母役のカトリーヌ・ドヌーヴと息子役のマチュー・アマルリックの会話で、母は「私はあなたのことは好きじゃないわ」

と言い放つ。息子は「僕だって好きだったことは一度もない」と答える。なんでこんなことを言うのだろうと驚いて、自問自答したんです。デプレシャンの映画術は、ごくありふれた状況から始まって、神話的で見る人の感情を強く揺さぶるような展開にまで到達していく。そこが素晴らしい。『クリスマス・ストーリー』のあのシーンから、本作でイヴを演じるリリー＝ローズ・デップが、マリアンヌに宣戦布告するシーンを発想しました。彼女はアベルに恋してしまうので、マリアンヌの宿敵になる。その宣戦布告のシーンをミニマルに徹しエレガントな演出をしたら、よりじわじわと闇が深まって距離感を出せる。そう考えたのです。

――父親のフィリップ・ガレル監督はどうでしょう?　影響を受けたり、あるいは直接、監督としてのアドバイスをもらったりするのでしょうか。

LG　父の映画には六歳から出演していますし、彼の仕事はずっと見てきました。フィリップはもともと絵画が好きで画家を志望していた。だからつねに絵画と映画の関係に興味を持っています。フレームの決定に細心の注意を払っている。それに低予算だから、全てをきっちりとオーガナイズして決めなければなりません。俳優とのリハーサルも繰り返し行う。リハーサル中に構図を決めながら、場面の骨格を組み上げていきます。技術面では監督としてどう動くのか、カメラの配置、フレーミング、レンズの選択など参考にしている部分はある。だがより個人的な部分では、どの監督もそれぞれやり方は違うんです。

自分の知っていることを描きなさい。
自分の知ってる道を、自分の知っている町を描くように

――役者出身だからこそ、できる表現はあると思われますか？

LG それは僕にはわかりません。真実を表現する点ではイタリア俳優はうまいと思います。ピカイチなのはフェリーニの『寄席の脚光』（50）の主演男優ペッピノ・デ・フィリッポ。彼の演技は、真実に値する絶対的な真実味がある。大好きな役者です。

――あなたの映画では、つねに三角関係が描かれているように思うのですが、なぜそれほどにこだわるのでしょう？

LG 『パリの恋人たち』では子供が重要な役割を占めていますから、正確には四角関係ですよ！実際のところ三角関係が個人的な好みなのかどうかわかりません。だが物語を語る条件には都合がいい。二人の登場人物の間で何かが起こるのは、たいてい三人目の人物が登場してからです。ニコラス・レイの『ラスティ・メン／死のロデオ』（52）には、忘れられない三角関係が描かれていました。ジャン・ユスターシュの『ママと娼婦』（73）の三角関係も映画史上、最も素晴らしいもののひとつでしょう。とにかく「3」という数字は無秩序の証。僕は無秩序、乱雑で熱狂的なシチュエーションが大好きなんです。だからこそそこに喜びが芽生えてくるんだと思う。男女の間における関係というのは複雑で神秘的です。そういった意味での最高傑作はトリュフォーの『突然炎のごとく』（62）だと思います。トリュフォーは究極の三角関係を描きました。でも僕は優しい三角関係を描きたい。

――子役も上手でしたね。

LG　プロデューサーから撮影は一ヵ月で終わらせるように言われていたので、完璧に準備する必要があり、即興は許されませんでした。だから子役も含めて役者とは何度もリハーサルを重ねました。子供が不安定になるシーンも思いの外うまくいきました。彼が「ママがパパを殺した」と行った時に映画の風向きが変わってサスペンス調になる。まるでゲームのように、作品のリズムが変わっていくのが気に入っています。観客の皆さんには映画館でゲームをするような感覚で見ていただきたいです。

――もう一つ、あなたの作品では男性はいつもあくせくと、せわしなく走っていますね。

LG　いつも走っています。バスに乗っても走っている（笑）。映画の走るシーンならばレオス・カラックスの『汚れた血』（86）がとりわけ好きです。ドニ・ラヴァンが反対方向に突っ走るシーンが秀逸でした。ノア・バームバックの『フランシス・ハ』（14）も良かったなぁ。

――デビッド・ボウイの「モダン・ラブ」が流れていて、グレタ・ガーウィグ演じる主人公のフランシスが踊り走る……。

LG　そうそう、グレタ・ガーウィグといえば、もうすぐ彼女が監督する『ストーリー・オブ・マイライフ／わたしの若草物語』（19）で僕が、フリードリッヒを演じるのですよ。彼女は脚本家としても役者としても監督としてもいい。グレタからオファーがきた時は、役の内容も確かめず即決しました。僕はとにかく走るシーンが大好きなんです。いつか走る映画を作るなら、男女の三角関係をマラソンしながら描く映画にしたいです（笑）。

――お話をうかがっていると、本当に筋金入りのシネフィルですね！　最近の映画で特別気に入った作品はありますか？

LG アブデラティフ・ケシシュの『メクトゥーブ・マイ・ラブ』(17)ですね。俳優たちの演技が素晴らしく自然、動作が完璧です。僕は子供の頃からしょっちゅう映画館に通っていて、今でもその習慣は続いています。でもこの頃は俳優の動きが正確でなければ途中で退場したくなってしまう。動きだけではなく位置関係もすごく気になる。

それと〝役者の演技の正確さ〟とはまったく別の理由で気に入ったのが、アリーチェ・ロルヴァケルの『幸福なラザロ』(18)。彼女はものすごい想像力の持ち主ですね。リアリズムを維持しながら詩的に話を展開させていく。真実味があって、素晴らしい才能の持ち主です。子供のような無邪気さが彼女の映画の魅力だと思う。

――あなたにもそういう側面があるのではないでしょうか?

LG でも僕の映画に社会的なテーマはない。いま現実社会に起こっていることをテーマに盛り込まなければいけないんじゃないかと罪悪感に苛まれることもあります。世界中の緊迫した政治状況に背を向け、良き時代のノスタルジーに浸りながら夢見がちに映画づくりをしていていいのだろうか。社会的暴力への恐怖を描かなければならないのではないか……。『幸福なラザロ』のように素晴らしい作品は、社会派であることを全面に押し出さなくても、メタファーとして現実を反映することができる。

――あなたにもできるのではないでしょうか?

LG それは正直わからない。できるのかどうかわからないし、これから自分がどこに向かうのかということも、混乱してわからなくなってしまうんです(笑)。

――最近、『パリの恋人たち』のような、ヌーヴェル・ヴァーグを意識したフランス映画を見る機会が減っている気がします。フランス映画も時代とともに格差や移民、人種問題といった現代の社会問題を取り入れた映画が関心を集める傾向があるのではないでしょうか？

LG　ジャン・ルノワールの言葉を思い出します。彼は若い監督に対して、こう助言していました。「自分の知っていることを描きなさい。自分の知っている道を、自分の知っている町を描くように」と。

僕は生粋のパリジャンで、パリを熟知している。だからパリの街を描くのです。なぜこれほどパリへの愛が強いのかはわかりませんが……。だからパリを舞台にした映画を見るたびにロケ地はどこかとまるで宝探しをするように、夢中になって探してしまいます。

（二〇一八年一二月一八日　パリ五区、シネマ・デュ・パンテオンのカフェにて）

9 映画の兄妹

ジュリエット・ビノシュ　*Juliette Binoche*
私は演技を通して真実を追求していく

ジュリエット・ビノシュはカンヌ、ヴェネツィア、ベルリンの三大国際映画祭すべてで女優賞に輝いた、名実ともに国境を超えた（インターナショナルな）大女優だ。

二〇二〇年にはヨーロッパ映画賞（ヨーロピアン・フィルム・アワード）から、名誉賞にあたる「世界の映画への貢献賞」を贈られている。

その受賞式の直後、多忙の合間を縫ってインタビューに応じてくれたビノシュは、演技論、役者として生きること、そして日本映画との縁についても語ってくれた。

演じる役を選ぶ

――ヨーロピアン・フィルム・アワードでの受賞スピーチでは、役者として責任感を持つことが重要だとおっしゃっていましたね。

ジュリエット・ビノシュ（以下、ＪＢ）　俳優とは特権的な職業です。自分たちの発言に耳を傾けてもらえて、その行動によって世間の関心を集めることもできる。そのように影響力が大きな職業だからこそ、〝役選び〟には気をつけるべきだと訴えたかったのです。私は暴力を全面的に否定しているわけではありません。でも人々をあっと言わせるような表現には、女性蔑視や人としての尊厳を無視したものもある。そういったモラルの欠如を認めたがらない人がいます。だから役者は明確な意識を持って、自分の演じる役を選ばなければならない。人気にあぐらをかいて、周りが見えなくなってしまってはならない。そう伝えたかったのです。もちろん役者にだって生活がありますから、自分の望むような役ばかり演じていくことは、容易ではありません。ですが選択肢がある場合には、「芸術」の名の下に道徳観や倫理観が片隅に押しやられた作品に加担してはいけない。どれだけ世の中に貢献できるのか、どれだけ先入観や偏見を取り除くことができるのかを表現できる役を選択をした方がいいと、私は思っています。

――あなたの役選びはとても自由な印象を持ちます。作家映画から商業映画まで、国内のみならず海外での撮影も含めて国際的に活躍されています。出演を決める最大のポイントは何でしょうか？

ＪＢ　自分の感情を動かすかどうか、それにつきます。シナリオを読み込んでからではなく、直感的に自分の心を動かすような企画に参加したいと思っているのです。もちろん私だって判断を誤る

ジュリエット・ビノシュ
Juliette Binoche
一九六四〜。女優。パリ生まれ。フランス国立高等演劇学校（コンセルヴァトワール）で学ぶ。一九八三年『リバティベル』*Liberty Bell*にて映画初出演。以後『汚れた血』（86）、『ポンヌフの恋人』（91）、『存在の耐えられない軽さ』（88）などに出演。『イングリッシュ・ペイシェント』（96）でベルリン国際映画祭銀熊賞とアカデミー助演女優賞、『ショコラ』（00）でアカデミー主演女優賞受賞。近年では是枝裕和の『真実』（19）に出演。フランスを代表する国際的女優のひとり。

可能性はあります。でも無難な選択をするよりも、直感に従ってリスクを犯すことの方が楽しいのです。私たち俳優は常に挑戦を続け、変化していかなければならない。役者を楽器の部品のように例える人もいますが、それは間違っている。ゼロから役をクリエイトするアーティストです。一方で、この業界は往々にして俳優にスポットライトが当てられがちです。でも映画は個人プレイではなく、多くの人が携わって作りあげていく集団芸術。監督、スタッフ、キャストが一丸となって全身全霊で一つの方向へ向かっていく。そのことにやりがいを感じます。

——オファーを待つだけでなく、時にはあなたは自分からシネアストに働きかけて、役を掴むこともあります。このような俳優は珍しいのではないでしょうか。

JB それは私にとっては、ごく自然なことです。ただ多くの俳優はそういうアプローチをしていても、公言はしないでしょう。監督が俳優をあおり挑発しながら高みを目指すのと同じように、俳優から監督を挑発するような映画作りがあってもいいと、私は思う。自分の欲しいものや、やりたいことを具現化するために、どの道を選ぶのが最適か判断する嗅覚は、備えているつもりです。それに私には、プロデューサー的なビジョンがあるような気もするんです。例えば、ブリュノ・デュモンの場合。彼にはあれほどの才能があるのに、その名前はシネフィルの間でしか知られていなかった。彼の映画の世界観は詩的で、その中には無邪気さと深い精神性が同居している。社会に対する主義主張に偏重することなく、ある種の絶対的なピュアさを貫いているのです。その才能が広く知られていないのは、もったいない。そう思って「一緒に何かやりましょう」と声をかけたのです。『マ・ルート』*Ma Loute*（16）は、私とファブリス・ルキーニが彼を誘い出したいい例です。才能豊かな監督の中には、有名になったり、国際的に成功することに怖れを抱く人もいる。でもだからこそ、彼らの存在を知らしめて活動の可能性を広げていくために、知名度のある俳優の側から働きかけることも重要じゃないでしょうか。われわれ俳優にだって、シネアストを支えることはできるのですから。

――あなたは環境問題や移民排除反対のデモに参加されたり、政治的な意思表示も積極的にされています。インスタグラムを頻繁に更新されるなど、あらゆる意味で常にアクティブです。最近のフランス映画界は Me Too ムーブメントに揺れていますが、子どもの頃のセクハラ被害を告発したアデル・エネルに対して、あなたはすぐに支持を表明されました。[▼1]

JB　「人の権利、自尊心、尊厳を守る」、これは全ての人が無関心ではいられないはずの問題です。それなのにアデル・エネルへの支持をインスタグラムで表明した男性の俳優は一人もいなかった。これは驚くべきことです。しかも犠牲になったのは、当時わずか一二歳の少女なんですよ！　現代においてもそれぞれの関心の境を超えていくことが、これほど困難だなんて、信じられないことです。女性と男性、様々な肌の人間がいて、異なる宗教や環境の人々が共存していく。そのためにはエゴイズムを捨て、これまで囚われていた意識を変革していかなければならない。あと何年かすれば、これまでまかり通ってきた表現や思い込み、常識に対して、われわれは眉をひそめるようになっていくでしょう。「かつては当たり前のようにやっていたことが、とてつもなく恥ずかしい」そう思う日が遠からず訪れるはずです。だから世の中全体の意識を高めていくために、われわれ作り手は率先して意識を変えていかなければならないと思います。

存在の軽さを探して

――あなたの出演作についての話を、お聞かせください。是枝裕和の『真実』（19）であなたが演

▼1　二〇一八年一一月、女優のアデル・エネルがデビュー作『クロエの棲む夢』（02）のクリストフ・ルッジア監督をセクハラで告発。一二〜一五歳の間、頻繁に監督の自宅に呼ばれ、身体を触られるなどの被害にあっていたと証言した。多くの同業者が連帯の意思を表明しただけでなく、振興団体ユニフランスも公式に支持を発表。俳優たちを保護するための規約を作成している。

じた脚本家の娘は、母親の「嘘＝虚構」を告発し、真実を語るよう求めます。大女優の母が書いた自伝は偽りだらけだった。過酷な現実を前に葛藤し、軌道修正しようとする役を演じることは、この時のあなたにとって重要なことだったのでしょうか？

JB おそらく。真実は客観的なものではなく、主観的なものです。自分の〝真実〟はわかっていても、他人の〝真実〟を知ることはできない。そもそも自己の〝真実〟を知ることだって、容易なことではないですよね。〝真実〟とはこれまで私たちが生きてきた価値観を基準にして決まるものですから、つまり〝真実〟は一つではない。でもそもそも自分自身を偽っていた場合、どこか上の空で冷たい印象を周囲に与えてしまう。当の本人は合理的に感情をコントロールできているつもりでも、根底に真のヒューマニティーがないことは見抜かれてしまうでしょう。科学的な証明が〝真実〟であると断言する人もいます。でも、一世紀前の科学的証明が必ずしも今日における〝真実〟とは限らない。私は、何を置いても直感に従うべきだと思います。それに瞑想や祈りの時間も大切にしている。周囲の騒音に耳をふさいで恐怖心から距離を置き、あなた自身の心の声に注意深く耳を傾けること。それが重要なのです。孤独の時間こそが私たちを〝真実〟に近づけてくれると信じています。クリエイションへの欲望が湧き上がり、新たなインスピレーションが訪れる瞬間、私はいつも自分の心を開いて、ピュアな状態でありたい。だって〝無垢〟な状態から何かを表現させる喜びに勝るものはないのですから！　執着心、恐怖心、先入観は私たちに重くのしかかって、前進を妨げます。でもだからこそ「存在の軽さ」を見つけなければならないのです。

――数年前のインタビューで、演技しすぎるのが透けて見える演技は嫌いだと発言されていました。「私は演技を通して真実を追求していく」と、公言されてもいます。

JB 〝真実〟の演技と〝真実のない〟演技の違いは演劇学校時代、恩師のベラ・グレッグから学びました。セリフを自分の中に落とし込み、リハーサルを繰り返す。カメラの前で動線をなぞってその役を完全に体に叩き込む。その状況でも、ある地点に来たら自分を遠くまで解放する――その必要があるのです。それは人生においても全く同じこと。リスクを未然に回避するような生き方は、私にはできません。予想することは私にとっては、怖れることと同じ。常に新しいことにチャレンジしていたいし、いつもまっさらな状態でありたいと願っています。演技をしていても同時に自分でありつつ、高みを目指してステップを踏み出す。そのことで、想像を遥かに超えた地点に降り立つことができる。限界を超えることで自分の中に何かが湧き上がってきて、思いがけないものが生み出されてくる。人生の醍醐味は、未知の世界に飛び込むことで、限界がどんどん突破されていくのを実感することです。生きている限り、身も心も進化を続けなければならない。そう私は思うのです。

――これまで是枝監督やホウ・シャオシェン監督など、フランス語を解さないシネアストがパリを舞台にした作品に、あなたは出演してきました。『真実』の撮影現場はいかがでしたか?

JB　時期によっても映画によっても変わりますが、通常私はコーチについて役作りをすることが多い。俳優とは誰かと何かを分かち合う仕事。だから一人きりで臨むよりも、二人でかかった方が断然強い。セリフを身体に落とし込み、頭で考えずに全てのセリフが自然に出てくるようになるまで準備を重ねる。その状態で私は現場に入るのですが、是枝さんはそのような役作りは望まないとプロデューサーから聞かされました。私は戸惑いました。彼は以前のインタビューで、「演出する」のではなく「観察する」と言っていた。クランクインの時、私の目の前で監督は身振り手振り、セリフをなぞらえるように動いて見せたのです。撮影中、そのようなかたちで演技を付けられると、私は集中力が途切れてしまう。でもそのことは、監督には伝えられなかった。

そのまましばらく撮影が進み、食卓を囲むシーンの場面になりました。私の役が〝傷ついている〟ことを見せるために、私は母親役のカトリーヌ（・ドヌーヴ）に向かって、エモーションを爆発させたのです。すごく驚いた彼女は、「あなた、蛇を出したわね」とチクリ（笑）。あの瞬間から監督は、私に芝居を付けるの止めたのです。「彼が期待したものとはまったく違う演技をしてしまったのかも」と内心、不安でした。でも、この役が存在するためには、私はあのように演じるしかなかった。この映画がある種の喜劇（コメディ）であることは、最初から分かっていました。でも脚本を読んだ時、私が演じる女性は子供時代の深い傷が、まだ癒えていないと思ったのです。自己中心的な母親に嘘ばかりつかれていた。学校に迎えに来てもらったことなど一度たりともない。そんな孤独な少女時代を彼女は過ごしてきたのです。その傷を引きずったまま大人になった女性に、私は〝軽さ〟を見出すことはできなかった。だから母と娘が対峙する場面では、不愉快な領域まで踏み込む必要があるように思えた。それに、だからこそラストの和解のシーンへとつながっていくのだと思ったのです。翌日是枝さんは私のもとにやって来て、あなたはシーンに深みを与えてくれたと言ってくれました。それから彼は演技に自由を与えてくれ、別のテイクが欲しいかと尋ねてくれるまでになりました。私を信頼してくれたのだと思います。カトリーヌは監督が納得してOKを出せば充分だと思うタイプ。何を望んでいるか、何を望んでいないのか、全ての決定権は監督にあると考えている。自分の演技プランがあったとしても、彼女はそれをさらりと捨てることができる。でも私はベストの演技はまだ先にあるのではないかと思って、とことん突き詰めたいタイプなのです。だって夜に家に帰ってから、撮り直したいと後悔したくありませんから。

――妥協を許さないスタイルを貫いておられます。

JB　毎回が挑戦です。はるか高い山の頂上を目指すように、自分自身の限界を超えて成長したいと思っています。必ずしも彼方まで行く必要はないのですが、観客に伝えなければならない適切な地点にまでは到達したい。もちろん監督のスタイルによって、俳優は臨機応変に対応しなければならない。例えば、これまでに演じた中では、『トリコロール／青の愛』（93）のクシシュトフ・キェシロフスキは「涙はいらない」と最初から頑なでした。けれどこの映画は、事故で夫と娘を失った女性の物語なのです。「少なくとも娘が死を知った時、映画の冒頭で泣かせてください」と、私は懇願しました。それでも彼は首を縦に振らなかった。でも結果的にはキェシロフスキが正しかったのです。主人公が愛を喪失して再生に向かうまで、涙はとっておかなければならなかった。彼女が亡き夫と娘との〝愛〟から解放されて自由になり蘇る時まで、涙はとっておく必要があったのです。

――これまでで最も厳格だったのはどの監督ですか？

JB　俳優には常に自由があり、監督の要求に完全に従う必要はありません。これまで七〇本もの作品に出演してきましたが、強いて言えばミヒャエル・ハネケは私が出会った監督の中で最も〝正確さ〟を求める監督でした。たとえ撮影中に俳優から驚きや胸を突かれることを、彼が期待していたとしても。

オリヴィエ・アサイヤスとの共犯関係

――国際的に活躍する監督の作品に出演する一方で、オリヴィエ・アサイヤスとのように主演にこだわらず、継続的にタッグを組んでいる監督もいますね。アサイヤス作品では『アクトレス　女たちの舞台』（14）と『冬時間のパリ』（18）で女優役を演じていますが、まったく異なるタイプの役柄です。アサイヤス監督との〝共犯関係〟は、どのように育まれていったのでしょうか？

JB オリヴィエと初めて一緒に作った『夏時間の庭』(08)では思う存分、本領を発揮できなかったという想いがあって、私は大きなフラストレーションを抱えていました。当然、今のような親密な信頼関係は、まだなかった。その後、『アクトレス』の前段階の企画が出た時、誰が監督にふさわしいかと考えていたんです。そうしたらふと、オリヴィエの名前が浮かんだのです。すぐに彼に電話して、このテーマで映画を撮ることに興味はないかと持ちかけました。そうしたら「二週間待って欲しい。僕の中からインスピレーションが湧いてきて、映画として成立しそうだったら連絡する」と言われた。そしてちょうど二週間後、彼から快諾の返事をもらったのです。それからオリヴィエは一年間を費やして、シナリオを書き上げました。

ですがオリヴィエと私の間には実はもっと長い歴史があります。一九八五年の私のデビュー作、アンドレ・テシネ監督の『ランデヴー』の脚本を書いたのはオリヴィエだったのですから。あの作品で私が演じた駆け出しの新人女優は、年を重ねて『アクトレス　女たちの舞台』で私が演じたベテラン女優になったとも言える。同年代ではないけれど(ビノシュは六四年生まれ、アサイヤスは五五年生まれ)オリヴィエとはすごく近しい関係ですし、同じジェネレーションに属していて、境遇も似ている。だからこそお互いに理解し合い、真に尊敬しあう関係なのです。

――『冬時間のパリ』は、どのような経緯で出演が決まったのですか?

JB オリヴィエは出版業界にたくさんの友人がいたので、彼のよく知っている世界を舞台にしたシナリオを書き上げました。それでギヨーム・カネと私が夫婦という設定を思いついたそうですが、如何せんギヨームと私の間には一〇歳もの年齢差がある(ギヨーム・カネは七三年生まれ)! それでも試してみたいと言われたので、私が演じることでオリヴィエが楽しんでくれるならばと引き受けました。

――昨年一一月には東京芸術祭の審査員を務められました。是枝監督の他、河瀬直美作品にも出演されるなど、あなたは日本と深い縁がある。あなたと日本映画のかかわりをお聞かせください。

JB　そうそう、『ゴースト・イン・ザ・シェル』(17)ではあの北野武と共演したわよ！　あれは私の子ども達が大好きな漫画『攻殻機動隊』が原作だったから、引き受けた仕事なんです。息子がファンだったから、『GODZILLA ゴジラ』(14)には顔を出したわ（笑）。私は日本映画に夢中で、どんな語り口で物語を展開させていくのかという点に興味があります。

若い頃から小津、溝口、黒澤映画の大ファンでした。女優として駆け出しのころ、ポンピドゥーセンターで『乱』(85)が上映された日の出来事を、まるで昨日のことのように覚えています。ゲストとして招かれた黒澤明監督といくつか言葉を交わす幸運に恵まれたのです！　その時彼のアシスタントから、黒澤監督は毎朝、自分でベッドメーキングしていると、聞かされました。それから私は毎朝、黒澤監督のことを意識しながらベッドメーキングするようになりました。これは私にとっての儀式のようなものであり、私が尊敬する映画人への想いの表明でもあるのです。

（二〇一九年一二月一七日　パリ六区、ホテル・ベル・アミにて）

オリヴィエ・アサイヤス Olivier Assayas
僕は永遠の青年のように生きている

オリヴィエ・アサイヤスは現代のフランス映画界を代表するシネアストのひとりと言える。一九八六年の長編デビュー『無秩序』から脚本はすべて自分で手掛け、様々なジャンルに挑戦しながら作品ごとに変貌する世界を捉えてきた。『冬時間のパリ』（18）が日本で、『WASPネットワーク』*Cuban Network*（19）がフランスで公開されるのを機に、映画へのこだわりについて語ってもらった。

人間の魂を「語る」

——あなたは元々、美術と文学を学んだ後に『カイエ・デュ・シネマ』の批評家を経て脚本家になり、そして監督へと転身されました。まずは映画とかかわるようになったきっかけについて、お聞かせ願えませんか?

オリヴィエ・アサイヤス（以下、OA）　私は五歳から二五歳までの間、絵画とデッサンを学び、抽象画を描いてきました。少しグラフィックアートも手がけてもいた。自分と向かい合って孤独にアートを突き詰めていく絵画ではなく、集団で多くの人がかかわって一つの作品に向かう映画に方向転換したのは――その時々の出会いに導かれていったからです。父が映画やTVの脚本家をしていたことも、影響していたのかもしれません。父は晩年パーキンソン病を患って、思うように体を動かすことができなかった。そこで僕は父のシナリオ執筆を手伝っていたんです。そこで僕なりに学んだことは、大きかったと思います。その後、セルジュ・トゥビアナが編集長だった頃の『カイエ・デュ・シネマ』に入り、映画について書くことを、独学で学んでいったのです。

――最新作『WASPネットワーク』*Cuban Network*（19）は九〇年代にキューバ革命のために祖国を捨て、アメリカに亡命した人々の史実をもとにした作品です。ご自身でこの映画を、どんなジャンルに位置づけますか？

OA　この映画は、どのようにでも紹介できる作品ですね。ある夫婦が歴史的な事件によって引き裂かれ、奇跡的に再会する物語。冷戦下のテロリズムなど、様々なドキュメンタリー要素も盛り込まれていますが、物語の軸となるのは夫婦の物語です。ブラジルのとあるプロデューサーが、フランスの僕のプロデューサーであるシャルル・ジリベール[▼1]に企画を持ちかけてきたことから始まりました。最初にこの企画のどの部分に興味を持ったかというと、夫婦の普遍的なストーリーを軸にして、これまで撮ったことのない国で撮影できることでした。フロリダはもちろんキューバについて、僕はほとんど知識を持っていなかったですから。あの国を印象付ける鮮烈な色彩と特異なビジュアルを、どのように映像化できるか……それが最大の関心事でした。誰が何をやってどうなったかという史実の検証には、一切興味がなかった。

――本作ではペネロペ・クルスの素晴らしさに目を見張りました。彼女は名女優なのだと、あらためて実感しています。

OA　ペネロペは撮影前にコーチのトレーニングを受けて、キューバ訛りを習得したのです。当時

オリヴィエ・アサイヤス
Olivier Assayas
一九五五〜。監督、脚本家。パリ生まれ。フランス国立高等美術学校（エコール・デ・ボザール）で学ぶ。七〇年代、『カイエ・デュ・シネマ』で批評を執筆、のちに監督の道へと進む。主な監督作に『イルマ・ヴェップ』（96）、『クリーン』（04）、『夏時間の庭』（08）、『アクトレス　女たちの舞台』（14）などがある。二〇一六年『パーソナル・ショッパー』でカンヌ国際映画祭監督賞受賞。脚本家としては『ランデヴー』（85）、『溺れゆく女』（98）などアンドレ・テシネ作品を多数執筆。

▼1　Charles Gillibert
一九七七〜。現代のフランス作家映画の重要なプロデューサー。アサイヤスの他に、アッバス・キアロスタミ、グザヴィエ・ドラン、アブデラティフ・ケシシュ、ミア・ハンセン＝ラブなどのシネアストの作品を手掛ける。

のキューバにいた典型的な女性像を雰囲気や容姿、話し方だけでなく全身全霊で体現しています。僕の映画の撮影ではリハーサルを繰り返さないこと、率直でナチュラルでいてほしいということ、各シーンは長くて複雑であること、できれば即興を取り入れたいこと、そしてすべて早撮りで進めていくこと……そのことを事前に伝えてありました。ペネロペはスペイン人ですが、キューバ訛りのスペイン語で即興芝居をするのは、容易でなかったはずです。でも彼女はいくつもの高いハードルを、見事に超えてくれました。

——史実をもとにしたスパイ映画『ＷＡＳＰネットワーク』、パリの出版業界を舞台にした『冬時間のパリ』(18)、この二作は対極にあるジャンルの作品です。歴史を語る映画があったり、群像劇があったり、ご自身の世代を体現するような青春映画があったり……あなたのフィルモグラフィーには様々なジャンルの作品が混在していますね。

OA　これまで、自分が観客として楽しめる映画だけを撮ってきました。僕が映画を通して語りたいもの、それは表面的なストーリーではなく、人間の根底にある「魂」です。映画は大衆性を兼ね備えた娯楽であり、現代アートや音楽、詩のように〝生きた〟芸術でもある。僕は多くの観客を集める映画を作る時もあれば、そうではない時もあった。たしかにジャンル映画を撮ると若い世代の客層にアピールすることができる。でも常日頃から僕が心がけているのは、イキイキとしたストーリーを語ることなのです。撮影時には、役者から自発的に湧き上がるエネルギーが予想以上の素晴らしい効果をもたらしてくれることもあります。そんな瞬間を、僕はできるだけ多く捉えたいと思っているのです。

新しいエネルギー

――あなたの作品では俳優陣が光を放つ映画、特に女優映画に素晴らしい〝発見〟があるように思います。マギー・チャン、アーシア・アルジェント、クリステン・スチュワートといったフランス映画では珍しい国際的な女優を起用されてきました。

OA　昔から世界に目が向いていたのは確かですが、アーシア・アルジェントは『デーモン・ラヴァー』(02) に出演する前からフランスでは有名でした。パトリス・シェローの『王妃マルゴ』(94) に出演するなど、彼女はイタリアとフランスの両国でキャリアを築いてきましたから。クリステンの場合は、そうですね、『トワイライト』シリーズの成功でフランスの少年少女の間では、爆発的な人気がありました。でもそれ以上の世代にはまだ、あまり知られていなかった。『アクトレス　女たちの舞台』(14) の時、僕の映画の観客はクリステンを知らなかったので大きな反応がなく、結果的に彼女のファンを集客することはできなかった (笑)。それとマギー・チャンを『イルマ・ヴェップ』(96) で起用した時、フランスの観客は誰も彼女を知らなかった……でもどの映画の場合にせよ、刺激的な配役だったことはたしかです。

――マギー・チャンがあなたのようなフランスの作家主義的な映画に出演するなんて、当時は誰も想像しなかったのではないでしょうか?

OA　彼女はその時点で、ウォン・カーウァイの『欲望の翼』(90) と『楽園の瑕』(94) に出演していました。スタンリー・クワンの『ロアン・リンユィ　阮玲玉』(91) ではベルリン映画祭の女優賞に輝いていたので、国際的な評価は得ていたけれど。フランスではまだ知る人ぞ知る存在でした。でもマギーやクリステンはそれぞれ異なるバックグラウンドを持って僕の映画に出演し、そこに新しいエネルギーを吹き込んでくれたのです。フランスの女優とは違ったアイデンティティーを持っている女優に僕は、うまく説明できませんが……インスピレーションを受けるのです。

僕は若い頃から外国映画が好きで、特にアジア映画、中でもホウ・シャオシェンやエドワード・ヤンといった台湾ニューウェイブの映画作家たちの作品に、夢中になりました。僕自身はある意味でとてもフランス的な映画作家ではあります。でも海外の映画事情には敏感で、いつだってグローバルな視点を持ちながら、驚きと発見を続けたいと思っているのです。

――あなたの作品ではフランスの女優も、これまでと違った新たな一面を見せてくれます。ジュリエット・ビノシュは『夏時間の庭』（08）、『アクトレス　女たちの舞台』（14）、『冬時間のパリ』（18）の三つの映画で、それぞれキャラクターの異なる役柄を演じました。

OA　監督と女優として僕らは、映画を作るまでに長い時間をかけました。僕らには共通点も多いし、お互いをデビュー当時から知る、いわば旧知の仲。でも僕がジュリエットを起用するなんて恐れ多いと尻込みする思いもあった。それまでに彼女は国際的に知られる監督と組んで、あらゆる役を演じてきました。キアロスタミとは『トスカーナの贋作』（10）、ホウ・シャオシェンの『レッド・バルーン』（07）など、巨匠たちと軽々とタッグを組んできた。そんな彼女に対しての深い敬意があるからこそ、彼女と映画を撮るならば、そのフィルモグラフィーにふさわしい立派な作品にしなければといけない。そう思っていたのです。

――プレッシャーを感じておられたのですね。

OA　「彼らに何をもたらすことができるだろうか」、スター俳優を起用する時、まず僕はそう自問自答します。スターを配役すればそれだけで、資金面を含めた諸事情が円滑に進むことは明白です。

ならばギブアンドテイクで、僕は彼女たちに何を与えられるだろうと考える。多くのシネアストは「それで映画がうまくいけば、誰にとっても好都合だ」と言うでしょう。でも実際は違う。俳優にとって新たな役を演じることは、それまでとは異なるまた別の顔を見せる機会になる。そして観客も、まだ見たことのないその顔を発見することを、求めているのです。だから僕らはその期待に、応えなければならない。

ジュリエットと初めてタッグを組んだ『夏時間の庭』は彼女の配役を前提として、脚本を書いたわけではありません。あの役に興味を持ったという彼女の方から、出演したいと言われた。「主役じゃないし、さして重要な役ではないから」と僕は腰が引けたのですが、「大きさなんて関係ない。私はあの役が好きだから、このプロジェクトに参加したいの」彼女がそう望んでくれたので、あの配役が実現したのです。あの時に次は彼女に見合う役を作らなければと決心したのです。

それが僕の挑戦の始まりだった。彼女のために書いた『アクトレス　女たちの舞台』で、ジュリエットがそれまで演じたことのない〝彼女自身〟の役を提案したのです。彼女が演じている元スター女優の役は、彼女そのものではありませんが、実際のビノシュによく似ている……ユーモアがあって、人生を笑い飛ばしてしまうような強さがある。私はこの映画を通じて、彼女への友情や親愛の情を表せたのではないでしょうか。

――『アクトレス』では女優たちの組みあわせも新鮮でした。ビノシュのアシスタント役にクリステン・スチュワート、それからビノシュが対峙する新人女優にクロエ・グレース・モレッツ。あまりに違うタイプの女優たちの競演で、彼女たちの演技が見せるコントラストには、目を見張りました。

OA　ジュリエットのために書きながら、そこに異文化であるハリウッドからやってきた女優を対置したら、どんな化学反応が起きるだろうかと思ったんです。劇中でこの二人が対峙するシーンが出てきます。若かりし頃、新人だったジュリエットが演じ出世作となった舞台に、年配の役として再出演を依頼される。そして若きクロエ・グレース・モレッツが、ジュリエットの若い時とは価値観も服装も対極的な〝新世代〟の女優だったら、そこにどんな葛藤が芽生えるのか……。

——あの作品でクリステン・スチュワートの演技は高く評価され、アメリカ女優としては史上初となるセザール助演女優賞に輝きましたね。

OA　ええ、だから僕も授賞式に参加しなきゃならなかったんです（笑）。クリステンはあの作品を通してジュリエットの役作り、つまり彼女自身の中から役のアイデンティティーを作り上げていくやり方を直接学んだのです。そういった演技の自由さは、アメリカ映画にはないものだと思います。

いつも自由でありたい

——『冬時間のパリ』でもジュリエットは女優役を演じています。ところが今度はテレビの人気シリーズの警官を演じる女優で、同じ女優でも『アクトレス』とは役どころが全く違う。この映画はあなたにとって、初めてのコメディですね。

OA　最初はコメディにするつもりはなくて、脚本の執筆が終盤に入った頃に、じわじわと「これはコメディなんだ」と実感していきました。

——洪水のような会話の量で、テンポよく展開していきます。この映画ではダイアローグが最も重要ですね。

OA　実は二〇年近く前、出版業界を巡る話を思いついて脚本に取り掛かったことがあるんです。でもこれといって面白い展開にはならず、わずか一ページで終わってしまった。プロデューサーが資金を集められなかったこともあって、結局この企画は頓挫してしまいました。それから今日までの間、出版業界の状況は激変しました。紙から電子書籍へとデジタル化が進むなか、人々は新しい価値観や時代の変化に対応しながら、どのように自分の在り方を見つけていくのか。そこで昔の一ページをもとにして、筋を書きながらシーンを構築していきました。ですが書き進めるうちに違和感を覚え始め、そこに全く感情移入できない自分を見つけたのです。その時、自分自身が変化したのだと気づいたのです。ならば僕たちが直面している新しい世界と古い世界の葛藤に、別の角度からアプローチしてみよう。それで一からシナリオを書き直し始めました。そしてある朝パッと閃いて、エディターと作家の会話を書き始めたら、ダイアローグだけで一二ページにも及んだのです！

――どのシーンですか？

OA　映画の冒頭のシーンです。あの会話のシーンから順序通り、脚本を書き進めていきました。

――エディターと作家の会話から、二人の微妙な立ち位置の違いが見えてきます。自分の私生活をノンフィクションとして綴ってきた作家の新作を、もう出版しないと編集者は断ります。脚本の段階からキャスティングは念頭に置いていたのですか？

OA　最初から考えていたのは、エディターを演じたギヨーム・カネだけです。彼の人柄とその仕事ぶりに僕は、深い敬意を持っています。あの役を演じる圧倒的な存在感と説得力を、彼は持っている。もしギヨームが引き受けてくれなかったら、彼と似た雰囲気の役者を探していたでしょう。一方、作家や編集者の妻の役に関しては、何も考えていなかった。ジュリエットは編集者の妻の役として第二幕から登場します。それで、編集者の夫が自宅に戻ってからも妻と出版について延々と話し続けたら、どうなるだろう、その妻がジュリエット・ビノシュだったら、どんな面白い画《え》になるだろう！　そう閃いたんです。「このカップルなら絶対だ！」と確信して、意識的に妻のキャラクターをジュリエットに近づけていきました。瞬発的なユーモアセンスを取り入れたり、ジュリエットらしい輪郭を作っていったのです。彼女との映画作りが好きな理由は、ある種の「軽み」を映画にもたらしてくれるからです。柔軟で軽やかで、どのシーンにも自由さが感じられる。今回の作品はセリフがメインで、俳優たちが役を演じながら、それぞれの人物を構築していく。ですから「長すぎる」と芝居をカットすることなく俳優に多くの自由を与え、アドリブも取り入れながら撮影を進めました。

――本作は現実のあなたを取り巻く世界に限りなく近いですね？　登場人物たちの一挙一動はコロコロと変わるし、言っていることとやっていることが矛盾していたりと、妙に現実的に思えました。現代のパリのインテリ左派、金持ちヒッピーの人々のライフスタイルが、リアルに描かれていると思います。

OA　出版業界には友人も多いし、他の作品に比べて身近な、僕に近い環境を描いてはいます。

――他のキャスティングについてもお聞かせください。なぜヴァンサン・マケーニュとノラ・ハムザウィを起用なさったのですか？　特にノラ・ハムザウィの起用は新鮮で、独特な存在感を放っている彼女から目が離せませんでした。どのように彼女を見つけられたのですか？

OA　彼女との初対面は、いま僕たちのいるカフェです。「いかにもフランス映画的な配役はしたくない」とキャスティング・ディレクターに相談したら、彼女を提案された。ノラの名前すら聞いたことのなかった僕が「なぜこのリストに入れたんだ？」と訝しげに訊ねたら、「君の目は節穴だ！」と一喝されたんです。ノラ・ハムザウィはスタンダップ・コメディーのスターだったのです。

言葉のリズムやチョイス、間《ま》……彼女の持っているコミカルな雰囲気は素晴らしく、ひと目見た瞬間に「彼女だ！」と確信しました。撮影の時には気づかなかったのですが、あとから考えるとノラ・ハムザウィからは僕は、多大なるインスピレーションを受けていた。彼女は映画に、並々ならぬエネルギーをもたらしてくれました。ノラ・ハムザウィはどんな役でもこなす、振り幅の広い女優です。底知れぬ才能を持っていて、真に偉大な女優になる可能性を秘めている。

――いかにも今どきのパリジェンヌといった雰囲気の、現代的な女優ですね。監督の作品は「この人たち以外はありえない！」と思わせてくれるような見事なキャスティングもまた、大きな魅力です。

OA　これまでずっと、「典型的なフランス映画のキャスティング」は拒み続けてきました。僕はいつも自由でありたいと願っているし、新しい発見を続けていきたい。繰り返しますが、俳優のエネルギーを通してインスピレーションが湧き上がってくることを、僕は期待しているのです。常に新しいことに挑戦し、同じことを繰り返さないように気をつけています。

――多彩なフィルモグラフィーの中で、本作はどのような位置づけになるのでしょうか。

OA　本作は僕の映画の中で、私的で内密な系譜に入ります。九八年に撮った『8月の終わり、9月の初め』は同じ出版業界を背景にしていたので、本作はその延長上にある物語と言えるでしょう。この二作品はスーパー16ミリのフィルムで撮影したことと、ダイアローグの豊富さ、それからお金にまつわる価値観の議論があるという点でも、共通しています。前者は「作家は死後に名声を得る」という現実の不条理を、後者はいま直面しているデジタル革命の時代における価値観の変容を、さまざまな観点から考察しています。

――『8月の終わり、9月の初め』には多くの即興演技が含まれているのではないかと想像します。

OA あの作品の役者陣では、とりわけマチュー・アマルリックとジャンヌ・バリバールが即興を好みました。僕はアルノー・デプレシャンの『そして僕は恋をする』（96）が公開された時に劇場で見て、すぐさま二人を起用して映画を作りたいと思ったのです。当時、実生活のパートナーだった彼らの演技は想像力に富んでいて、またある種の滑稽さをも含んでいます。それとは対照的にフランソワ・クリューゼは即興的な感覚ではなく、自分の根底から役を掘り下げて作っていくタイプ。僕にとって興味深いのは背景の異なる役者が集まった時に起こる、化学反応なのです。フランソワ・クリューゼとマチュー・アマルリックは正反対の資質の持ち主だし、『冬時間のパリ』のギヨーム・カネとヴァンサン・マケーニュはそれまで全く異なるキャリアを歩んできました。ともに別の性格。異なった背景を持っている、芸達者なのです。一緒に演じることが楽しめると分かるや否や、お互いに丁々発止のやりとりを演じてくれました。ギヨーム・カネとヴァンサン・マケーニュを同時に撮ることができたのは、最高の幸せです。

――『8月の終わり、9月の初め』は死で締めくくられ、『冬時間のパリ』はラストに生が芽生えます。このような展開にした理由をお聞かせください。

OA ラストはすごく迷いました。仲違いや苦しみが終わらぬまま終盤を迎えることもできたし、もっと残酷な終わり方にもできた。〝幸せな女性〟というのは、いかにもステレオタイプ的な描き方じゃないか。そう悩みもしました。でも僕としては、この映画の登場人物を、不幸にするより救いたかった。そうする必要があったし、それがこの映画の肝でもあると考えたのです。だから最後の幕は四人が集まる設定にして、希望を持たせる終わり方にしたかった。そこでロケ地をパリからマヨルカ島に移し、35ミリのフィルムで撮影しました。自然光が差し込む中で、人間の感情が風景に溶け込んでいく画《え》を撮りたかったのです。

超自然的な出会い

――この二作品の間にご自身が父親になられたから、という心境の変化もありますか？

OA 父親になった僕の想いをそのまま映画に投影することはできませんが（笑）、おそらくあると思います。『冬時間のパリ』の登場人物四人にはそれぞれ四分の一ずつ、僕自身が投影されています。娘はもう一〇歳になりました……僕は時を経て、『冬時間のパリ』の登場人物たちの境地に達したのです。

――『8月の終わり、9月の初め』ではミア・ハンセン＝ラブという新たな映画人が誕生します。当時、彼女は一七、一八歳で女優としてデビューしましたが、映画批評家を経て、今ではフランスの若手女性監督を代表する存在になっている。そして、あなたの長年のパートナーでもありました。

OA ミアとの出会いは僕の人生にとって、非常に重要です。僕に〝霊媒的に〟光をもたらし、そして未来を与えてくれました。でもあの若い娘との出会いがノンフィクション、つまり僕の人生における最も重要な出来事になるなんて当時、考えたこともなかった！ まして、彼女が僕の娘の、母になるなんて……一ミリも想像できなかったことです。撮影中は僕と彼女の間に恋愛関係は一切なく、それは映画から時を経て始まりました。ミアと僕の関係は超自然的ですが、それはあの映画が降霊術をかけて、僕たちを導いてくれたようなものだったのです。

――それはミアの人生にとっても、最大の出会いだったのではないでしょうか。彼女は「映画の師」にも巡り会うことができたわけですから。彼女は高校を卒業してから映画学校に進むことなく、あなたの影響を受けながら映画と関係していくようになったのですね？

OA　それを言ったら僕だって、映画学校を出ていませんよ（笑）。でも僕が何か一つだけ、ミアに伝えることができたとしたら、映画製作は難しくないということです。誰に対しても同じですが、僕が伝えられることはそれしかない。映画は技術の面においては三週間もあれば習得できる。そう確信しています。映画のメソッドを習得するためには、デッサンや絵画のように基礎からの長い道のりが必要なわけではありません。テクニックがなくても成立する。僕自身は技術に関しては何も知らないし、知りたいと思ったことはない。何が言いたいかというと、ミアが二〇歳か二一歳の頃に、映画にかかわりたいけれど方法がわからないと悩んでいた時、僕はこうアドバイスをしただけなんです。「短編を撮りたいならば、脚本を書いて君のカメラで撮ればいい」と。

――彼女は脚本を手がける前に『カイエ・デュ・シネマ』に寄稿していましたね。

OA　僕はその当時、カイエ誌の編集長をしていたジャン＝ミシェル・フロドンに、彼女を紹介したのです。その後、彼女は自分なりに道を切り拓いていきました。ミアの書いた脚本は相当に素晴らしかった。僕はああしろこうしろ細かく指摘するなんて好きじゃない。彼女を褒めて伸ばす、ピグマリオンや教師のような存在だったことは一度もない。そういう立ち位置は好きじゃないんです。僕は永遠の青年のように生きているのですから（笑）。だから彼女が自分で決めたことを、常に「君が正しい」と応援してきただけ。それが僕たちの関係でした。

率直さと純粋さ

――デビュー以来、作品ごとに様々なジャンルに挑戦しておられますが、フィルモグラフィーを通して一貫しているものは何でしょうか？

OA　毎回、現場に入るたびに、いつも同じ映画を撮っているんじゃないか、人生で一本の映画しか撮ってないんじゃないかという想いに囚われ、恐怖に陥ってしまうことがあります。スタッフは長年よく知る顔ばかりですしね。

僕が映画とかかわる上で最も興味があるのは、「複雑な世界の多様性」を僕なりの視点で切り取っていくこと。毎回、アプローチやアングルを変えて、その時その時代の社会を映しているつもりです。その複雑な多様性を一つの作品で一気に見せるのではなくて、視点を変えながら様々な角度から見ていきたい。そうやって映画とかかわることで僕自身、世界を発見し、人生を学んでいっている。そのために毎回、「未知のテーマ」に飛び込んでいく必要があるのです。

――ヌーヴェル・ヴァーグの映画作家のように、新聞の三面記事から映画の発想を得たりすることもありますか？

OA　僕はほぼ、フランスの新聞や雑誌を読みません。それが政治にしても映画に関するものでも、メディアの考えに影響されたくないからです。自分の中にある〝率直さ〟〝純粋さ〟を貫きながら、僕は映画にかかわっていきたい。未知の領域にいって指標を失ってしまいかねない。そんな環境に自ら身を置きながら、それでも何とか自分自身の均衡を保っている……僕のような映画の作り方をしている映画作家は、フランスでは珍しいと思います。

――ご自身ではどんな映画作家のＤＮＡを受け継いでいると思われますか。親近感を覚える監督はいますか？

OA　比較されることを一切望まずに例を挙げるとするならば……ミケランジェロ・アントニオーニのように、クラシックなイタリア映画から始まって少しずつ、現代映画の可能性を探究し、その才能を開花させた人に共通点を見い出すことができると思います。その視点から考察すると、アントニオーニやヴィム・ヴェンダースの延長線上に、僕は位置しているような気がする。彼らの映画は時代の空気を見事に映像として捉えている。もちろん、今日のフランス映画でも時代性を捉えた監督は、たくさんいます。

――例えばどの監督ですか？

OA　アルノー・デプレシャンを心から尊敬しています。それからセドリック・カーンやクレール・ドゥニも非常に興味深い映画を撮っていますね。もっと若い世代のフランス映画も輝いています。最近なら『アトランティック』*Atlantique*（19）のマティ・ディオップ、『約束の宇宙（そら）』（19）のアリス・ウィンクールなどが刺激的で、生き生きとした作品を発表している。それと、僕の口からはちょっと言いにくいのですが……ミア・ハンセン＝ラブの映画も素晴らしい！　とにかく独自の視点とそれぞれの表現法で唯一無二の世界観を生みだすシネアストが、フランスのインディペンデント映画界には、まだたくさんいるのです。

（二〇一九年一二月一九日　パリ三区、カフェ、ル・プログレにて）

アヌーク・エーメ　Anouk Aimée
女優の歓び

「あの横顔の美しさに魅せられて以来、ずっと彼女を主役に映画を撮ろうと思っていたんです」と懐述したのはジャック・ドゥミだ。港町ナントを舞台に初恋から生まれる、忘れられない出会いと別れ――『ローラ』(61)では切なくも健気な踊り子を演じたアヌーク・エーメは、眩いほどの美しさだった。そしてクロード・ルルーシュと組んだ『男と女』(66)では大人の女性の色気を放って、世界中の男性のみならず女性からも「憧れの存在」として圧倒的な支持を得たのだった。

大西洋に面した港町ラ・ロシェルで毎夏開催される、ラ・ロシェル映画祭。二〇一二年、この映画祭はアヌーク・エーメの特集上映を開催した。その映画祭前のパリで、彼女がインタビューに応じてくれた。場所は凱旋門近くのホテル・ラファエル。指定された部屋にアヌーク・エーメが現れた瞬間、ピリッとした緊張が張り詰めた。波打つような髪に大きなサングラス姿。「目が弱いからカーテンを閉めるように」小さな声で、私はそう告げられた。輝くばかりのエレガンス。しかし、いかにも大女優然とした貫録や威厳で、こちらを圧倒するというのではない。アヌーク・エーメはむしろ、繊細で可憐な女性に見えた。

アヌークと名乗るだけじゃダメだ。エーメ（愛されている人）もつけ加えなさい

――あなたのこれまでのキャリアを振り返っていただきたいと思います。それは時代時代で大きく変化するものでしたか？　それとも常に一定のスタンスで、仕事に臨んできたのか……？

アヌーク・エーメ（以下、ＡＡ）　まず最初に言うと、私はキャリアを築いたことなんてありません。そのような野心を持ったこともないどころか、考えたことすらない。たしかにあまり仕事をしたくなかった時期はあった。でもその時は、夫や娘と過ごしたかったの。結婚するたびに専業主婦に憧れ、女性として普通の生活を送りたいと願っていました。だって一三歳でこの仕事を始めて以来、私は一度だって休んだことがなかったんですから！　休業中にいつも私を迎えに来たのはクロード・ルルーシュでした。私たちはまるで家族のような関係。だからルルーシュの映画には、いつも必ず参加しています。とはいえ、彼が大役を私に贈ってくれたのは、『男と女』（66）、『愛よもう一度』（76）、『男と女Ⅱ』（86）の三本だけ。それ以外は、〝ファミリーの一員〟として参加しているんです。

――戦後すぐの、デビュー間もない頃は、難しい時期を過ごされたのではないでしょうか？

ＡＡ　父と母は離婚していて、だから父とは一緒に暮らすことはできなかった。私たち家族は映画業界とは何のかかわりもなかったんです。それがある日偶然、映画の神が私を迎えに来てくれたんです！　一三歳の頃、シャンゼリゼ界隈のコリゼ通りを母と歩いていた時、ある男性が声をかけてきました。「マドモアゼル、ぜひ映画に出演しませんか？」。私は母の顔をそうっとうかがった後、

アヌーク・エーメ
Anouk Aimée
一九三二〜。女優。パリ生まれ。一四歳の時アンリ・カレフ監督の目に留まり『密会』（47）に出演し女優デビュー。この作品の役名〝アヌーク〟をそれ以後芸名とする。二作目『年頃に咲く花』*La fleur de l'âge*（47）において、詩人ジャック・プレヴェールが、芸名に〝エーメ〟を付け加えることを提案した。クロード・ルルーシュの『男と女』（66）、ジャック・ベッケル『モンパルナスの灯』（58）、フェリーニの『甘い生活』（66）、など代表作多数。『虚空への跳躍』*Le saut dans le vide*（80）でカンヌ国際映画祭主演女優賞受賞。ヨーロッパ映画界を代表する女優のひとり。

「ええ」と答えたんです。それまではもちろん、自分が映画に出るなんて想像したことはなかったわ。その頃は大人になったら昼は薬剤師として働いて、夜はバレエダンサーとして活躍することを夢見ていたんです。ただ映画はとても好きで、よく見ていました。ローレンス・オリヴィエ主演の『嵐が丘』(39)は七回も見たし、『肉体の悪魔』(47)や戦後公開された多くのアメリカ映画を夢中になって見たものです。でもそれは、私とは別世界のものだと思っていました。

——あなたの芸名の由来を教えてください(本名はフランソワーズ・ドレュフス)。

AA 一三歳で初出演した作品の役名が「アヌーク」だったんです。それで撮影現場では周囲から「アヌーク」と呼ばれていた。その翌年、マルセル・カルネの『年頃に咲く花』*La fleur de l'âge*(47)へ出演が決まった時、脚本を書いたジャック・プレヴェールに、こう言われたんです。「君はただアヌークと名乗るだけじゃダメだ。エーメ(愛されている人)もつけ加えなさい」って。その瞬間から私の名前は、アヌーク・エーメになったのです。

——その後、最初の夫で、後にジャン・ジュネの映画『愛の唄』(50)を製作したり、アメリカでジョン・カサヴェテスの『アメリカの影』(60)のプロデューサーになる人物、ニコ・パパタキスと出会ったわけですね。お二人はサン・ジェルマン・デ・プレがパリの知的・文化活動の中心地だった一九五〇年時代、最も美しいカップルだったという伝説があります。

AA ニコは本当に美しい男でした。出会ったのは五〇年代初め、彼から一目惚れされたのがきっかけです。それから何度も何度もアタックされました。彼は多くの著名な文化人を、私に紹介しようとしました。例えばジャン・ジュネ。当時、私自身はジュネがどんな人物なのか、よくは知らなかったのですが……。戦前からの友人だと、ジャック・プレヴェールを紹介してくれたのもニコでした。それ以来、ジャック・プレヴェールとは仕事上の関係ではなく、ニコの友人として会うようになったのです。そのうちにニコとの距離が急速に縮まり、結婚することになった。そう、あれは一七歳の時でした。ニコは、サン・ジェルマン・デ・プレで一世を風靡したキャバレー〈ラ・ローズ・ルージュ〉を経営していました。そこは若い文化人や芸術家のたまり場で、イヴ・モンタンやシモーヌ・シニョレ、シモーヌ・ド・ボーヴォワール、コクトー、ジュリエット・グレコ、ジャコメッティといった人たちが毎夜、集っていたのです。

フェリーニとの友情、愛情

——錚々たる芸術家や文化人と交流される中で、あなたはあのフェデリコ・フェリーニにも出会われました。フェリーニ監督とは、どのような出会いだったのでしょうか？

AA フェリーニの作品に出演する前、私はいろんなフランス映画にも出演していました。サン・ジェルマン時代の仲間だったアレクサンドル・アストリュックの『恋ざんげ』（53）と、『不運なめぐり逢い』*Les mauvaises rencontres*（55）。それからジョルジュ・フランジュの『壁にぶつかる頭』（59）、ジュリアン・デュヴィヴィエの『奥様にご用心』（57）、ジャック・ベッケル監督でジェラール・フィリップと共演した『モンパルナスの灯』（58）などなど……。その後、個人的に通らなくてはならない道を通りました。ある種、悪魔払いの儀式のため、ドイツへ撮影に向かったのです。私は多感な時期に、ナチスから殺される恐怖を存分に味わいましたから、その呪縛から解放されなければならなかったのです。そして五〇年代の終わり頃、フェリーニが『甘い生活』（66）のために、私に会いたいと連絡してきました。

——フェリーニに、どうしてあなたを選んだのかお訊ねになったことはありますか？

AA　おそらく彼は、私の出演作を見たことはなかったと思います。最初は私のことをモデルだと勘違いしていたくらい。それに、どうして私が選ばれたのかをあのフェリーニに訊くなんて、できるわけがありません！　私はフェリーニとある種、壮大な恋愛関係、もしくは友情関係のようなものを結んだと言えるでしょう。そうそう、マルチェロ（・マストロヤンニ）とも、すぐに意気投合しました。

――フェリーニからは何を学んだと思っていますか？

AA　女優という職業の歓びを。それまでの私は内気で、女優業を心から楽しむことはできなかったんです。フランスでは、撮影現場に異常なほどの緊張感が走っていることが多い。でもそんな窮屈な現場の空気には、やがて飽き飽きしてしまう。それに対してフェリーニは大真面目でありながら、心から映画を楽しむ術を知っている。フェリーニ映画の経験は、私の女優に対する姿勢を変えたのです。

――六〇年代は、主にイタリア映画を中心に出演されています。フランスのヌーヴェル・ヴァーグの波に乗りそこなった理由をどうお考えですか？

AA　そうはいっても、私はジャック・ドゥミの『ローラ』（61）に出るため、フランスに戻ってきましたよ。彼はヌーヴェル・ヴァーグに近しい存在です。だけど、そうですね……『ローラ』の後、すぐ『8½』（63）の撮影のために、イタリアに渡りました。ヴィットリオ・デ・シーカ、アレッサンドロ・ブラゼッティなど、あの国では数多くの才能とめぐり会えたわ。今すぐ名前は思い出せないけど……他にもたくさんの方とお会いしました。

――ヌーヴェル・ヴァーグのゴダール、トリュフォー、リヴェット、ロメールたちは、少しあなたをなおざりにしていたとお考えになりませんか？

AA　あら、全ての人間は間違いを犯す権利がありますよ（笑）。いずれにせよ、私はジャックと『ローラ』を撮ったのですから、それで十分。

――『ローラ』は今日、神話的な映画となっていますね。

AA　公開された時は全く観客が入らなかったのですから、不思議なものですよね。私の考えではジャックの演技指導、ローラという役柄、それを演じた私という存在、この三つが出会って化学反応を起こしたからこそなんでしょう。だから時代を経て、理解され評価されていった。これがジャック・ドゥミのデビュー作品です。

――ジャック・ドゥミとの出会いについて、お聞かせ願えませんか？

AA　ジャックとは、旧友のジャン＝ルイ・トランティニャンと、彼の妻だったナディーヌからの紹介で知り合いました。ナディーヌと私は、一五歳からの親友。彼女の家族全員と仲がいいのです。私はジャン＝ルイとナディーヌの結婚の保証人にまでなったんですよ！　ジャック・ドゥミはジャン＝ルイとナディーヌに、私と会いたいと伝えた。それで彼ら夫婦から電話をもらったんです。残念ながら彼ら（俳優のジャン＝ルイ・トランティニャンと映画監督のナディーヌ・トランティニャン）は別れてしまったけれど。

――クリスチャン・ヴァディムもあなたの幼馴染みだったそうですね。

AA　ヴァディムとは寄宿学校で一緒だったんです。彼は年上でしたが、その学校は上級生と下級生を同じクラスで学ばせる方針だった。けっして上級生は下級生の宿題を助けてはいけない。そう厳しく言われていたけど、私の作文をこっそり書いていたのはヴァディムなんですよ（笑）。彼からはスキーも教わりました。ヴァディムとは彼の親友（後に俳優になる）クリスチャン・マルカンを介して、パリで再会しました。そのクリスチャンはジャン＝ルイ（・トランティニャン）の妻だ

ったナディーヌの兄なんです。ほら、全てが繋がっているでしょう（笑）

わが同志、クロード・ルルーシュ

――あなたは生粋のパリジェンヌですね。

AA 生まれたのはパリ一七区。長い間左岸に暮らしていて、今はモンマルトルに住んでいます。

――まるで『男と女』のようですね。

AA そう。『男と女』の主人公アンヌと同じ、ラマルク通りの近くです。ルルーシュも近所に住んでいて、だからいまでも街角で、しょっちゅうすれ違うんです。

――その『男と女』のお話をお聞かせください。この映画もジャン＝ルイ・トランティニャンの紹介がきっかけで始まったのですか？

AA そう。またジャン＝ルイから電話がかかってきたんです。「無名の若い監督が僕たちに会いたがっている」って。それがクロード・ルルーシュでした。

――ルルーシュは、出演するほぼすべての女優と恋愛関係に落ちるといわれています。でもどうしてあなたとは……

AA 私とは何もなかったわ！　そういえばこんなことを言って笑いあったことがあります。私は彼女たち（元妻や元彼女）七人の母親であってもおかしくないわねって。ルルーシュはフランスがナチスに占領されていた頃、南仏などに身を隠し、恐怖の時代を過ごしたユダヤ人。占領下を生き抜いた者として、彼のことはソウルメイトのように思っています。

――ルルーシュには恋しなかったけれど、ピエール・バルーとあなたは恋に落ちた。

AA　ええ。『男と女』の撮影後、すぐに結婚しました。そうそう、バルーは私と離婚した後、日本女性と結婚したのはご存じですか。その娘（マイヤ・バルー）は音楽をやっていて、私とも仲がいいのですよ。

――これまで三回結婚されましたが、相手は揃ってアーティストです。芸術方面からインスピレーションを与え合うことを求めていたのでしょうか？

AA　映画監督のニコ・パパタキス、ミュージシャンのピエール・バルー、俳優のアルバート・フィニー。アーティストだからという理由で、彼らと結婚したわけではありません。結婚した後は、一緒に仕事したことは一度もありませんから。人としての彼らから、多くのことを学びました。だけど結婚していない男性からも、学んだことはたくさんあります。ニコは一昨年亡くなってしまったけれど、その最期まで彼とは大親友でした。彼との間には、五一年に娘を授かっているのです。ピエールとも仲良しだわ。フィニーはロンドンに住んでいますが、時々会います。結婚しなかったけれど、長年生活を共にした監督のエリ・シュラキとも……。私は別れた男性たちと、その後もいい関係を保っています（ニコ・パパタキスは二〇一〇年、ピエール・バルーは二〇一六年に逝去した）。

出発と到着

――いつも周囲からオファーされるばかりで、ご自身から出演をアプローチをしたことはなかったんでしょうか？

AA　「私を使ってください」なんてアピールしたことは、一度もありません。そんなこと……何があってもできないわ！　それだから私は、「偉大なキャリア」を築けなかったんです。私は求められる、愛されることが好き。だから「私と仕事がしたい」と言ってくれる人の映画にしか出ないんです。たとえばウディ・アレンは私の友人だけど、彼の映画に出してなんて、言ったことはないんですよ。

――先程、休業期間があったとおっしゃいましたね。それはどの時期ですか？

AA　『男と女』（66）の後、七〇年代半ばまで、私にいつもオファーをくれたのはルルーシュです。ピエール（・バルー）と三年間の結婚生活終えた翌年、私はアルバート・（フィニー）と再婚して、ロンドンに引っ越しました。その時ルルーシュから、カトリーヌ・ドヌーヴとの共演になった『愛よもう一度』（76）に誘われて、フランスに一時帰国したんです。その後、エリ・シュラキの『我が初恋』*Mon premier amour*（78）への出演に次いで、マルコ・ベロッキオの『虚空への跳躍』*Le saut dans le vide*（80）で、ミシェル・ピコリと共演した。この作品は私の出演した映画の中で、最も重要な作品だと思っています。この映画の演技でミシェル・ピコリと私はそれぞれ、カンヌ映画祭で俳優賞を受賞しました。こんなことは初めてだったし、もう二度と起こらないでしょう。マルコ（・ベロッキオ）との仕事は素晴らしかった。私がこれまでの人生で出会った人の中で、彼は最も繊細で温かい人でした。その後、ベルナルド・ベルトリッチと『ある愚か者の悲劇』（61）を撮影しました。すべてがとんとん拍子にいったのではなく、合間には休んでいました。私はお金に目の眩んだ贅沢好みの女性ではありません。撮影は義務ではなく歓びであって欲しいと思っている。だから私はいつも、マイペースなのよ。

――一九七〇年から一九七六年の間、六年間休業されていた時、ブランクを感じたことはありますか？

AA　いいえ。六年では大きな変化はありません。だって『男と女』『男と女Ⅱ』でも、私はほとんど変わりないでしょう？　その間に二〇年もの歳月が流れたというのに……。

——とはいえ、女優という仕事は、ある年齢にさしかかると、方向転換を迫られるなど、厳しい問題があると言われますが……。

AA　女優のタイプによって違うけれど、たしかに今は、昔に比べて難しい状況になってきています。でも私の場合、ファム・アンファン（子供のように天真爛漫で魅惑的な存在）だったことは一度もないんです。「きれいな人形のような役」を演じたことさえも！『甘い生活』をご覧になってみてください。まだ二八歳と若かったのに、私は成熟した女性を演じていたでしょう。私の外見は昔から、あまり変わっていないと思う。もう若々しくはないけれど……もちろん美容整形手術を受けたことなんてないわ！

——そして今なお、現役で活躍されている。

AA　ええ。大概が端役ですけれどね。でも時々、素晴らしい役に巡り会うこともあります。例えば七、八年前にポーランドで撮ったマルセリーヌ・ロリダン＝イヴェンスの『小さな草原の白樺』*La petite prairie au bouleaux*（02）のように。この映画のテーマが気に入りました。マルセリーヌ自身の収容所での体験に基づいた物語なんです。第二次世界大戦中、ゲシュタポに捉えられ、アウシュビッツなどの収容所をたらいまわしにされた女性が一九四五年、収容所解放で自由を取り戻すのです。

——これまで出演された中で、あえて五本の映画を選ぶとしたら？

AA　『甘い生活』、『ローラ』、『8½』、『男と女』、『虚空への跳躍』、『我が初恋』、『恋ざんげ』……まだまだあります。とても五本では収まらないわ！

——こんにち、多くのシネアストがオマージュを捧げるように、あなたを配役します。アニエス・

ヴァルダの『百一夜』(94)、ミカ・カウリスマキの『GO! GO! L.A.』(98)、イヴァン・アタルの『フレンチなしあわせのみつけ方』(04)など。

AA たとえどんな小さな役でも、出演を求められることは嬉しく思っています。アニエス(・ヴァルダ)のことは昔からよく知っています。ミカ・カウリスマキの映画では、ジョニー・デップと共演したことが一番嬉しかったわ! そしてイヴァン(・アタル)! あの作品では、ユダヤ人家庭のイヴァンの母を演じました。私の夫役はクロード・ベリだったですよ。あの映画の撮影中は、幸福な時間が流れていました。

――ところでバカンスでは、どのような場所に行かれるのですか?

AA 自然が大好きで、若い頃はスキーに夢中でした。美しい場所は世界中にあります。でも残念ながら、私は旅行が好きじゃないんです。「出発する」という考えには、何か不安がつきまとう。それに飛行機恐怖症。「出発」に恐れを抱くのは、間違いなく私の幼少時代の思い出からきています。いつナチスに連行されるかという不安は、いつまで経っても消えるものではありません。それとは反対に、「到着」という言葉の響きが、私は大好きなの。どこへいっても、その土地の空気、習慣に馴染むのは誰よりも早いのよ。皆がホテルで荷物をといている間に、すでに土地の人と仲良くなっているくらいですから。

――大ヒットを記録した『男と女』の後、大きな変化はありましたか? たとえば街で、大勢のファンに囲まれたり。

AA それ以前だって道行く人たちは、私の存在に気づいていましたよ(笑) そうね……大抵の人々は親切だし、好かれていると感じられることは嬉しい。有名でちやほやされることで、たしかにいろんなメリットもありますよ。だってレストランに入ればいつだって、特等席に案内されるんですから（笑）。

――あなたはカンヌ映画祭でパルムドールを受賞した作品に二度も出演した、稀有な女優です。

AA ええ。一九六〇年の『甘い生活』、その六年後の『男と女』がパルムドールに輝きました。それから一九八〇年、マルコ・ベロッキオの『虚空への跳躍』で、ミシェル・ピコリが男優賞を、私が女優賞を授賞しました。翌年は何もなかったけれど、ウーゴ・トニャッティがベルナルド・ベルトリッチの『ある愚か者の悲劇』で男優賞を獲った。だから私は、幸福をもたらす女といっていいのかしら。

（二〇一二年六月二二日　パリ一六区、ホテル・ラファエルにて）

クロード・ルルーシュ　Claude Lelouch
映画は人生とスピードだ！

「クロード・ルルーシュという名を覚えておくといい。もう二度と聞くことはないだろうから」一九六〇年にルルーシュ初の長編映画『人間の特性』*Le propre de l'homme*を、『カイエ・デュ・シネマ』誌は痛烈に批判した。

ジュークボックスの映像を撮って糊口をしのぐ不遇の時代を経て一九六六年、アヌーク・エーメ、ジャン＝ルイ・トランティニャン主演で『男と女』を監督。フランシス・レイのスキャットがレーサーと映画の記録係の恋を彩るこの映画で、カンヌ国際映画祭パルム・ドールとアカデミー外国語映画賞を受賞する。

世界的な成功を収めたこの映画に主演したアヌーク・エーメとジャン＝ルイ・トランティニャン、そして監督のクロード・ルルーシュの三人が再会。二〇二〇年に正当続編となる『男と女Ⅲ　人生最良の日々』を発表した。五三年ぶりに運命の恋が再開した〝奇跡〟について、八一歳になったルルーシュが語った。

過ぎ去っていく時

――『男と女』は、海外で最も有名なフランス映画の一本だと言えるでしょう。今回、最も感動的だったことは五三年前と同じ俳優ジャン＝ルイ・トランティニャンとアヌーク・エーメとあなたの三人が揃ったことです。半世紀を経て、監督と主役の二人が一同に会した映画は初めてではないでしょうか？

クロード・ルルーシュ（以下、CL） 人生というのは、なかなか思い描いていたようには進まない。だから今回われわれ三人がまた一緒に映画を作れたのは、奇跡だと思っています。『男と女Ⅲ 人生最良の日々』は、過ぎ去っていく時の物語です。時というのは唯一、運命を左右する。でも私はこの映画を通して、過ぎ去る時間に抵抗し、打ち克っていくことが重要だと伝えたかった。私は本能のままに映画を撮っています。それが他のシネアストたちと違う点かもしれません。私と映画の関係を説明するのは非常に難しい。これまで四九本の作品を撮ってきましたが毎回、何かを語らなければならないという想いに突き動かされてきました。なぜなのか、それはわからない。想像という行為を説明することは難しい。ただ自分が見たいと思う映画だけを作ってきたのはたしかです。

――五三年の時を経て『男と女Ⅲ 人生最良の日々』が製作されるまでの経緯をお聞かせください。

CL 三年前、『男と女』五〇周年のリバイバル上映があった時に、私はスクリーンではなく映画を見ているジャン＝ルイ・トランティニャンとアヌーク・エーメの様子を窺っていました。二人は手を取り合ってささやき合い、微笑みを交わしていた。それがとても幸せそうに見えたんです。老いに対する悲壮感なんて、微塵もなかった。五〇年前の自分たちの姿を見て、まるで子どものよう

クロード・ルルーシュ
Claude Lelouch
一九三七〜。映画監督。パリ生まれ。キャリアの初期は陽の目を見ず不遇の時代を過ごすが、スポンサーが付かず自主製作した『男と女』（66）でカンヌ国際映画祭パルム・ドールとアカデミー外国語映画賞を受賞し、世界的大ヒットとなる。大人の恋愛模様を描いた作品を多く製作する。『男と女』は、その後二作の続編を作っている。

に楽しんでいる。そんな二人の姿が私の目に焼きついたんです。その時ジャン＝ルイとアヌークを永遠の恋人としてカメラに収めたいと強く思いました。彼らはまだ最後の言葉を交わしていない、でも最後の言葉が初めての言葉にもなり得る――そんな作品を描いてみたくなったのです。若い頃とは違った、老いたからこその美しさを撮りたい。そう率直に思いました。

――ジャン＝ルイ・トランティニャンは二〇〇三年、娘のマリー・トランティニャンが当時の恋人から暴行を受け亡くなるという悲劇を経験した[1]。それ以来彼は舞台は別として、映画人としてのキャリアにピリオドを打ったと思っていました。たしかミヒャエル・ハネケの映画以外には出演していないと思いますし、それに数年前には引退宣言までしています。

CL　五〇周年の上映後、ジャン＝ルイに私の思いつきを話したら「もう映画は引退したんだ」とすげなく断られました。アヌークは承諾してくれたものの、ジャン＝ルイを説得するのは非常に困難だった。ちょうど今から一年前の出来事になりますが、私は泥棒に入られ、完成していたシナリオ、撮影に必要な書類すべてを盗まれてしまったんです。その事件で失意に暮れていたある朝、私の事務所「フィルム13」のカフェで偶然、ジャン＝ルイのアシスタントに会ったんです。フィルム13には業界向けの試写室もあって、アシスタントはそこに来たのだという。彼の話では、普段南仏で暮らしているジャン＝ルイも、その時パリに来ているというのです。私はすぐ会いに行きました。そして「ある一つのエピソードを二〇分くらいの短編として撮らないか？」と持ちかけたのです。彼は最初半信半疑な様子だったので、数年前に自分の身に起こった出来事を、彼に話したのです。

――それはどんな？

CL　アニー・ジラルドのことです。彼女がアルツハイマーを患った時、私は彼女の家族から電話をもらったんです。「アニーが覚えているのはあなたのことだけだから、すぐに会いにきて欲しい」、

▼1　二〇〇三年七月二六日、当時四一歳だった女優のマリー・トランティニャンが、TV映画『コレット』の撮影地リトアニアの首都ビリニュスで、恋人でロック歌手のベルトラン・カンタに口論のはてに撲殺された。この事件をきっかけにフランスでは「家庭内DV」の危険性と「DV殺人事件」が注目されるようになった。

そう頼まれました。私は彼女の家を訪れ、実際に会ってみた。でも私のことを、覚えているような覚えていないような、そんな状態だったんです。その出来事から『男と女Ⅲ　人生最良の日々』を着想した。こんな老人映画などうまくいくはずがない、馬鹿げている。周囲の誰もがそう言いましたが、奇跡が奇跡を呼んで遂に、この映画は完成したのです。

人生最良の年はまだ生きたことがない年

――この映画の撮影期間を教えてください。あなたは撮影時に起こったアクシデントを取り入れる、即興とインスピレーションの監督として知られています。撮影前の準備はどのようにされたのですか？　それと俳優たちに演技の自由を与えることでも、あなたは有名です。シナリオにはダイアローグは書き込まれていたのでしょうか？

CL　撮影は一三日間。冒頭の二人の出会いのシーンは一九分で、撮影時間はトータルで四〇分の早撮りです。シナリオは私の妻ヴァレリー・ペランが担当しています。

私の全ての映画のダイアローグには、「真実」しか書かれていません。道端やカフェですれ違う人々を観察し、それを自分の映画に盛り込んでいくのです。私が愛した女性との経験も、そこには大いに反映されています。私自身、五人の女性から七人の子供を授かっている。だから私はこの映画のテーマを知っているのです。ジャン＝ルイとアヌークには、事前にそれぞれのセリフは渡していました。でも二人共、相手のセリフを知らなかった。私はそれを基盤として、撮影時にその場で思い浮かんだダイアローグを盛り込み、その日その時にしか引き出せなかっただろう自発的な演技を、カメラに収めていったんです。これはもう、五〇年前から試みてきたことです。

――本作品にはどれくらい、あなたの自伝的要素が入っているのでしょうか？　この作品にはあなたの人生観が凝縮されていると、捉えてもいいのでしょうか？

CL　この映画は私の人生です。私は元来いたずら好きの不良少年で、そして女性が大好きだった。その女性たちがいまの私を作ってくれた。そう実感しています。これまで私は男性より女性に向けて、映画を作ってきたつもりです。それに女性の方が男性よりも優れているとも思っています。『男と女』の男は身勝手で、女は誠実。彼女に見合わなくて悪かったと、男は許しを乞います。この映画は女性に対するオマージュでもあり、人生の美しさを描いてもいるのです。

――それで原題をヴィクトル・ユゴーの格言から取られたのですね。

CL　ええ。ヴィクトル・ユゴーの格言「人生最良の年はまだ生きたことがない年」（*les plus belles années d'une vie*）を若い頃に読んだ時、「現在」こそが何よりも重要であると知りました。だから老いている暇などない。この映画のタイトルは、現在は過去よりずっと強い、現在だけが最も大切なのだと謳っています。私は八一年生きてきた中でそれを実感してもいる。元来私は楽観主義者で、いつも物事を良い風に捉えています。それから長く続く幸せではなく、あえてリスクを犯すことを好んできた。この映画を撮り始めた時、果たしてどのように物語を終わらせるべきかわからなかった。いつも私はジャンヌ・ダルクのように、天からの声によって動かされているのです。

――どのような時に、天からの声が聞こえてくるのですか？

CL　これまで車の中で数千本もの物語を作ってきました。私にとって車は自由の象徴で、人生と切っても切れない関係のものです。はじめてのシトロエン２ＣＶを手に入れて以来、私の人生は一変しました。車は最も自由を感じられる空間で、何よりムーブメント（動き）の中にいることができる。私は静かな環境で机に向かっても何も浮かんでこない。『男と女』のシナリオは、パリからドーヴィルへ向かう車の中で書き上げました。セリフやストーリーをしゃべりながら、それをテープで拾っていく。誰もがどこからか声を聞くものですが、私の場合それは車の中なのです。恋人との待ち合わせにも、車で向かう。そして時間ぴったりに到着するのが好きです。そのためにはリスクを犯す。でもリスクを犯すということは、あなたに会うのが嬉しいという表明だとも思っています。

——何があなたを映画へと突き動かすのですか？

CL　これまでの四九本の映画作りのどれもが、まるで学校に通っているみたいな体験でした。ショット、アングル、フレーム、エモーションなど、常に新しいことを学びたい。私は映画館に行くのが好きだし、別のシネアストの映画を見るのも大好きです。でも私が見たい映画がない時もある。その時は見たい映画を、自分で作るのです。映画は私にとっては人生そのもの、人生を二時間に凝縮したもので、そこに私の人生の全てが詰まっています。別の人の映画を語ることは簡単です。でも自分と映画の関係を説明することはできない。私にとって映画を撮るということは……呼吸をしたり、眠ったり、ジョギングしたり、つまり生きているのと同じなのです。誰かのためではなく自分のために、私は映画を撮っている。だからハリウッドからの仕事も断ってきました。それは私にとってのセラピーである。だから撮り終わった後は、爽快な気分になる。誰もがそれぞれの病いを抱えています。私の病いは映画であり、でもそれは最良の治療薬でもあるのです。

——あなたが映画の道に入られたきっかけを教えてください。

CL　私は、一九三七年に生まれました。ユダヤ人の父は戦時中はアルジェリアに行き、母はフランスに残されて離れ離れになった。私と母はゲシュタポから逃れて暮らしていました。私は身を隠すために屋根裏部屋や列車、バスに隠されたが、いつも落ち着きがない難しい子だった。静かにしていられるのは映画館の中だけ。だから五歳の時から午後二時から六時まで、ずっと映画館に潜んでいました。フランス人はドイツの侵略に苦しんでいた。でも私は映画館で、まるで天国にいるような気分に浸っていたのです。そのうちにごく自然と、映画に恋をしてしまった。だから戦争が終わり学校が再開しても、勉強には一切興味が持てなかった。バカロレア（大学などの高等教育機関に入学するための資格及びその国家試験）に落第して、どこの映画学校にも入学できませんでした。そんな時に父が「これでなんとかしろ」とカメラを贈ってくれたのです。そこから私の人生は一変した。カメラは映画の中心です。見えない（インビジーブルな）役者とも言える。その後、一九五七年にコミュニストの部隊に登録してモスクワにルポルタージュを撮影しに行きました。現地では一五日間、コートの中にカメラを隠し持って、ファインダーも覗かずに街の中を撮りまくった。その時にミハイル・カラトーゾフの『戦争と貞操』（57）を撮影しているスタジオを見学する機会に恵まれたのです。その時に、「映画はカメラだ」とわかった。それで二〇歳の頃から映画を撮り始めましたが、鳴かず飛ばず。『男と女』は私の七本目の作品でした。これが当たらなければ、さすがに職業を変えなければと思っていましたよ。

――カンヌ映画祭でパルムドール、そしてゴールデングローブとオスカーを受賞されました。以前、「人生はあらゆるジャンルのミックスだから、私の作品には様々なジャンルが混ざっている」と語っていましたね。もちろんルルーシュ流の一貫したスタイルを持ってですが。

CL　人生はジャンルのミックスです。ホラーや政治、愛、ドキュメンタリーを混合したもの。私にはジャンル映画を描くことはできませんが、人生のあらゆる側面が好きです。美しさも醜さも、賢い人間も愚かな人間も、同時に好んでいる。寒いのも暑いのも、山も海も、都会も田舎も全てが好きだ。常に喜劇と悲劇が混在している。そんな人生で起こることは、私の作品の中にすべて発見することができます。私の映画に出てくる会話は全て、街角のカフェや街路で耳にしたことや、私自身の体験に基づいている。私にとって非常に困難なのは、常に映画制作の謎についてインタビューで訊かれることです。それに答えることは難しい、というよりも不可能です。ピカソやヴァン・ゴッホになぜ絵を描くのか訊いても、答えは出ないでしょう？　ヴィクトル・ユゴーになぜ小説を書くのか訊いても、説明するのは不可能です。私たちは日々の生活でインプットし、消化したものを映画に変えていく。私が作るのは映画であって、スペクタクルでも娯楽でもない。矛盾を抱えた人生を描いている。人生には紆余曲折がありますが、観客が生きたいという希望を持てるような映画を、私は作りたいのです。

――本作でジャン＝ルイは「忠実であれば、良いことがある」というようなことばを、自戒を込めて言っています。

CL　それは真実です。私は自分らしく生きることしかできない。どうしようもなく純真だと思われているかもしれない。何かに忠誠を誓うことはない。たとえば車だったら、もっといい車を見つけたら乗り換えます。それと同じである日、ある女性が私に恋した。それが翌日、別の男性と恋に落ちたら……私に別れを告げて、その男性の元に行くまで。それは女性も男性も同じです。

――車を買い換えるように、恋愛相手を取り替えるのですか？

CL　たとえばシャンプーや口紅や靴だったら、より良いものを見つければ買い変えるでしょう？　忠誠と成長は、真逆の関係にあります。残酷ですが人生とはそういうもの。より良くなるためには努力を強いられる。人生とはコンペティションなのです。

――アヌーク・エーメは映画の中で「この愛は美しすぎて完璧すぎる」と言います。このような愛は映画の中にしか存在しないのでしょうか？

CL シンプルさは恐れを抱かせるものです。何もかもがうまくいくと怖いのです。特に女性の場合は、完璧さに恐れを抱いてしまいがちです。〝完璧〟など存在しないのですが。女性は完璧に対峙すると、「何かが裏に隠れている、罠があるのではないか」と疑ってしまいます。たとえば今あなたの前に銀行マンが現れて、二〇%お金が儲かると言うとしましょう。そんなことなどあり得ない。忠実な人間などありえない。もっといいものが見つからない間だけ、忠実でいられるのです。愛情関係においては、どちらかの愛の比重が重くなればおしまいです。

――長続きする秘訣はないのでしょうか?

CL 相手に自由を与えることです。そうすれば長い間、一緒にいることができる。だが愛は〝監獄〟になってはいけない。女性と出会って、その女性が「私を裏切らないで」と言うとしましょう。それはあり得ない! そんなことを男性には絶対言ってはいけません。人生では常に強い〝ドラッグ〟を摂取しなければならない。だからこそ人生は素晴らしい。誰かと長い期間一緒にいたければ、相手がしたいことを自由にさせておくしかありません。カップルの場合においては、自由の感覚を持つことができれば、長くつづくものなのです。

人生はスペクタクル=劇的な舞台

――『男と女』は、大衆にフランス的な恋愛のイメージを決定づけたのではないでしょうか。ドーヴィルの海岸、「ダバダバダ……」のスキャットが忘れられない同名の主題歌 *Un homme et une femme*, ジャコメッティの彫刻のような男と犬のシルエット等、「スピード、音楽、恋愛」がロマンチックな映像と音楽に相まって強烈な印象を残しました。映画製作四〇周年には、海岸の近くにクロード・ルルーシュ広場が作られたと聞きました。これまで主人公のジャン＝ルイがあなたの分身であることは気づかなかったのですが、『男と女Ⅲ　人生最良の日々』を見て、初めてそれに気づきました。トリュフォーにとっての分身がジャン＝ピエール・レオー演じるアントワーヌ・ドワネルで、あなたの分身はジャン＝ルイ・トランティニャン演じるジャン＝ルイ・デュロックだということがわかったのです。この見解は間違っているでしょうか？

CL　私の作品では多くの登場人物に自分自身を反映させていますし、私がよく知る人物像だけを描いてきました。『マイ・ラブ』（74）は自叙伝ですし、『ライオンと呼ばれた男』（88）のジャン＝ポール・ベルモンドも私の姿です。子供がいて家族があって、でもやらなければならないことがある男の物語。

――家庭を省みない男のロマンです。

CL　私の知っていることだけを描いてきましたから、原作の映画化は考えられません。実体験に基づく作品しか撮ることができないのです。私の作品に登場した俳優たちは、現実にもいる。この世には超絶的なヒーローも極悪人も存在しないし、勧善懲悪などありえない！　そんなものは、アメリカ映画の中でしか見ることができませんよ。だから私はブロックバスターのアメリカ映画が大嫌いです。誰もが人生の中で一分か二分、何かのアクシデントによってヒーローになることができる。誰もがその可能性を秘めている。愛は人間にとって最も重要なことです。愛に最重点を置くと、幸せになる可能性が高まる。一方、お金持ちになることが最も重要だと思う人もたくさんいます。私は愛に重きをおくが、そうでない人と相違関係で交わるのも面白い。人生は信じられないほど、スペクタクル＝劇的な舞台なのです。神が最後に発明したのは人間です。天地、自然、動物を生み出し男性、そして女性を生み出した。これは最も美しい発明です。だがそこで終わるわけではなく、何百万年もかけて進化を遂げているからこそ、情熱的なのです。と同時に人間は脆い存在でもある……。

今、私たちが、このカフェで話しているのは、私の事務所の前で大掛かりな工事があったからです。でも事務所でのインタビューだったら、カフェで話すこととは別のことを話していたでしょう。街路に置かれたベンチに座ってでも、歩きながらでも、内容は違っていた。午前九時のインタビューと夜一〇時のインタビューでも変わってきます。私は朝九時と深夜では同じ気分ではないのですから。我々は毎瞬間ごとに、その場その時にしか感じられない時を過ごしています。だから重要なのは〝現在〟。この世で何が美しいかというならば、いつもムーブメントの中にいることです。この世には何一つ、止まっているものなどない。地球は動いているのですから。

――失いつつある記憶について、もう少しお聞かせください。

CL　我々は誰もが、アルツハイマー予備軍なのです。何かは覚えているが、何も覚えてはいない。たとえば私はいま八一歳だが全てを覚えている。と同時に何も覚えてはいません。私は一九八〇年四月二一日、何をしていたのか？　まったく覚えていない。二〇〇〇年七月二七日、何をしていたかと訊ねしたら、あなたは答えられますか？

――いえ、何も覚えていません……。

CL　だったらあなたは、アルツハイマーです！　もう一度お訊ねします。二〇〇〇年七月二七日、あなたは何をしていましたか？　午前六時に？　我々は何も覚えていないのです。ただ幸運なことに写真があり、映像もある。あるいはあなたの母親や父親が、語り伝えてくれるでしょう。だが私たち自身の中には、明確な記憶がない。だから重度は異なるけれども、誰もがアルツハイマーだとも言える。この映画でジャン＝ルイはアヌーク・エーメに再会した瞬間、まるで写真のように記憶が蘇ってきます。たしかに写真や映像を通して、我々は記憶を蘇らせることができる。でもそれは非常に脆いものなのです。

――薄れゆく記憶の中で、ジャン＝ルイはアンヌのことだけは覚えていました。

CL それは彼女が人生を変えた女性だからです。強烈な印象として刻まれた大切な思い出でなければ、それは記憶からこぼれ落ちてしまう。撮影で一〇〇時間分のフィルムを廻しても、完成した映画には一時間半分しか残らない。でもだからこそ、私は人類不変のテーマを追求し続けたいし、観客の無意識に訴えかけていきたい。私の映画は理性的とは言えないから、好きな人もいれば嫌いな人もいます。でも、死が訪れることは誰もが理解していても、無意識では永遠に存在したいと願っている。それが人間というものでしょう。

――あなた自身は死を恐れていますか？

CL 死はきっと、素晴らしいに違いない。いや、そう断言はできないな（笑）。私は自分の死を失敗したくない。成功させたいと思っています。それはきっと、別の旅の始まりだと思うから。それぞれがそれぞれのやり方で、神や何かを信じたり、信じなかったりしている。でも確実なことなんて、何一つありません。私は人生、そして「現在」を信じています。だからこそいつも好奇心旺盛で、情熱的です。人生とはまるでヒッチコックの映画です。だって、サスペンスに満ち溢れているのだから！　これから何が起こるかなんて、誰にもわからないのです。

時にルールを尊重しない、それが私らしさ

――「映画監督は世界で最も美しい仕事だ」と公言していますね。六〇年ものキャリアを持つあな

たが、まるで二〇代の青年のように若々しく熱っぽく語られる姿を見ていると、大きな感銘を受けます。

CL 私にとって心から楽しめることは、映画作りだけなのですよ。

――これまでにヒット作にも恵まれましたが、興行が振るわなかった作品もありました。あなたは観客から愛され俳優から慕われる映画監督ですが、ことフランスの批評家からは厳しい批判を浴びてきたのではないでしょうか?

CL 私がこれまで四九本の映画を撮ったこと、そしてもうすぐ私の五〇本目を撮ろうとしていること、それこそが重要なのです。批評とは一体なんでしょう? 誰かのことを悪く言った時、私はひどく気分が滅入ってしまう。その一方で、褒めるときは気持ちがいい。だからもし私が映画評論家になったとしたら、自分が好きな映画のことしか話さないでしょう。好きでもない映画について話すなんて、時間の無駄ですからね。

――あなたがＤＶＤショップを訪れ、ご自身の好きな映画を紹介しているインターネット番組を見ました。その中であなたは、『レイジングブル』や『ゴッドファーザー』を賞賛され、ウディ・アレンに共感すると語っていた。『マディソン郡の橋』は最も美しいラブストーリーだと、まるでこの映画に嫉妬さえ覚えていらっしゃるようでした。まるで映画学校の学生のようにも見えた。

CL それは私が、本物の映画ファンだからですよ!

――映画監督になるためには、多くの映画を見る必要があるのでしょうか?

CL もちろん、まるで呼吸するように自然に、多くの映画を見る必要があります。作家は多くの本を読まなければならない、画家は多くの絵画を見なければいけない。それと同じことです。他の監督が作った映画を見ることは、すごく大切だと思う。私はいまでも毎日、映画を見ていますよ。

——最近はどんな作品が印象に残りましたか？

CL　いっぱいあります。でもタイトルを挙げるのは、挙げなかった作品の監督に対して、少なくても親切ではないでしょう。

——『男と女Ⅲ　人生最良の日々』にはヌーヴェル・ヴァーグへのオマージュがあります。この映画の中であなたはヌーヴェル・ヴァーグの起源として、ヴィットリオ・デ・シーカの『自転車泥棒』(48)を挙げられました。

CL　『自転車泥棒』はヌーヴェル・ヴァーグを発明しました。なぜなら、あの作品はわずかな予算で、無名の俳優を起用して照明すら使わなくても、映画が作れることを証明したからです。他の人にとってはどうかわからない。でも私にとって『自転車泥棒』は、非常に重要な作品です。

——本作の後半ではあなたが一九七六年に撮った短編『ランデヴー』*C'est un rendez-vous*の映像が挿入されます。これは早朝六時、車に乗ってパリ市内を猛スピードで駆け巡る、ワンショットの八分強の短編です。

CL　この短編には私という人間のパーソナリティーがよく現れていると思ったからです。スピードと時間の経過、人生とはトラベリング(移動)のようなものですから。人生では多くの愚かなことをする。人生では近道しようとして、全ての規則を破ることもある。私はそれを伝えたかった。時にルールを尊重しない、それが私らしさなのです。そもそもルールというもの自体に、全く興味がありません。それは私にとって一番の誇りであり、また恥でもある。だって一八回も信号無視したのですから(笑)。私は不良青年で、たくさんの愚かなことをしてきました。だからこのメッセージを映画に入れることは、私にとって必然でした。

——スピードに対するこだわりも、あなたの映画の大きな特徴です。『男と女』でジャン＝ルイはヨーロッパを代表するふたつの自動車レース、ル・マン二四時間耐久レースとモンテカルロ・ラリーに出場するカーレーサーです。そして普段はフォード・ムスタングに乗っている。本作ではルルーシュ監督ご自身の車を使用したのだと思うのですが、アヌーク・エーメは2CVに乗り、ジャン＝ルイの息子役はアルピーヌに乗っていました。どんなこだわりがあったのでしょうか？

CL　2CVは私にとってはじめての思い入れのある車です。本作でジャン＝ルイの息子がアルピーヌに乗っているのは、この車がフランス人にとって一九六〇～七〇年代のモータースポーツ・シーンで大活躍したからです。九五年に生産を中止してしまいましだが、時を経て再生産し始めました。私にとってアルピーヌは、こんにちのムスタングであって、あまりに高額すぎない価格帯の車の中では、世界で最も美しいスポーツカーだと思っています。その車の再生産が始まったことへの目配せもありました。

――ラストに〝緑の光線〟が登場しますが、あれは本物なのでしょうか？

CL　ほぼ偽装（やらせ）ではありますが、緑の光線は存在します。私はそれが観客に見えるように強調しました。本物の緑の光線が差すのは一瞬ですが、映画ではくっきりと見える。これはエリック・ロメールへのオマージュでもあります。人生にはたくさんの贈り物があってもいいと、私は思っている。この映画自体は、観客の皆さんへの贈り物なのです。

――最後の質問です。ジャン＝ルイ・トランティニャンは何度も自分は彼女に〝見合っていなかった〟と言います。これはあなた自身の言葉でしょうか？

CL　彼はタイミングを逃してしまったのです。歳を取った今だからこそ、彼女が運命の女性だったと分かった。最初に出会った時、美しい女性だからという理由で彼は、恋に落ちた。でもその時は、彼女が人生最良の女性だとは気付かなかったのです。それは誰も知り得ないことだし、人生の最後、死の間際にしかわからない。

——つまりこれは、あなた自身の言葉なのですね?

CL 私の死ぬ前日、インタビューにいらっしゃい。そうしたら本当に重要なことは何か、あなたに伝えることができます。

(二〇一九年六月一一日　パリ八区、カフェ、レリゼ・サン・トノーレにて)

10 シネアストとその分身

マチュー・アマルリック Mathieu Amalric

映画を作ることは、僕の人生そのものだ

何組もの友人・恋人たちが織り成す一七八分、恋と友情の見事なアンサンブル劇『そして僕は恋をする』（96）

アルノー・デプレシャンの長編監督第二作にしてその評価を決定づけたこの映画で、マチュー・アマルリックは主人公のポール・デダリュスを演じ一躍注目を集めた。以来デプレシャンとは『キングス&クイーン』（04）、『クリスマス・ストーリー』（08）、『ジミーとジョルジュ　心の欠片を探して』（13）、『あの頃エッフェル塔の下で』（15）とコンビを継続。くわえて『毛皮のヴィーナス』（13）、ではロマン・ポランスキー、『グランド・ブダペスト・ホテル』（13）ではウェス・アンダーソン、『コズモポリス』（12）ではデヴィッド・クローネンバーグ、『ヴィザージュ』（09）ではツァイ・ミンリャン

……老若を問わず国境を越え様々な才能と映画を作ってきた。

並行してハリウッド映画にも進出、スティーヴン・スピルバーグ『ミュンヘン』（05）、つづけて『007／慰めの報酬』（08）ではボンドの向こうを張る悪役を演じている。

伝説的シャンソン歌手バルバラをモチーフにジャンヌ・バリバールが主演した『バルバラ　セーヌの黒いバラ』（17）など、ひとりの映画作家としても着実な地位を築いてもいる。二〇一二年一二月、とにかく多忙を極めているスケジュールの合間を縫って、初めての舞台に出演しているさなかの彼に取材することができた。皮肉ともユーモアともつかない言葉から時として、豊かな感情がにじみ出ている。

僕は自分を俳優だと思ったことはない

——舞台公演中のお忙しい中、インタビューに応じてくださりありがとうございます。この冬日本では、あなたが主演された二本の映画『毛皮のヴィーナス』（13）、『ジミーとジョルジュ　心の欠片を探して』（13）が相次いで公開されます。あなたは現代フランスを代表する俳優と言って、間違いないでしょう。

マチュー・アマルリック（以下、MA）　違う、まったく違う！　なんて馬鹿げたことを言うんだ君は、まったく冗談じゃない！　ジャン・レノやヴァンサン・カッセルのように、「有名であることが職業」みたいな俳優たちはいる。でも僕は彼らとは、まったく違うんだ。自分を俳優だと思ったことさえ、一度だってない。なぜ映画にかかわっているのかって訊かれたら、答えは一つ。ただ映

マチュー・アマルリック
Mathieu Amalric
一九六五〜。俳優、監督。パリ郊外、ヌイイ＝シュル＝セーヌ生まれ。ジャーナリストの父と批評家の母のもとに育ち、幼少期をアメリカ、ロシアで過ごす。一九八四年オタール・イオセリアーニの『月の寵児たち』*Les favoris de la lune* で映画初出演。一九九六年の『そして僕は恋をする』以

画作りの虜《とりこ》になってしまったからなんだ。

——でもアルノー・デプレシャン監督の『そして僕は恋をする』（96）に出演して以来、俳優としてのあなたへの出演依頼が途絶えないのは事実ですよね。

MA それはまあ……単に僕が使い勝手のいい俳優だからだよ。遅刻しないで撮影現場に入るし、もちろんセリフはすべて覚えてね。それに僕はいつだって親切で、気取りないからさ。僕自身も監督をしているからよく分かるけど、映画に携わる人間にとって、物事がよりスムーズに運ぶ人間と仕事するのがまず重要なんだ。

それに素晴らしい才能をもつ友人からオファーされたら、断わるなんてできっこないじゃないか！ なぜ僕は演じ続けるのか？ それは親しく付き合っているシネアストたちのことを、心から愛しているからだ。彼らは僕の人生になくてはならない存在だと言ってもいい。それと友人関係とまではいかないけれど、その才能に惹かれ、気になっているようなシネアストたちもいる。それらすべてが僕の人生の、かけがえのない一部なんだよ。

——五本の映画に主演するなど、アルノー・デプレシャン監督とは長年タッグを組んでいます。長年にわたる協力関係に、プレッシャーを感じたことはありましたか？

MA 「僕はもう何も新しいことは生み出せないから、アルノーは別の俳優を起用した方がいいんじゃないか？」、そう考えた時も、たしかにあった。でも今はアルノーと一緒に年をとっていくことも、素晴らしいんじゃないかって思う。それに彼は毎回、違った課題を僕に与えてくれるんだ。ヒップホップを踊れるようになれとか、バイオリンを弾けるようなれとかね。

——『ジミーとジョルジュ』では、ハンガリー訛りの英語でセリフを話すというリクエストされたそうですね。緻密に役作りされましたか？

降、アルノー・デプレシャン監督とのコラボレーションは『キングス＆クイーン』（04）、『クリスマス・ストーリー』（08）、『ジミーとジョルジュ 心の欠片を探して』（13）、『あの頃エッフェル塔の下で』（15）まで継続中である。『潜水艦は蝶の夢を見る』（07）でセザール賞主演男優賞受賞。九七年『スープをお飲み』*Mange ta soupe* で監督デビュー。『青の寝室』（14）、『バルバラ セーヌの黒いバラ』（17）では出演・監督・脚本を務めマルチに活動。アメリカ映画にも出演多数。

MA 役作り、役作りね……僕に対してそれは、愚問だよ！

僕が演じた役について話そう。精神分析家のジョルジュはユダヤ系ハンガリー人だった。彼はなにがあっても、どこにも帰属したくない人物で、ルーツで人を判断することを拒んでいた。つまり、人間を多面的に理解したいと思っていたんだよ。精神分析家としての生涯を通して彼は、あらゆるアイデンティティーを見届けようとしてきた。その結果、フランスでカトリックに回心し、名前をジョルジ・ドボからフランス風のジョルジュ・ドゥリューに改名したりもした。その後、アメリカに渡って市民権を得て、複数のインド女性と恋に落ちたんだ。彼の遺灰は、モハーベ族によってまかれたんだ。女好きで大の愛犬家でもあった。

確かにこの映画で僕は、猛烈に働いたといえる。この映画はベニチオ・デル・トロの語りによって展開する。その語りに合わせて僕も、完璧に振舞う必要があったからね。ベニチオの演じた人物は今何を語っているのか、その内容が何と何を繋いでいるのか……それが分からない。そう、精神分析さながら、僕はベニチオの心の奥へと入り込んでいく。

でも結局僕は、シナリオに沿ってアルノーに身を委ねただけ。そもそもシナリオ以外の資料にあたって登場人物の背景を探ろうとしたことはない。これがアルノーの映画だったから、僕はジョルジュ役を引き受けたんだ。

——撮影現場では二人の監督に囲まれているようだったと、ベニチオ・デル・トロは語っています。

MA 一本の映画に二人の監督がいるなんて、あり得ない！　この映画での僕は、単なる俳優にすぎないよ。

ロマン・ポランスキーとウェス・アンダーソン、ふたつの才能

——デプレシャンの作品をはじめ、これまでに多くの映画であなたは、インテリ、自信家、傲慢だけど愛すべきダメ男を演じてきました。『毛皮のヴィーナス』（13）の傲慢な演出家も、最初は鼻持ちならない男でしたね。

MA 何度もいうけど、僕は役者ではない。だから演じ方なんて何も知らないんだ！ どの映画でもいつも僕が同じように見えるとしたら、それは当然のことだ。大根役者だからだよ。芝居のメソッドなんて、何一つ知らない。何度でも繰り返すけれど、僕は俳優じゃないんだから！ もういい加減、僕がウンザリして放っておいてほしがってるって、察してくれてもいいんじゃないか？

友達の映画に出るのはいい。友人や恋人が僕を使ってくれるのは嬉しく思う。僕のことを想ってくれること、好きでいてくれることは、単純に嬉しいからね。

——あなたはポランスキーを、素晴らしい俳優でもあると言っています。

MA ポランスキーは最高の俳優だよ！

——『毛皮のヴィーナス』で共演したエマニュエル・セニエも、あなたは素晴らしかったとベタ褒めしています。しかも人が良くてエゴイズムのない、俳優には珍しい人物だと言っているそうです。

MA 本物の俳優は、演じなければ死んでしまう。でも僕は俳優じゃない。だから生きているって実感するために、演技する必要はないんだ。エマニュエルとは『潜水艦は蝶の夢を見る』（07）で一度、共演したことがある。その時からとても波長があったんだ。ロマンが僕にこの役を与えてくれたのは、彼女の存在が大きかったと思う。なんたって撮影九日前に候補だった俳優が降板したん

だから。

――この役は当初、ルイ・ガレルが演じる予定でした。しかし九日前というわずかな期間で、どのように準備されたのですか？

MA　僕に与えられた役が劇中、何を考えているのか。そこに入り込んでいくしかない。セリフをすべて叩き込んだ上で、とにかく働き働き、働き倒した。あとは舞台役者出身だったロマンの演技を見て、それを模倣するだけでよかった。ロマンとはこれまで顔見知り程度の間柄だったのに、まるで昔からよく知っているような不思議な感覚に陥ったよ。

――あなたとポランスキー監督が親子のようにウリ二つなので、驚きました。

MA　彼のように健康で、常にパワーとエネルギーに満ち溢れていたら、どれほどいいだろう！

僕がロマンに似ているのは、我々に共通のルーツがあるからだよ。僕の祖母はポーランドのクラコフからやってきたユダヤ系ポーランド人で、ロマンと一緒だからね。それに、僕は昔からロマンのことを敬愛していた。監督した『スープをお飲み』*Mange ta soupe*（97）で、主演のジャン＝イヴ・デュボアにお願いしたことがある。家の前で小踊りをするシーンで、ロマンの『吸血鬼』（67）をイメージして演技して欲しいってね！

――『毛皮のヴィーナス』の撮影はどのくらいかかりましたか？

MA　五週間。初めのシーンから最後のシーンまで、シナリオの順番通りに撮った。この映画は元々舞台劇で、だから物語はリアルタイムで進行するからね。撮影した映像をロマンがどのようにカットして繋げるのか見るのは、すごく貴重な体験だった。僕の人生に降って湧いたような贈り物といってもいいだろう。ただその期間、自分のシナリオを書く余裕はまったくなかったわけだけど……。

――カメレオンのように表情を変えたり、ニュアンスに富んだ演技が見事でした。

MA それはあなたが登場人物に共感したからだろう。僕自身はそんなことまで考えていない。だからこんなインタビューの時間なんて、無意味なんだよ！　僕にとって仕事とは……そう、ただ何かの夢を、見続けること。そんな姿勢を維持しつづけるために、決して挑戦をやめないこと。一度立ち止まってこれまでを振り返るようなことは、僕の仕事ではない。

――この作品をご覧になった感想をうかがえますか？

MA 『毛皮のヴィーナス』には百通りの見方がある。だからこそ素晴らしいんだ。非常にユニークで、機知に富んだ「茶番劇」だ。ただ一つのテーマも、メッセージもない。完全なスペクタクルであり、だから純粋に楽しめる映画だ。

それとロマンはエマニュエル・セニエを撮りたかったし、彼女に捧げる映画を作ろうとした。それが、この作品を美しくしているんだと思う。この映画を僕は、ロマンとエマニュエル・セニエのポートレートだって考えているんだ。

――『グランド・ブタペスト・ホテル』(13)のウェス・アンダーソンとは、以前からの面識があったのですか？

MA いや、『ファンタスティックMr.FOX』(09)で、フランス語版の吹き替えの声を頼まれた時が初対面だった。彼はデビュー作からずっと、同じスタッフと仕事している。そんな誠実な姿勢に僕は共感するんだ。『グランド・ブタペスト・ホテル』の時は、ウェスからこんなチョイ役で申し訳ないと言われつつ、オファーされた。「すぐ現場に向かう」と即答したよ。彼の仕事ぶりをこの目で見たかったからね。僕は何よりも、興味深いシネアストの撮影現場に関心があるんだ。

――『007／慰めの報酬』(08)でボンド映画の悪役を演じています。

MA シリーズの前後の作品、つまり『007/カジノ・ロワイヤル』(06)や『007/スカイフォール』(12)に比べると、この作品は明らかに出来が悪い。運が悪かったというしかないよ！ それに「007」シリーズに僕が出るなんて、そもそもはじめからギャグだったんだ。

――映画評論家ノエル・シムサロは『ヌーヴェル・ヴァーグ辞典』[▼1]であなたを、現代フランス映画におけるヌーヴェル・ヴァーグの後継者だと評価しています。あなたの監督としてのスタイル、俳優としての演技は、恵まれたヌーヴェル・ヴァーグの映画人たちの振舞い、つまり厳格さと自由が入り混じって、互いに誘発しあっているようだと。

MA 彼の親切心はありがたいが……誰一人そんなことは思っていないよ、誓ってもいい！ ノエル・シムサロには好感を持っているよ、彼からは多くを学べるからね。たとえばシムサロはジョルジュ・シムノンの世界に精通している。だから僕がシムノン原作の『青の寝室』*La chambre bleue*(14)を撮った時、彼にシナリオを読んでもらったんだ。「各シーンの音楽が思い浮かんだら、すぐに連絡をくれ」って意見を仰いだんだよ。僕は上の世代の人々と人間関係を築くのが好きなんだ。アラン・レネとの出会いは素晴らしかった！

後期の二作品、『風にそよぐ草』(09)と『あなたはまだ何も見ていない』(12)でレネ組に加わることができたのは、本当に幸運だった。レネのことは今でも、毎日のように思い出す。彼は俳優に全てを与えてくれる。そしてずっと、映画では全てが可能だと唱えていた。なんでも好きなことをする権利があると証明してみせたんだ。なんという自由な精神、なんという遊び心溢れるクリエーション！ だからレネのことを想うと、何かを創造したいという意欲が湧いてくるんだよ。

僕の恋人ステファニー[▼2]にとってもレネは偉大な存在だ。今手掛けている舞台『夫婦のモラル』*Le moral des ménages* で彼女は、省略の仕方、テンポの変換……などなどあらゆる面で、レネからインス

▼1 Noël Simsolo, *Dictionnaire de la nouvelle vague*, Flammarion, 2013

▼2 インタビュー当時(二〇一四年)の恋人ステファニー・クレオ(Stéphanie Cléau)は、『青の寝室』でアマルリックと脚本を共同執筆し、共演した女優。現在ふたりは破局し、アマルリックは二〇一五年から、カナダ人ソプラノ歌手のバーバラ・ハンニガンとパリで暮らしている。

ピレーションを受けている。レネは精神を解放してくれる、そして自由に導いてくれる最高のお手本だよ。

自分の映画を作るために、ただ時間を駆け抜けている

――監督としてのお話をおうかがいします。初の中編作品『スープをお飲み』を見たジャン＝リュック・ゴダールは、その年最高のフランス映画だったと言ったそうですね。

MA まさか！ そんなことを言うわけがない。ゴダールはセザール賞に現れた時のスピーチで、ただ僕の映画のタイトルに触れてくれただけだ。彼は「現代のヌーヴェル・ヴァーグとは何か？」と前置きした後に、『スープをお飲み』の他に数本の映画を挙げていった。でもみんなゴダールの真意を理解できず、誤って情報を伝えたんだよ。他の数本は外国映画だったから、覚えていなかったのかも知れない。でも実際、僕はあの時、あの会場にいて、この耳で聞いたんだから！

――『スープをお飲み』では、主演のジャン＝イヴ・デュボア[3]が、あなたにそっくりだと話題になりました。

MA 皆から言われたよ。でもそれは間違っている。ジャン＝イヴは僕と会うずっと前から偉大なる舞台役者だったんだ。だから彼が僕をではなく、僕の方が彼の真似をしたんだ。実際、アルノーから『そして僕は恋をする』のオファーを受けた時、僕はジャン＝イヴの演じ方からインスピレーションを得たんだからね。

――『スープをお飲み』は『そして僕は恋をする』の翌年に撮られています。そう考えるとあなたは随分前から監督業もされていたわけです。

▼3 Jean-Yves Dubois
元コメディフランセーズの団員。二〇〇三年、心臓麻痺で逝去。

MA あの映画は一七年前、僕の母親の自宅で撮影した。大量の本に抹殺される文芸評論家のコメディだ。いや、面白くはない。でもシニカルというわけでもないんだ……。▼4

――自伝的な要素の強い作品ですね。お母様はご健在ですか？

MA 眼の問題を抱えているが、だいぶ回復した。まだ本を読むことだってできる。父も元気だよ。六年前に引退し、今はコルシカ女性と再婚してコルシカ島に住んでいるんだ。最近、なかなか会えなくて、寂しいけれどね。バカンスの季節になると僕は息子たちを連れて、コルシカ島に行くんだ。ゆっくり休息することは、あまりできないけれど。▼5

――これだけ多くの作品に出演され、ご自身の監督作だけでなくTV映画、CM用の短編などの仕事もこなしていらっしゃいます。多忙を極めていらっしゃるように見えますが……。

MA みんなと同じように、よく働いている。何といえばいいのだろう。自分の映画を作るために、ただ時間を駆け抜けているというのかな……うん、それは多分僕にとって、悪くないやり方だって思う。全てが最速で進むからね。目一杯働いて長い休暇を取るよりも、ずっと動き続けて、時に新鮮な空気を吸うのが僕の性格には合っているんだ。

――『青の寝室』は叙情性に溢れながらも残酷で悲劇的な作品でした。

MA そう、とても「黒い」非劇だ。僕はいわゆるBムービーを撮りたかった。プロデューサーのパウロ・ブランコからは、「(二〇一三年) 七月に撮影するためには、四月一五日にシナリオを仕上げろ」と注文されたんだ。ちょうど僕はラリユー兄弟の映画の撮影中で (スイスにいて)、共同執筆したステファニーはパリにいた。毎日何度もメールのやりとりをして、一ヵ月半というスピードでシナリオを書き上げたんだ。まず叙情と肉体、熱さ寒さについて書く。それからシナリオの構造を組立てていった。すでに存在している小説から逆算してシナリオを作り上げる作業だったので、い▼6▼7

▼4 ニコール・ザンド (Nicole Zand) 「ル・モンド」紙の文芸評論家

▼5 ジャック・アマルリック (Jacques Amalric) 「ル・モンド」紙の海外特派員を経て、「ワシントンポスト」紙、「リベラシオン」紙に勤めた政治記者。二〇二一年六月に八二歳で逝去。

▼6 短期間の撮影、低予算で、製作された映画のこと。上映時間もあらかじめ限定されていて、二本立て興行の中で添え物として上映された。

▼7 パウロ・ブランコについては、6章、クタールのインタビュー、一七三頁を参照。

つもの倍以上も時間がかかった。この作品は、1：1.33（画面のアスペクト比の縦横比）の固定カメラで、ほぼ撮影している。原作がシムノンだから、映画にも荒っぽさが必要だと思ってね。それに音楽の効果についても、念には念を入れて考えた。

――あの音楽は不気味でした……。

MA　それが狙いだったんだよ！『知りすぎていた男』（56）のヒッチコックの音楽からインスピレーションを受けて、ラヴェルの「ボレロ」を使った。一九〇七年に作られた音楽がリズムと不安をもたらすんだ。森に迷い込んだ彼らが口づけを交わさない方がいいことを、観客は知っている。その口づけが不吉な未来へ導くだろうって、よく分かっているからだ。そして彼らの二つの肉体がぶつかる瞬間に、何かが起きる。後戻りできない情熱……そういった意味で『青の寝室』はトリュフォーの『隣の女』（81）に近い。ピアラの『ルル』（80）を彷彿とさせるかも知れない。あの映画の中ではもはや肉体の言語しか、意味を持たないのだから。

――『青の寝室』で恋人ステファニー・クレオを撮られたのは、ポランスキーがエマニュエル・セニエに抱いた感情と共通しますか？　つまり、自分の愛する女性を撮りたいという欲求に駆られて……。

MA　それも理由の一つだ。でも一〇年も一緒に暮らしていながら、映画の中で愛人を演じるのは楽しい。我々の家庭における生活と、作り上げた愛人関係は何の関係もない。だがそれでは物語にはならない。彼女は女優ではなく舞台演出家だが、シムノンの世界にしっくりくる「不透明さ」を持っているんだ。ステファニーに何か最悪なことが起きるのではないかと、観客は予感する。と同時に、彼女が毒婦のようにも見えてくるんだ。

イオセニアーニと映画との出会い

——あなたの幼少時代について、話を聞かせてください。

MA 両親は二人ともルモンド紙のジャーナリストだった。父は特派員だったので、よく引っ越したよ。僕が五歳～八歳まで（一九七〇～七三年）ワシントンに、八歳～一三歳まで（一九七三～七七年）はモスクワに住んだ。その後、パリに戻ってきたんだ。

——思春期の頃はどんなことを考えていましたか？

MA ただ生き永らえること。モスクワにいた頃、ロシアでは音楽が重要だった。だから僕は、クラシックピアノを習っていたんだ。あまり読書はしなかったな。一三歳頃からはカメラに興味を持ちはじめていて、自己流で写真を撮ったりしていた。

——十代後半に、ＩＤＨＥＣ《イデック》（国立高等映画学院）に入学しようと思った理由は？

僕はいつも両親から「何か人の役に立つことをしなければならない」と言われて育った。だから二人を安心させるためにね。確かに子供がなにもしないでブラブラしていると、親は心配になる。そういうわけでそこでＩＤＨＥＣを目指したけれど、選抜試験に落ちてしまったんだ！　そんな時期イオセリアーニの現場に足を踏み入れ、映画の虜《とりこ》になった。それが一八歳の頃だ。

モスクワ時代、両親の友人だったイオセニアーニの『月の寵児たち』*Les favoris de la lune*（84）に出演したんだ。イオセリアーニはプロの役者ではなく、シロウトを出演させたがっていたからね。本来なら僕の兄を起用するはずだったけれど、結果的に僕が演じることになった▼8。その時撮影現場を体験して、イオセリアーニがやっているような映画作りを、僕もしてみたくなったんだ。

▼8　アマルリックの兄は、マチューが思春期に自殺したと伝えられる。おそらく兄の死によって、急遽マチューが代役を務めることになったのではないか。

映画の世界には様々な手仕事が存在して、みんなで一つの作品を作り上げる。それに他の分野の「落ちこぼれ」が集まっているのも魅力的だった。ミュージシャンになれなかった者、画家になれなかった者、作家になれなかった者……。芸術の分野に進みたいが、理想から外れてしまった者たち。彼らはノーブルじゃないからこそ好ましい。僕は編集見習い、助監督などいろんな映画にまつわる職業を経験して、すぐに映画の現場で働きたくなったんだ。だが話はそう単純ではない……。

――その時期、ナタリー・ブトゥフー▼9とつきあっていらしたのですか？　同じ学校に通っていたのですか？

MA　君はそんなことまで知っているのかい⁉　彼女とは同じ高校ではなかった。両親がロシアからパリに戻って四区のアンリ四世通りに住んでいた。その頃僕は、読書の悦びに目覚めた。それまで本を読む習慣がなく、何も知らなかったからなんだ。だから遅れを取り戻す必要があった。バカロレア（大学入学資格）を手にした後、プレパ（高等師範学校・人文コースを目指す準備学級、hypokhâgne）に入った。その頃、イオセリアーニの作品に出演したことをきっかけに、僕のシネマテーク通いが始まったんだよ。でも映画ばかり見て全然勉強しなかったから、準備学級二年目には進めなかった。そこで国立東洋言語文化大学（ＩＮＡＬＣＯ）に入り、日本語を専攻したんだ。

――それは知りませんでした！

MA　母から「何か有益なことをしなさい」ってウンザリするくらい繰り返し聞かされていたからね。「役に立つ有益なことって何なの？」と聞いたら「分からないわ。例えば日本語とか……」って言うんだ。「本当に日本語を学んでほしいの？　それならやるよ」と答えた。結果、日本語が大好きになったよ。「漢字を組み立てる」という概念は、まるで映画のように思えたんだ。つまり僕は日本語の会話よりも漢字に魅了されたんだ。それで二年間、日本語学科に在籍していた。その後、

▼9　Nathalie Boutefeu　一九六八〜。フランスの中堅女優。アマルリックの短編デビュー作『笑うことができない』*Sans rires*（90）と短編二作目『天井を見上げて』（93）に主演。オリヴィエ・アサイヤスの『イルマ・ヴェップ』（96）、諏訪敦彦の『不完全なふたり』（05）などにも脇役として出演。アマルリックと別れた後、撮影監督エリック・ゴーチエとのあいだに三人の子供をもうけた。

友人のマルセロ・ノヴェ・トレ（『さすらいの女神たち』の共同脚本家）とアパートのペンキ塗りをして生活費を稼いだ。結構儲かったから、自分で短編を作ってみた。ペンキ塗りの様子は短編『天井を見上げて』*Les yeux au plafond*（93）にも描いているよ。この作品には映画監督のアラン・ギロディも出演している。そしてこの短編の完成直前、ナタリー・ブトゥフーにフラれたんだよ。まったくヒドい女だよ！　あまりにも辛かったので、この映画の画面は、青や黄色のペンキにまみれているんだ……。

――その頃から映画で生活できると考えていましたか？

MA　最初はまったく考えなかった。『さよなら子供たち』（87）で見習いを経験し、編集助手もした。だが、この時期は、映画以外でお金を稼ぐ方が割がよかった。というよりも、そうするしかなかったんだけどね。

――ご自身の作品をつくることは難しい状況なのでしょうか。

MA　ああ。とはいえ映画を作ることは、僕の人生そのものだ。演じることは誰でもできるからね。俳優としての僕をいいと思ってくれる観客がいるとしよう。でも彼らと僕の間には大きな誤解がある。だって僕自身はまったく別のことを考えているのだから……。そう考えることで、僕は自分の中でのバランスを保っていられるんだと思う。映画は監督によって作られるもの。だから僕の生涯をかけての目標は、自分自身の作品を作ることだ。

――今後のご予定をお聞かせください。

MA　二〇一五年は自分の時間を捻出して、とにかく何かを生み出したい。例えば、今あなたとのこの無駄な時間を有効に使っていれば、僕は本を読んだり空想したり、もっと意味のあることができたはずなんだが（笑）。自分のことを話すなんて、どうでもいいんだ。じゃあ僕にとって何が面白いことかって？　それは映画を見ること。登場人部に、物語に、身を委ねること。だからその裏にある俳優の仕事なんて、隠しておいた方がいいんだよ。

（二〇一四年一二月一八日　パリ一一区、カフェ、レタンセルにて）

追記　アマルリックは、二〇二一年のカンヌ国際映画祭プレミア部門で、監督作『強く抱きしめて』*Serre-moi fort*（20）を発表。

ドニ・ラヴァン Denis Lavant

同じような体格で、年は一歳違い。そして、傲慢なレオスの分身＝アレックスを、僕は演じてきたのです

二〇二〇年五月、名優ミシェル・ピコリが逝去した。巨匠・名匠・異才たちとともに数々の映画史的名作を作ってきた、あまりに偉大な俳優だ。

ピコリの訃報に際して、レオス・カラックス監督の『汚れた血』（86）でピコリと共演したドニ・ラヴァンにインタビューする機会に恵まれた。この時ラヴァンがピコリについて語った内容は、『キネマ旬報』（二〇二〇年七月上旬特別号）に寄稿している。

ピコリについてのインタビューの後、今度はあらためてドニ・ラヴァンに、鬼才レオス・カラックス監督との三〇年以上に及ぶ〝共犯関係〟について話を聞き、その内容を本書に収録したいという思いに駆られた。思い切って再度インタビューのオファーを出してみると、私の映画ファンとしてのごく個人的な申し出に、ラヴァンはこころよく応じてくれたのであった。

オルター・エゴ（別人格）として、『ボーイ・ミーツ・ガール』（83）、『汚れた血』、『ポンヌフの恋人』（91）の「アレックス三部作」で天涯孤独の少年・アレックスを演じたドニ・ラヴァンは、カラックスとの三〇年以上に及ぶ〝共犯関係〟について、語ってくれた。

ドニ・ミーツ・レオス

――まずはカラックス監督との出会いから、聞かせください。

ドニ・ラヴァン（以下、DL）　彼と出会ったのは一九八二年、フランス国立高等演劇学校（コンセルヴァトワール）の二年生の時でした。僕はヴィヴィアン・テオフィリデスのクラスにいたのですがレオスから連絡があって、当時彼が住んでいたパリ左岸パスカル通りのアパートを訪ねたのです。一九六〇年生まれの彼は、僕より一歳年上。レオスが二二歳、僕が二一歳と互いにまだ若かった。彼から直接シナリオを手渡されその場で読み、少しだけ会話を交わして、その日は別れました。

――初めて会った日の印象をお聞かせください。

DL　僕と同じような体格で、年は一歳違い。そして控えめで、礼儀正しい。いたってシンプルな印象を持ちました。

――カラックスはすぐにあなたを、アレックス役に選んだのですか？

DL　その日は初めての、いわば顔合わせでした。その当時、製作チームはもちろんのこと、『ボーイ・ミーツ・ガール』（83）のプロデューサーを務めることになるアラン・ダアンさえまだ、この企画に参加していなかった。レオスは並行して、他にもいろんな役者と会っていたんだと思います。それ以降しばらく連絡はなく、半年くらいたった頃でしょうか。また彼から声がかかった。その頃僕はもう、本格的な舞台俳優への道を歩き出していて、南仏ニースでジャン＝ルイ・タマン演出のドフトエフスキーの『白痴』の公演中でした。舞台役者になるのが夢だったから、映画でキャリアを築いていこうという野心は一切なかった。でもレオスからの誘いに、大いに好奇心を刺激さ

ドニ・ラヴァン
Denis Lavant
一九六一〜。俳優。パリ郊外、ヌイイ＝シュル＝セーヌ生まれ。国立高等演劇学校（コンセルヴァトワール）在学中に舞台俳優としてキャリアをスタート。八〇年代からレオス・カラックス監督の分身として『ボーイ・ミーツ・ガール』（83）、『汚れた血』（86）、『ポンヌフの恋人』（91）の「アレックス三部作」に主演。オムニバス映画『TOKYO！』（08）の一編『メルド』、『ホーリー・モーターズ』（12）とカラックスとの〝共犯関係〟は今なお続いている。

れたのは事実です。

――そもそもなぜ、あなたは舞台役者の道に進んだのですか？　ご出身はどちらですか？

DL　育ったのはパリ南郊外のソーという町。小児科医の父と精神科医の母のもとに生まれました。一三歳からアクロバットをしていて、サーカスや大道芸、そして詩にも興味がありました。マルセル・マルソー[1]を崇拝していたのです。それで劇団に入り、舞台役者になることを夢見た。僕は身体を使って表現する才能があったから。

国立演劇芸術技術高等学校（ＥＮＳＡＴＴ）をはじめ、いくつかの学校でアクロバットやパントマイムを学びました。そして国立高等演劇学校（コンセルヴァトワール）に入学以降は、舞台出演のオファーが絶えることはありませんでした。そんな時にレオスの『ボーイ・ミーツ・ガール』の話が舞い込んできたのです。

レオスの世界は現代的で、自分の世界観からかけ離れていた。それでも僕は、深く感銘を受けたのです。それまで僕が演じてきた世界はもっとロマンティックで悲劇的で、シェイクスピアやドストエフスキーのようなコスチューム劇でした。それに対して『ボーイ・ミーツ・ガール』では、失恋したばかりの青年アレックスは、潜り込んだパーティ会場で、同じく失恋直後のミレーヌ（ミレーユ・ペリエ）の姿を追う。キッチンでの長くとりとめのない会話、やがて訪れる悲劇的結末……。

レオスと初めて会ってから半年後、映画製作の資金を工面ができたからと言われた僕は、カメラ・テストを受けることになりました。その映像はネットに上げられていて、今でも見ることができます。

――当時からカラックスは自分の「分身」を探していたのですか？

DL　それはわからない……でも自分と似た俳優を探していたことは確かだと思います。カメラ・

▼1　Marcel Marceau　一九二三〜二〇〇七。フランスのパントマイムアーティスト。パントマイムを芸術の域にまで引き上げたこの分野の第一人者。「パントマイムの神様」「沈黙の詩人」と呼ばれた。

テストでアレックスの上着を着せられた僕は、一人ぼっちで部屋に残された。そしてデヴィッド・ボウイの音楽がかかった部屋でカメラを前に、用意されていたいくつかの質問に答えていったんです。緊張することなく、リラックスして臨めたと思う。役を摑めたらラッキーだし、ダメならば舞台を続けるだけと思っていました。結果的に多くの若い役者たちの中から僕は、彼の分身を演じることになった。そこからレオスとの長きに渡る「冒険」がスタートしたのです。

——この映画は二人にとって長編デビュー作となった。その後に続く作品とは別の難しさがあったのではないでしょうか?

DL 『ボーイ・ミーツ・ガール』ではまず、レオスとの関係性を築くのに苦労しました。まず、僕がアレックスに配役されてからはじめてレオスに会った時のことです。その場では助監督のアントワーヌ・ボーだけがしゃべっていて、レオスはただじっと、僕を観察していた。だから我々の関係は「沈黙」から生まれたと言えるでしょう。僕が演じる主人公の心理について、レオスからはほとんど説明はありませんでした。ただ事前に何本かの映画を見るようには言われました。

——それはどんな映画ですか?

DL たとえば『M』(31)のピーター・ローレ、『ローラ殺人事件』(44)のダナ・アンドリュースのような役者をよく観察するように言われました。ダナ・アンドリュースはピンとこなかったけれど、ピーター・ローレは大好きな俳優です。

——真面目な役でも狂気じみた役でも、どこか可笑しみがありますね。

DL それに子どもっぽく、夢見がちなところも。『M』のローレは連続少女誘拐殺人犯役でしたが!

レオスからは二つの条件を宣告されました。額をまっすぐにして一切シワがよらないように、口を開いた状態でいること。これは一〇〇％、審美的な理由からです。もう一つは、ずっと黙っていること。家族と一緒の時でも無口でいるように求められました。なぜそうすべきなのか……説明はやはり、一切なかった（笑）。でも僕は映画に関して無知でしたし、一方のレオスは役者とどのように接していいのか全く分かっていなかったのです。だから僕らの「初ラウンド」となったこの映画は、とても困難な挑戦になりました。

――その後、三〇年以上も一緒に仕事されることを想像していましたか？

DL　まさか！　一度きりの経験で終わると思っていました。『ボーイ・ミーツ・ガール』は興行的に大成功を収めたわけではありませんが、映画業界の中では高く評価されました。斬新な構図、カット割り、白黒でほとんど音楽がなく、そして沈黙が続く……。独特なスタイル、画面のトーン……、そう、『ボーイ・ミーツ・ガール』はあの時代の魂を映し出していたのです。

――次の作品『汚れた血』（86）までに三年間空きました。あなたはその間、何をされていたのですか？

DL　『ボーイ・ミーツ・ガール』をスクリーンで初めて見たとき、強烈な居心地の悪さを感じました。自分の存在が滑稽に思えてならなかった。録音された自分の声を初めて聞いた時のような違和感。この映画の撮影現場には和気藹々とした雰囲気はなかったし、血の通った人間的な交流も一切なかった。だから、「映画は終わりだ。さあ舞台に戻ろう」と思っていました。

アレックスを発見する

――『ボーイ・ミーツ・ガール』はカンヌ映画祭で上映され、カラックスは〝恐るべき子ども〟と一躍脚光を浴びました。あなたの元にも次々とオファーが舞い込んだのではないでしょうか？

DL いや、全くなかった。それから一、二年後、オデオン座（パリ左岸を代表する劇場）の舞台に出ていた時に僕は、コンセルヴァトワールの恩師ヴィヴィアン・テオフィリデス演出の「アディエディ（Adiedi）」という演目で、犬を演じていました。休憩時間にチラッと客席をのぞくと最前列に、したり顔の小男が座っていたんです。微笑みに溢れた会場の中でたった一人、眉間にシワを寄せた険しい顔つきの男がいる……それがレオスでした。舞台が終わった後、彼は楽屋まで会いにきてくれて、僕を主演に脚本を書いたから、ぜひ演じて欲しいと言ってきた。それが『汚れた血』でした。彼からの思いがけない提案に、心底驚いたものです。

——あなたが主役を演じることを念頭に置いて、脚本が書かれていたのですか！

DL 『ボーイ・ミーツ・ガール』撮影中の観察を基に、レオスは僕を念頭に置いてアレックス像を構築していったそうです。僕はその門外不出の、「超」極秘のシナリオを読んで、すぐにそれをレオスに返しました。三ページのシナリオには、パラシュートでダイヴする、デヴィッド・ボウイの歌にノッて夜の街を走る、オートバイで疾駆するなど、そこには無理難題ばかりが並べられていた。

——あのトランプ賭博のシーンで見せるカード捌き、あれを練習するようにも書かれていた？

DL 僕がある程度カード捌きができることを、レオスは知っていました。でもレオスとの映画では毎回、全てを最高レベルにまで引き上げる必要がある。アクロバットだってそうですし、劇中でダンスしたのも彼の作品が初めて。だから準備期間の間に、実に多くのことを僕は、マスターする必要があった。オートバイの免許を取って、パラシュートの特訓を受けた。走るのはあまり好きじゃないのですが、毎朝ランニングし、そしてマジックを学びました。

資金集めが難航したことで、予定より数ヵ月、クランク・インが遅れた。だがその間も僕は、猛特訓を続けていた。初めてのジュリエット・ビノシュとの共演作でもあったし、それはもう万全の体勢で撮影に臨んだのです。

――カラックスとビノシュは当時、恋愛関係にあったのですか？

DL　二人は『汚れた血』の撮影を経て恋人になったのです。当時ジュリエットはアンドレ・テシネの『ランデヴー』（85）に主演していましたが、まだスターではありませんでした。そんな時あるプロデューサーがレオスに、最高の条件での撮影を提案してきたそうです。ジュリエットと僕の代わりに、リシャール・アンコニーナとマルレーヌ・ジョベール主演で撮るという条件付きで。

――彼らが主演したら、全く違った映画になっていましたね。

DL　でも信じられないことに、多くの映画監督たちはそういった条件をのんで、映画を作っていたのです。でもレオスは僕らを配役することにこだわった。どんな好条件を出されても、決して折れなかった。

――『汚れた血』の撮影は前作に比べて、大きな心境の変化はありましたか？

DL　『ボーイ・ミーツ・ガール』の時と同様、レオスからの心理的説明は一切なかった。だから僕は長い時間をかけて、自分自身でアレックス像を作っていくしかなかったのです。彼は無口で頑固な不良少年で、心の内を誰にも見せません。だからたとえば走る、そんな単純なアクションが、演技を組み立てていくヒントになったのです。そのように撮影現場で少しずつ探りながら、アレックスの振る舞いや表情を発見していきました。しかしそれは、容易ではなかった……」。

この映画の季節は、うだるような暑さの真夏と設定されています。でも実際に撮影したのは真冬で、もう凍えるような寒さだった。だからセリフを言うと白い息が、カメラに映ってしまう。それを隠すために僕は劇中、いつもタバコを吸っていました。それでタバコに火をつけると煙が目に染みて、目をつぶってしまう。それを見たレオスは、「これはアレックスにぴったりな表情だ！」と発見したのです。アレックスの狡賢さを現しているように、彼には見えたのでしょう。

ラスト、空港に向かう車の中で、手負いのアレックスは息も絶え絶えになる……あのシーンで僕はようやく、アレックスに同化したと感じました。レオスにからは、死の間際には歯を食いしばりセリフを絞り出すよう、言われていました。『ボーイ・ミーツ・ガール』『汚れた血』『ポンヌフの恋人』の三部作は、いずれの作品でも様々な方法を試しながら、一からアレックス像を構築していったのです。

――『汚れた血』が公開された後はどのような反応が待っていましたか？

DL 三～四ヵ月と長期にわたりましたが『汚れた血』の撮影中は、素晴らしい時間が流れていました。初日から、まるで鳥が羽ばたくようにダイナミックかつ、全てがスムーズに進んでいったのです。あの映画はその時代の魂を映す映画として、カルト・ムービーになりました。でも僕は与えられた仕事に、しっかりと向き合っただけなのです。

だから封切り後の世に中の反応には、驚かされました。この映画を見て多くの観客たちは初めて僕という役者を知り、大いに興味を持ってくれた。それまで僕は、数々の舞台に立って役者としての経験を積んできていた。なのに、まるでレオスが道端で素人の僕を見つけ主役に抜擢したようにも伝えられたのです。まるで役者としての教育を受けてこなかったくらい、自然に見えたということなのでしょうけれど……。

もちろんフランスにも、圧倒的にスクリーンに映えるスターという存在はいます。たとえばアラン・ドロンのように、映画のために生まれたような俳優も、稀にはいる。どんな映画を見ても、ドロンは常にドロンのまま。それがいい、というような。

でも僕はひとつの役をコツコツ構築していく、いわば職人タイプなんです。そのためにものすごく努力し、堅実にビジョンを鍛え上げ、役を作り上げていく。

当時多くのオファーがありましたが、すべてを断りました。彼らはきっと『汚れた血』のアレックスみたいな役を僕に演じさせたいのだろうと、分かっていたからです。フランスの多くの若手俳優は、若い時にヒットした作品の後同じような役を、何度も演じさせられている。そのことに僕は気付きました。でもそれは、役者の本質的な仕事とは正反対にあると思う。だから僕は舞台という、職人の世界に戻っていったのです。

俳優と女優、そして監督の三角関係

——その後のあなたは、どのように映画界に戻ってこられたのですか?

DL 『ポンヌフの恋人』(91)の計画は、三年後に訪れました。舞台から映画に戻ってくると、これまでと全く同じスタッフが待っていた。撮影監督のジャン＝イヴ・エスコフィエ、レオス、僕、そしてジュリエット——このカルテット(四人組)でまた別の恋物語を語るなんて、なんだかとても奇妙に思えたものです。

劇中でアクロバットを演じる準備が必要だったので、僕は大道芸人の動きを学びました。僕とジュリエットがポンヌフの橋の上で踊る、あの場面を演じるために、マルティーヌ・ロドリゲーズという振付師のもとで、ダンスの特訓を重ねた。

それと同時に、路上生活をしている浮浪者について学ぶ必要もありました。それで僕はパリ郊外ナンテールにある彼らの溜まり場に行って——それはあまりに悲惨な光景でしたが——浮浪者の役作りを始めたのです。そしてジュリエットはといえば、劇中で絵画を描く場面があったので、その準備を始めていた。だから我々の準備は順調に進んでいたのです。その間レオスとの会話は、ほんの少ししかありませんでしたが。

当時のジュリエットはレオスと同棲していて、だから二人の関係は特別なものだった。レオスは『汚れた血』以来、ジュリエットを愛していたのです。

——『ボーイ・ミーツ・ガール』の時のカラックスは、ミレーユ・ペリエに恋していました。

DL だからレオスが私生活で愛している女優に恋する青年を毎回、僕は演じてきたわけです。そんな俳優と女優、そして監督の三角関係って——毎回、不思議な感覚でしたよ。

『ポンヌフの恋人』の時は、ものすごい孤独感に苛まされました。役作りの期間の僕は、家族から離れ、恋人との関係も中断して孤立することにしています。全身全霊で映画の冒険に没頭するためです。でもこの映画は、あまりに巨大な問題がを抱えることになった……。

——撮影は延期され、予算は大幅にオーバーし、製作会社も保険会社も潰れ、製作費はフランス映画史上最高の三二億五〇〇〇万円に膨れ上がった……。『ポンヌフの恋人』は〝呪われた映画〟とも言われています。

DL 役者にとって身体は、音楽家にとっての楽器と同じ。だから完璧なコンディションを保つのは、役者の義務だと思っています。『ポンヌフの恋人』の撮影にも、万全な状態で入りました。当時はまだ二五、六歳。年齢的にも肉体の状態はベストだったと言える。半年前から一滴も酒も飲まず、完全に「クリーンな状態」で、撮影に臨んだのです。

レオスは〝偽りの演技〟は一切求めていなかった。俳優たちの辛さが本物じゃないと納得せず、僕にトレーニングをやめるように命じたんです。それが悪夢の始まりでした。ある朝、撮影用の靴のサイズを自分に合わせようとナイフで伸ばしていた僕は、誤って親指の腱を切ってしまったんです。ブラッとする指を見ておかしいと思った僕は、急いでノートルダム大聖堂にあるオテル・デュー病院に向かったのです。待合室にはゼイゼイと息を切らし、今にも死んでしまそうな浮浪者たちが、何人も順番を待っていました。それを見て僕は、病院を後にした。

父が医者なので電話したら「それは縫い合わせなければダメだ」と言う。さいわい、治療代は保険会社から全額下りました。だからまずは僕の不注意からくる事故で、撮影が遅れたのです。

でもパリ市街の中心での撮影は、延期することができなかった。最初は夜に撮影することを前提に、美術を組み立てていたんです。でもこの延期のせいで、日中でもリアリティが感じられるような美術に作り変えなければならなくなった。そのために追加の予算が必要になったのです。それからは次から次へと、この映画に災難が降りかかってきたのです。

初日の撮影は、パリ中心のセバストポール通り。レオスからは本当に泥酔するよう言われました。それまで半年間、一切アルコールを口にしていなかった僕は、それから三日三晩寝ないで飲み続け、ボロボロの状態になった。風呂にも入らず、薄汚れて異臭まで漂わせていた。アクター・スタジオのメソッドはとても錯綜していて危険だということは、その時に実感しましたよ。そのままの姿でセバストポール通りに行った僕はスタッフに挨拶を交わし、楽屋へ向かった。自分の汚れた服を脱いで、清潔そのものの浮浪者の衣装に着替えメイクされて、その日の撮影を終えました。

それから一週間後、あるフェスティバルでの詩の朗読を依頼された僕は、いったんロケ現場を離れました。セバストポール通りでボロボロの状態で演技して、いったん詩の世界で声を枯らしてから、また撮影現場に戻ろうと思っていた。当時の僕はまだ若かったから、三日三晩酒漬けの生活をしても三日もすれば、心身の活力が蘇ってきました。でも役者が映画以外のことをすることを、レオスは嫌悪していたんです。レオスから電話があった。「セバストポール通りのシーンは良くないから、撮り直す。セリフは大幅に削る」と告げられました。何ということでしょう……その時僕は、これは大変なことになると、本能的に直感しました。

役者としてあの時以上に錯乱し、情緒不安定になった経験は、これまでにありません。アルコール依存と疲れによって、自己崩壊していくみたいでした。「もっと自分を傷めつけろ」、そう言われているように感じたのです。役を演じているのか自分自身であるのか、境界線がまったく分からない……それほどに僕は、理性を失っていたのです。

ジュリエットが噴水の前で顔を洗うシーン。僕はその時、いったい自分が何をやっているのか分からなかった。「僕は無能だ」という考えに侵されて、深い鬱状態に沈んでいたのです。その時、この撮影で初めて僕にモニターを見せて、レオスはこう言いました。「これだ！　これが俺が求めていたアレックスだ！」と。

『ポンヌフの恋人』の撮影は合計三年にも及びましたが、その後レオスからは「ドニ、あの時の君の状態を思い出してくれ」と言われ続けました。レオスは彫刻家が彫刻を作るように、映画を撮っていたのです。

これまでの経験を基にして内面を掘り下げて演じてきたのか。どのようなリアリティで役を組み立てることができただろうか——僕はいつも自問自答しています。『ポンヌフの恋人』ではその限界まで行ったと思う。撮影現場はパリからモンペリエに移動し、大掛かりなセーヌ川とポンヌフ橋のセットを組みました。ジュリエットが僕の元から去っていくシーンがありますね。シナリオの設定通り僕はワインに睡眠薬を入れて、グロッキーな状態で演技していたのです。極限状態にありましたが、それは見事な映像になっていると思います。

でも本当に危険だったのは撮影後、パリに戻って自暴自棄になってしまったことです。睡眠薬とアルコール依存による深刻なトラブルを、抱え込んでしまった。パリで初号試写を見た時の僕は、あのポンヌフ橋の上のシーンをどのように撮ったのか、一切覚えていませんでした。酔っ払って倒れ、起きてまた動き出す。そこに悲壮感はなかったと思う。役者による「泥酔の演技」ではない。説得力があって、苦悩と弱々しさが同時に描かれている。素晴らしいシーンでした。

千の顔を持つ役者

——その後、東京を舞台にした中編オムニバス『TOKYO!』(08)の一編『メルド』では、突如東京の街に現れる「怪人」を演じています。

DL 『メルド』で僕が演じたのは、それまでよりずっと人工的な役柄です。二〇〇七年の東京でロケ撮影した『メルド』で演じたのは、付け髭、盲人加工の眼、長い爪で「様式的に」歩く、完璧に組み立てられたキャラクターだった。まるでマスクをつけるように組み立て構築していく方法で、それまでのレオスの映画とはまったく異なるアプローチだった。撮影の初日で警察に通報された後は、ほぼワンテイクで撮り上げた。東京のど真ん中で大道芸を披露している気分でしたよ(笑)。

——この映画であなたが演じた役も、カラックスの分身と言えるのでしょうか?

DL ムッシュー・メルドには、たしかにレオス自身が投影されています。その傲慢で横柄な部分が、誇張されている。ムッシュー・メルドを通して、社会に対する悲観的な見方や反発の姿勢が描かれているのです。

──『ホーリー・モーターズ』(12)であなたは見事、一人一役を演じられました。カラックス監督はあなたに、なぜあれほど多くの役を演じさせたのでしょう？　現場はこれまでとは全く違った雰囲気ではなかったでしょうか？

DL　僕が演じた複数の役は、それぞれ別の女性の人生と絡んでいくことになります。アレックス三部作のように、レオス‐ジュリエット‐僕、もしくはレオス‐ミレーユ‐僕といった「際どい」三角関係ではない。『ホーリー・モーターズ』の男女関係は、ずっとシンプルでダイレクト。だから演じやすかった。レオスは僕に外面の形を与えてくれた。だからその内面を掘り下げていくのが、僕の役目でした。役作りのためにやるべきことはたくさんありましたが、とにかく情熱をかけて取り組みました。僕には千もの顔を演じることができる。そうレオスは確信して、あの役を創造してくれたのです。『ホーリー・モーターズ』は、レオスが贈ってくれた、役者として生きる僕へのオマージュだと思っています。「役者の人生とはノンストップで役を演じつづけることなのだ」、この映画はそう語っているようです。映画作家、たとえばレオスの場合、一本の映画を作るために五年もの時間を犠牲にしながら、それでも待つことができる。自分の語りたい物語を語るために、その執拗さと忍耐が必要不可欠なのです。それは我々役者とは全く異なる創造のリズムと言える。

──撮影以外でカラックスとの交流はあるのでしょうか？

DL　撮影の時以外は連絡を取りあわないし、ほとんど会いません。『メルド』までは、一緒に食事をしたことさえなかった。僕らの関係はすごく奇妙なんです。同じ界隈に住んでいるので時々会いますが、特別に親しい間柄というわけではない。でもそれは美しい関係性だと僕は思うのです。日常的に連絡をとり、一緒に飲んだり食べたりしなくてもいい。映画が僕たちを結集し、同じ方向へと導いていくのですから。

――最後の質問です。あなたにとってカラックスとは、どんな存在ですか？

DL　レオスは完璧主義で、だから我々俳優に要求するレベルも高くなる。ありふれたスタイルには見向きもせず、独自の世界を作り上げる信念を持っている。まだ演劇を始めたばかりだった僕を『ボーイ・ミーツ・ガール』の主役に抜擢し、『汚れた血』では勇敢で健気な役を与えてくれた。「細々と演劇を続けていきたいだけの僕を、なぜ放っといてくれないのだろう？」そう思ったこともありました。でも彼と挑んだ冒険によって、思いもよらなかった映画界への扉が開けた。それもまた、事実なのです。映画作家としての表現の極みまで、僕を連れて行ってくれた。安易な道を選ばずに役の真実性をとことん追求することを教えてくれた。僕にとってのレオスはそんな、類稀なる男なんです。

（二〇二〇年六月二四日　パリ二〇区、カフェ、ル・ミストラルにて）

Ⅲ　映画の終わり…

LA FIN D'UNE ÉPOQUE ?

11 一〇〇歳を超えてなお…

マノエル・ド・オリヴェイラ *Manoel de Oliveira*
映画で最も大切なこと、それは「記憶」です

サイレント時代から映画を撮り始め、一〇〇歳を超えてなお現役で活躍している——そんな映画作家は、ポルトガルが世界に誇るマノエル・ド・オリヴェイラをおいて、他にいない。一九三一年、オリヴェイラは処女作『ドウロ河』を製作。初の劇場用長編映画となった四二年の『アニキ・ボボ』は、ネオレアリズモの先駆けとも評された。それから二〇年。実業家の父が経営する織物工場やワイン製造業を手伝いながら、それでも映画への情熱が消えることはなかった。そして六〇年、満を持してオリヴェイラは長編第二作『春の劇』を世に問う。しかし……「ポルトガルには検閲が存在する」との発言がサラザール独裁政権の怒りを買い、オリヴェイラは投獄されてしまう。

映画作家オリヴェイラの本格的なキャリアが始まったのは八〇年代半ば過ぎ、齢七〇歳を超えてか

らである。その後の三〇余年、彼は失われた時間を猛スピードで取り戻すかのように、現在まで年に一本という驚異的なペースで、新作を生み出し続けている。

そのオリヴェイラが一〇〇歳の時に監督した映画『ブロンド少女は過激に美しく』（09）の公開に先駆けて二〇〇九年七月、私は現役最高齢監督にインタビューすることができた。オリヴェイラの生まれ故郷であるポルトガル北部の港町・ポルトにある彼の自宅兼事務所を訪ねる。すると私を、彼の娘であるアデライド・トレパが家へと招き入れてくれた。アデライドはオリヴェイラの秘書兼マネージャーであり、父の作品の衣装を手掛けてもいる。そのアデライドの息子、つまりオリヴェイラの孫にあたるリカルド・トレパは、後期オリヴェイラ作品の常連俳優だ。リカルド・トレパの妻も、全面的に映画製作に協力している――つまり、一家総出でオリヴェイラの映画作りに参加しているのである。

そして壁一面に家族写真が貼られた居間を通り抜けて書斎に入った私の目に、背筋がピンと張った、一〇〇歳なんて信じられない（！）、実に若々しいオリヴェイラ監督の姿が飛びこんできた。

残された時間の中で

――先ずは『ブロンド少女は過激に美しく』（09）についての質問からはじめさせて下さい。なぜこの短く風変わりな物語を映画化しようと考えたのでしょうか？
MO　以前から原作者のエサ・ド・ロイス（一八四五～一九〇〇）の小説には興味を持っていました。彼の小説の世界観を、私の映画の中に取り入れたいと思っていたのです。ポルトガルからパリへと移住した彼は、文豪フローベールを崇拝し、エミール・ゾラとも親交があったのです。一九世紀の

マノエル・ド・オリヴェイラ
Manoel de Oliveira
一九〇八～二〇一五。監督、脚本家。ポルトガル、ポルト生まれ。サイレント時代から二一世紀まで、映画の世紀を駆け抜けた。二〇一五年に逝去した時点

ポルトガル文学にリアリズムを持ちこんだ、はじめての人間です。私はエサ・ド・ロイスの簡潔な文体と、そこに溢れているロマンティシズムが好きなのです。そこはかとなく漂うユーモラスな優しさにも惹かれる。

最初は別のロマン派の作家、アグスティーナ・ベッサ＝ルイス▼1の小説を彼女自身の手で脚本化してもらうつもりでした。これまでにも彼女の小説を原作に、『フランシスカ』（81）、『アブラハム渓谷』（93）、『家宝』（02）などを映画化しています。だが現在ベッサ＝ルイスは病床に伏していて、もうペンを取ることができない。私と彼女が一緒に仕事することは、もう叶わないでしょう。私にも、あとどれだけ時間が残されているのか分からない。でも私には挑戦したいことがまだまだある。でもその全てをやりとげる時間があるかどうか……ですが心配なさらなくてよろしい。なぜなら私にとって、撮影中が一番の休息となるのですから！

――『ブロンド少女は過激に美しく』の上映時間はなんと、一時間四分という短さです。

MO 作品の質は、上映時間の長さとは関係ありません。過去に私はポール・クローデル原作の『繻子の靴』（85）のような、七時間に及ぶ大作を撮ったことがあります。つまり映画の上映時間は、その中で語られる内容によって変わるのです。ただ「大作」「小品」というような言い方ならできますがね。

――『ブロンド少女は過激に美しく』には、あっけにとられるような、摩訶不思議で、なんとも唐突な終盤が待ち受けています。魅惑的な映像と音のコラージュに身を委ねていると最後に、見事などんでん返しが待ち構えている……。

MO 世界中の誰もが理解できないような謎めいた、エニグマ的なミステリーは存在します。でも、本作ではそのテーマを掘り下げようとしたのではありません。この映画の持っている不条理な側面

で世界最高齢映画監督であった。一九三一年、ドキュメンタリー『ドウロ河』でデビュー。一時映画界から離れるも、八〇年代以降再び映画制作に着手、一〇六歳で逝去するまで映画監督として精力的に活動した。主な監督作に『アブラハム渓谷』（93）、『階段通りの人々』（94）、『メフィストの誘い』（95）、『世界の始まりへの旅』（97）、『クレーヴの奥方』（99）、『ブロンド少女は過激に美しく』（09）、『アンジェリカの微笑み』（10）他がある。

▼1 一九二二～二〇一九。ポルトガルの作家。処女作『閉ざされた世界』（48）以来、ほぼ一貫してポルトガル北部の閉鎖的社会にあって古い習慣や伝統の重圧にあえぎながら主体性を求めてもがく女性の魂や情念を独特の視点で描いてきた（遠山純正『マノエル・デ・オリヴェイラと現代ポルトガル映画』エスクァイアマガジンジャパン、二〇〇三年を参照）。

は、窓際のカーテン、少女のもつ扇子……それらの事物を通してあぶり出されてくるのです。

──『ブロンド少女は過激に美しく』はリスボンを舞台にしています。あなたはドウロ河を映したドキュメンタリー『ドウロ河』(31)で監督デビューした後も、ずっと生まれ故郷のポルトを拠点に活動を続けてきました。しかし本作は、『階段通りの人々』(94)以来、初めて本格的にリスボンを舞台にした映画になっている。なぜ故郷のポルトからリスボンへと、映画の舞台を移されたのですか?

MO その答えは単純明快です。原作がリスボンを舞台にしていたからですよ。より正確に申し上げるとリスボンの中心地・ロッシオ街。この界隈は一七五五年のリスボン大地震の後、都市計画によって街の景観が様変わりした地区です。大地震後のロッシオ街は碁盤の目のように道が広がり、その道の両側には宝飾店や高級ブティックが軒を連ねている。時代設定は現在にしていますがそれ以外、映画は原作に忠実に、ダイアローグもそのままを再現しています。

──この映画でも、この面白くショートカットした〝編集〟を用いておられます。リスボンの街を俯瞰して捉えたショットは、もうため息が出る程の美しさです。日の出から日没までの時間の推移を、固定カメラで見事に捉えてもいます。

MO 私はサン・ペドロ・デ・アルカンテラ展望台にカメラを据えて、リスボンの街を撮りました。映画は三脚に固定されたカメラで撮影されるべきだと、私は考えています。最もはっきりと時間の流れを表現することができるのは、固定カメラでの撮影なのですから。二六日間の撮影中、私は音についての考察も続けていました。ロッシオ街にある教会の大時計には、針がかかっていない。でも一五分に一度、鐘が鳴り響く。ぴったり正確な時間に鳴るのです。私はその現象がチャーミングだと思って、編集の最終段階でも、この街の鐘の音を残すことにしました。

――原作に忠実に、それでいながら撮影現場での偶然や突発的な出来事をも、映画に活かしているのですね。

次に俳優についてお聞きします。よく知った俳優を何度も仕事をすることは、あなたの映画作りにとって重要なことなのでしょうか？

MO 俳優は映画の要です。私が常連俳優を使うのは彼らと何ができるのか、あらかじめ分かっているからです。有名俳優と無名俳優を一緒に起用することも好きですね。無名の役者を使うことで、物語上の人物に真実味を持たせることができる。

私は役者に厳しい演技指導をするという噂されているようですが、それは違う。役者が演じすぎるのは好きではないし、俳優同士が仲良くなり過ぎて馴れ合いの関係になることも避けたい。俳優には心を開き自由に演じてもらいたい、役を生きて欲しいのです。

偉大な役者はその術を知っていますが、新人にとってそれは難しい。だからトラベリング（移動撮影）やパノラマ（広角レンズでの）撮影の時、彼らがフレームから外れないよう寄り添うことにしています。また固定カメラでの撮影で時間との関係を見極めることも、新人俳優には難しい。だから特別に指導するのです。

過ぎゆく時間に追いつくために

――一九八〇年代以降、九〇歳代のあなたは年一本のペースで作品を撮っていました。そして一〇〇歳を超えた今でも、創作意欲は衰えることを知りません。

MO サラザール独裁政権時代が終わりを告げる八〇年代まで、ポルトガルで映画を製作するのは困難でした。独裁政権が打倒されるまでに、何年も待たなければならなかったのですから。そして多くの映画作家が引退の時期に差し掛かった頃、私のキャリアが始まったのです。失った時間を駆け足で取り戻す必要がありました。それに過ぎ行く時間の速度を変えることはできません。今の私はとても急いでいる。

――この映画は共同製作になっていて、ポルトガル人の他に、フランス人やスペイン人のプロデューサーが参加しています。『フランシスカ』（81）以来、『第五帝国：今日としての昨日』（04）まで二〇年以上もの間、あなたはプロデューサーのパウロ・ブランコとはタッグを組んできました。[▼2] いまポルトガルで映画を製作することは、年々難しくなっているのでしょうか？

MO　ポルトガルでの映画作りは国立映画センターの補助金不足のせいで、年々厳しくなっています。ですから私は昔のように、自分の作品を自分自身でプロデュースする準備はできている。どういうことかと説明しますと、ドイツのレヴァークーゼンまでフィルムを買いに、ミュンヘンまで撮影機材を買い付けに行く。そしてカメラの後ろに自ら立って、音響も撮影も担当する。俳優はキャスティング・ディレクターを起用しないで、現場で見つける。プロジェクター、ライト、ケーブル、照明のためのバッテリーを含め、すべての機材は、自分たちの手でトラック運送する――これはパウロ・ブランコと組む前に、私が実際に採っていた方法です。これならプロデューサーに頼らない映画作りができる。

パウロ・ブランコとの間に生じた問題は、また別のところにあります。彼は私と組む前までは、映画界では無名でした。だから私は彼に、できる限りの金銭的援助をしたのです。たとえばパウロが「アクション・レピュブリック」という映画館の経営を始めたとき、私の監督作一〇本を無料で提供しました。映画の製作に乗りだしてからは、技術者や美術監督を紹介し、どうすれば製作の助

▼2　ポルトガルの映画プロデューサー、パウロ・ブランコに関しては、6章、クタールのインタビュー、一七三頁を参照。

成金がもらえるかまでもアドバイスしたものです。その後、パウロは私の作品に資金を注がず、私の作品から出た利益を別の映画作家に回していることが分かった。私は大きなショックを受けました。それで彼への信頼を失ってしまったのです。だが、私は悪いことよりも良いことについて話したい。パウロ・ブランコの話は終わりにしましょう。

――あなたは映画とはリアリズムだと唱えてこられましたが、いまポルトガル映画界に、あなたの意志を継ぐような人物は見当たりますか?

MO 批評家は映画を語るとき、同じ言葉を使って同じイメージで書きますが、私たち映画作家は皆、一人一人違います。リュミエール兄弟やメリエスの時代から何も発明はされていません。ただより精鋭されてきただけなのです。私が最も敬愛する映画作家はカール・テオドール・ドライヤーです。彼の作品、とりわけ『ゲアトルーズ』(64)は素晴らしい。まさに〈愛〉そのものといえるでしょう。この映画には絶対的な愛を求める女性が登場しますが、でもそんなものは見つからない。ドライヤーはそれを、映像と音楽とを融合することで表現しているのです。例えば私の作品はドライヤー、エイゼンシュタイン、チャップリン、溝口とは全く異なる。この四人の映画作家で、誰がもっとも偉大な存在か、あなたはご存知ですか? その問いに答えることは不可能、なぜなら映画の評価はあまりにも主観的なのですから……。

若い頃にカーレーサーだった私は、スポーツの結果には敏感です。でも映画では比較も競争も嫌いです。あらゆる賞に興味がない。映画祭のコンペティションに参加したいと心から思ったことは、一度だってありません。いつもプロデューサーたちの後からただ、ついていっただけです。

――そうはいっても昨年のカンヌ映画祭で、あなたはパルムドール特別賞を受賞しています。あなたの全キャリアを称えてこの功労賞が贈られたわけです。

MO　もちろん嬉しかったです。映画祭側が私のはじめての短編『ドウロ河』を探し出して、上映してくれたことがね。栄誉というだけではなく、これまでの仕事を理解してもらえたという感慨に、私は包まれたのです。それが何よりの喜びでした。

――戦後最大の批評家といわれ、映画のリアリズム論を唱えたアンドレ・バザンは、亡くなる一年前、あなたのお宅で休暇を過ごしたと伝えられています。

MO　バザンとはたくさんの話をしました。例えばエイゼンシュタインはドライヤーに比べて深みにかける、など……。

映画監督を始めた頃、私はネオレアリズモに影響された作品を撮っていました。その時代の誤りは、ネオレアリズモは、まだ映画的ムーブメントとして認知されていなかった。私の長編デビュー作『アニキ・ボボ』(42)はネオレアリズムの先駆けといわれています。でも当時は政治的制約のせいで、声高にレアリズムを標榜することはできなかった。

まず第一に、映画はすべての芸術の集大成であって、映画という産業の一部では決してはない。商業主義と職人仕事は違っていて、職人仕事にはそれぞれの個性があります。それは小説でもあり絵画であり、語りでもあり演劇でもある。つまり映画とは、人生を写す鏡なのです。

――映画とあなたを繋げるものは何でしょう?

MO　映画で最も大切なこと、それは「記憶」です。記憶なしでは何も存在しない。映画の歴史家というものは存在しません。映画自体が歴史の証人となるのです。

なぜ歴史に重きを置くのかというと、私には思い出を守る義務があるからです。映画や本が歴史を語ることは、記憶を語ることでもある。もしあなたが記憶を失ったなら、あなたがあなた自身であることさえ、分からなくなってしまうでしょう。つまり存在自体がなくなってしまうわけです。

つまり記憶は我々を豊かにしてくれる「何か」で、人生で最も大切なものでもある。映画で最も大切なこと、それは「記憶」です。記憶なしでは何も存在しない……私はそう思っているのです。

（二〇〇九年七月二二日　ポルト、オリヴェイラの自宅にて）

追記

オリヴェイラは二〇一五年四月二日、ポルトの自宅で人生の幕を下ろした。享年一〇六歳。

12 ピエール・リシアンを偲んで

ベルトラン・タヴェルニエ Bertrand Tavernier

ピエールとは、新たな映画を発見する歓びを幾たびも分かち合いました

「カンヌ国際映画祭のフィクサー」ともいわれたフランス映画界の重鎮ピエール・リシアン（Pierre Rissient）が二〇一八年五月六日、この世を去った。

ヌーヴェル・ヴァーグ前夜、伝説の映画館マクマオンに集ったシネフィルの象徴的な存在だった彼は、『勝手にしやがれ』（59）では助監督を担当。六〇年代は宣伝配給、プロデュース、二本の監督作を手掛けている。そして七〇年代に入ると「才能の発掘屋」として、リシアンは世界中を飛び回るようになる。マーティン・スコセッシ、ジェーン・カンピオン、クエンティン・タランティーノ、エドワード・ヤンなど、彼によって発見された監督は、数限りない。アメリカ映画界に精通し、知られざ

るアジア映画を渉猟する——彼は映画のためだけに生きた男だった。ピエール・リシアンへの限りない映画への情熱を、五七年もの長きにわたって友情を育んだフランスの名匠ベルトラン・タヴェルニエが語ってくれた。
以下のインタビューはピエール・リシアンが他界した一ヵ月後、彼の妻ヨンヒ夫人の協力によって実現した。

「マクマオン」による発見

——まずは伝説の映画館マクマオン（Cinéma Mac-Mahon）について、聞かせてください。

ベルトラン・タヴェルニエ（以下、BT）　まず、私自身はマクマオンのメンバーではありません。あれは六〇年か六一年くらいだったでしょうか。私は四、五人の友人と「ニッケル・オデオン」という名前のシネクラブを作り、毎週上映会を催していました。ニッケル・オデオンとはアメリカで流行した規模の小さい庶民的な映画館のこと。一九〇五年に初めて本格的な映画が誕生した時、入場料が五セント（ニッケル硬貨一枚）だったことから、こう呼ばれるようになったのです。私たちのモットーは、自分たちが見たい映画だけを、ひたすら上映することでした。大手の新聞や『カイエ・デュ・シネマ』『アール』『ポジティフ』といった映画雑誌、もしくは無名の媒体などで批評家たちに評価されたあらゆる作品を、自分たちの眼で見て確かめたかった。だから傑作と評価が定まっている映画からB級映画に至るまで、まっさらな目で見ることを心がけていました。その姿勢はマクマオンとは全く違う。

ベルトラン・タヴェルニエ
Bertrand Tavernier
一九四一〜二〇二一。監督、批評家。フランス、リヨン生まれ。映画宣伝の仕事を経て批評家としてキャリアをスタート。六三年にオムニバス映画の一話で監督デビュー。七四年、長編初監督『サンポールの時計屋』でルイ・デリュック賞と第二四回ベルリン国際映画祭銀熊賞を受賞。主な作品に『ひとりぼっちの狩人たち』(95)、『田舎の日曜日』（84）、『素顔の貴婦人』（89）などがある。また、二〇二一年

マクマオンはシャンゼリゼ界隈、凱旋門から目と鼻の先にある、マクマオン通り五番地にある名画座の名称であり、一九五三年から始まったシネクラブの名前でもあります。この映画館は、ゴダールの『勝手にしやがれ』(59)の劇中にも登場している。このシネクラブを組織していたのがピエール・リシアンだったのです。記念すべき第一回上映作品は、ニコラス・レイのデビュー作『夜の人々』(49)。四人の映画監督、フリッツ・ラング、オットー・プレミンジャー、ジョゼフ・ロージー、ラオール・ウォルシュを、マクマオンは徹底擁護していました。後にマクマオンが愛したこの四人の映画作家たちを総称して「四枚のエース」と呼ぶようになった。

——当時、パリには多くのシネクラブがあったのですか? エリック・ロメールやジャック・リヴェットといった、後にヌーヴェル・ヴァーグの映画作家となる批評家たちとあなたは、そこで出会っていたのでしょうか。

BT 彼らは私たちより前の時代です。彼らはシネクラブの常連で、パリ八区メシーヌ通り時代の元祖シネマテークの象徴的な存在でもあった。私がシネクラブで見かけたヌーヴェル・ヴァーグの映画作家は二人だけ。モンパルナス界隈にあった上映館「ステュディオ・パルナス」でジャック・リヴェットとクロード・シャブロル、彼らにはしょっちゅう会っていました。毎週火曜の上映後には討論会があり、映画に関するクイズ大会も催されていた。それに正解すれば、映画のタダ券をもらえた。だから火曜の夜はみんな、「ステュディオ・パルナス」に集結していました。ピエール・リシアンがシャブロルと仲良くなったのも、その場所でした。当時、シャブロルは映画配給会社フォックスのアタッシェ・ド・プレス(宣伝担当)で、映画仲間の脚本家ポール・ジェゴーフ[▼1]とサロンを開いていたのです。

——マクマオンに集結したシネフィルを称して「マクマオニアン」と呼びますが、そのような人々

三月に亡くなるまでリヨン、リュミエール研究所の所長を務めた。

▼1 ポール・ジェゴフに関しては、3章のクロード・シャブロルのインタビュー、九五頁を参照。

は大勢いたのですか？

BT　マクマオンの中心人物は三人です。リーダー格のピエール・リシアンを筆頭にマルク・ベルナール、そしてミシェル・ファーブル。それと執筆担当のミシェル・モルレという映画評論家がいた。〝マクマオニアン〟を自称する観客はたくさんいましたね。一九四〇年代後半から五〇年代中頃まで吹き荒れていたマッカーシズムによる赤狩りで、多くの監督や脚本家はブラックリストに挙げられていた。彼らはその中でもジョゼフ・ロージーやエイブラハム・ポロンスキーといった映画人を擁護していました。映画人をマクマオンに招き、プレスとの交流の場を設け、その記事を発信する。そのようにして、多くの未公開作品を劇場公開にこぎつけたのです。活動を制限されていた監督に名声をもたらすことも、しばしばありました。ジョン・ガーフィールド主演でデルマー・デイヴィス監督の傑作『プライド・オブ・ザ・マリーンズ（海兵隊の誇り）』（45）などがその代表例です。ロージーはアメリカでは無名でしたが、ピエールと私は『緑色の髪の少年』（48）を皮切りに、他の作品も次々と公開しました。フランスの批評家からの歓迎と高評価によって、彼は世に知られる存在となったのです。マクマオンはロージーら「エース四枚」だけでなく、ハワード・ホークスやアンソニー・マンなども熱烈に支持していました。

――作家主義を掲げた映画雑誌『カイエ・デュ・シネマ』とマクマオンは、どのように違ったのでしょう？　当時、カイエ誌は毛沢東思想を前面に出しており、ゴダールも傾倒したと言われています。それに対してあなたとピエール・リシアンは、どのように感じていましたか。

BT　当時毛沢東主義は、フランスの知識階級を猛烈な勢いで席捲しました。多くの人間が傾倒し、まるで公衆の面前で改宗するかのように「政治など信じてはいけない。信用できるのは毛沢東だけだ」と言い放っていました。個人的にエリック・ロメールに対しては友情と尊敬の念がありましたが、彼が去った後の『カイエ』誌からは、私は遠ざかってしまった……。一九六八年の五月革命の頃は、ピエールも私も完全に、毛沢東主義に対して興味を失っていました。シモン・レイというフランス人作家が反毛沢東を表明した『毛沢東の新しい制服』(緒方君太郎訳、現代思想社、一九七三年)という著書に共感していたくらいです。

――毛沢東主義が席巻する中で、居心地が悪かったのではないでしょうか。

BT 中国で実際に何が起こっているのか知らないままに洗脳されている、あんなに多くのインテリの姿を目の当たりにしました。当時、素晴らしいTV番組があって、そこに二人の作家、イタリア人のマリア・アントニエッタ・マッチオッキとシモン・レイが出演しました。そして毛沢東思想の真実を明らかにしていったのです。重要な情報を提示しながら毛沢東主義を完璧に、見事に叩きのめしてみせた。シモン・レイはマッチオッキの著書『革命中国の現実』の何ページのどの箇所かと明確に引用しながらそれを毛沢東の演説と照合し、その欺瞞を暴いてみせたのです。

――ピエールはどんな「思想信条」を持っていたと思いますか。

BT 彼はどんなイデオロギーにも属していませんでした。例えば、彼はフリッツ・ラングが大好きでしたが、その全作品を評価しているわけではありません。『カイエ』誌の批評家はフリッツ・ラングの全作品を高く評価しています。でもピエールは違います。ラングでも駄作はある。ハリウッドの悪しきシステムや注文映画で良くない脚本が用意されていたり、プロダクションが助けてくれなかったり……映画が悪くなる要因はいくらでも考えられますから。どんなアーティストにも言えることですが、すべての作品が等しく素晴らしいなんてあり得ない。いい時もあれば悪い時もあり、しかしそれは問題ではないのです。作家の精神状態や製作環境のせいなどで作品のクオリティーに波が生じるのは、当たり前のことです。たとえばラオール・ウォルシュのように五年もの間、駄作しか撮らなかったとしても、別に問題はない。社交生活にうつつをぬかし、新しい妻との新婚生活で精気をなくしてしまったのか……。この憶測は少し女性蔑視ですがね。これはピエールが言っていたことで、私も同感なのですが、「映画作家は一〇本の優れた作品を撮っていれば、その一〇本で評価するべきだ」という考え方です。

映画への情熱を共有する同志

——ピエール・リシアンは残念ながら日本では、ほとんど知られていません。一方でフランスではマクマオンを発信地に、どのような影響を及ぼしたのでしょう?

BT まさに彼は、台風の目でした。彼がマクマオンからフランス映画界に与えた影響は絶大です。五九年あたりから彼は、映画の撮影現場へも足を運ぶようになりました。見習いとして入ったクロード・シャブロルの『いとこ同志』(59)の現場で、見学に来ていたゴダールの目にその仕事ぶりが留まった。そして『勝手にしやがれ』の助監督に採用されるのです。翌年には兵役で軍隊の映画部門に所属し、短編を二本撮りました。その作品を一九六一年、私のシネクラブ「ニッケル・オデオン」で上映したのです。ピエールの短編はエドガー・G・ウルマーの長編『奇妙な女』(46)の前に流しました。これはフランソワ・トリュフォーが擁護したカルト映画です。それ以来、私たちは五七年もの友情を分かち合ってきました。

——あなたとピエール・リシアンは、すぐに意気投合されたのでしょうか?

BT 彼は気難しい性格ですからね、誰でも温かく迎えたわけではありません(笑)。ピエールが擁護する映画作家をけなす者は、マクマオンに立ち入り禁止になりました。彼と私は……そう、映画への情熱を共有する同志、と言えるでしょうか。その後マクマオンはただのシネクラブに留まらず、一九六三年に「マクマオン・ディストリビューション」を設立し映画の配給まで手掛けるようになる。ロージーの『呪われた者たち』(63)を皮切りに、援助金なしで約七〇本の作品を配給します。その多くはピエールに助け出されなければ、「映画史の闇」に埋もれていたかもしれない傑作です。ピエールは配給・宣伝を受け持つようになった。一方で当時の私は、ヌーヴェル・ヴァーグの多くの作品を手掛けたプロデューサー、ジョルジュ・ド・ボールガールの映画製作会社「ローム・パリ・フィルム」のアタッシェ・ド・プレスをしていた。そこでゴダールやシャブロルの作品に携わっていたのです。私が担当したのはゴダールの『軽蔑』(63)や『気狂いピエロ』(65)、ジャック・ロジエの『アデュー・フィリピーヌ』(62)、アニエス・ヴァルダの『5時から7時までのクレオ』(61)、それと多くのシャブロル作品などです。私はジャン=ピエール・メルヴィルによって解雇されたのですが、翌日にピエールから電話があって「オレと組まないか」と持ちかけてくれた。その後、私が『サンポールの時計屋』(74)で監督デビューするまでの約一二年間、我々はがっちりと手を組み、映画宣伝の仲間として働きました。私は監督になってからも時々彼の手助けをしましたし、彼も見つけてきた作品は真っ先に見せてくれた。

——当時のフランスにおける映画宣伝は、今とは違う役割だったのですか?

BT フリーランスの映画宣伝でしたから、私たちの暗黙の了解は、好きな映画だけを取り上げること。フランスでプレスブックを作ったのは我々が初めてです。そこには監督のインタビュー、映画について自分たちで書いた記事、監督や脚本家のノートを掲載しました。それまでのプレスシートは出演者の経歴やプライベートの近況、監督は一シーン撮るのに三週間もかかったなどの苦労話ばかりで、説得力のある記事がなかったのです。私たちの場合は、その監督が何年にどんな作品を撮ったのか、監督の重要性を声高に説きました。プレス試写を企画し、監督にはできるだけその場に立ち会ってもらうようにした。上映後はジャーナリストが監督にインタビューする場を設けました。当時は今と違ってジャーナリストの大半が英語を自在に操れなかった。だからピエールと私は通訳も兼任することになった。フランス映画では監督のデビュー作を中心に『すぎ去りし日の…』（70）など、私たちが大好きだったクロード・ソーテの中期の作品も手掛けています。日本映画は数本、小林正樹の『切腹』（62）にも携わっています。

――お二人はアメリカ映画界に精通されていましたが、フランスでの批評によって価値が高まった作品も多いそうですね。

BT　エイブラハム・ポロンスキーの『夕陽に向って走れ』（69）、ジェリー・シャッツバーグの『スケアクロウ』（70）、シドニー・ポラックの『大いなる勇者』（72）などは批評家の評判もよく、観客からも愛され、そんな映画に立ち会えたことは嬉しかったです。その頃からピエールはカンヌ国際映画祭と大きくかかわっていくようになります。

映画の過去も現在も愛する

――ピエールは今や、カンヌの立役者として伝説的な存在です。どのようにして世界中に散らばる才能の原石を発掘し始めたのでしょうか。

BT　ピエールが初めてカンヌに足を運んだのは一九六四年、審査委員長だったフリッツ・ラングから彼の右腕として働くよう、直々にオファーをもらったそうです。

――日本から市川崑の『太平洋ひとりぼっち』（63）や勅使川原《てしがはら》宏の『砂の女』（64）がコンペに出

品された年ですね。『砂の女』は審査員特別賞を獲り、パルムドールはジャック・ドゥミの『シェルブールの雨傘』(63)でした。

BT その頃のピエールはもう映画宣伝という範疇を超えて、知られざる映画をどのように世に出そうかと奔走していました。そして七〇年代初期には映画宣伝から、カンヌのプログラムに軸足を移していきます。

――もう少し詳しくお聞かせください。ピエールは強烈で非常にユニークなキャラクターで有名だといいます。

BT ええ。ものすごくユニークでした。資金繰りのために、彼はまるで闘牛のように事務所に乗り込んでいくのです。それでプロデューサーや映画輸出業者、配給会社に話をつけ、多くの作品を公開にこぎつけた。自国では興行も批評も奮わずフランス公開を躊躇していたアメリカ映画を強引に公開に持ち込んだのも彼です。

――カンヌではコンペやある視点、特別招待枠のある公式部門だけではなく、並行して行われる監督週間や批評家週間とも手を組んでおられたのでしょうか?

BT 元映画宣伝マンだったピエールは、二作目までが選定対象の批評家週間に出品した方が、デビュー間もない監督にとっては賢明だろうと考えていました。なんとか公式部門のコンペに選ばれても、受賞は難しいだろう。そこで批評家受けが悪ければ若い作家にとって致命傷になるかもしれない。彼はそう考えていたからです。たとえばカンヌで初めて上映されたフィリピン映画、リノ・ブロッカの『インシアン』*Insiang*(76)は厳しい貧困が描かれていた。だからカンヌの夜に着飾ってくる観客には向かないと思ったピエールは、公式部門ではなく、より作家性を重んじる監督週間へと導きました。ジェーン・カンピオンのことは、カンヌ短編部門で彼女の学生時代の作品が最高賞に輝いた時から支援していた。女性監督として初のパルムドールを受賞した『ピアノ・レッスン』（93）には、脚本の段階からエグゼクティブ・プロデューサーとしてかかわっていました。

――ピエールがエグゼクティブ・プロデューサーを務めた作品には、『ピアノ・レッスン』の他、アッバス・キアロスタミの『オリーブの林をぬけて』（94）や『桜桃の味』（97）、マイク・リー『秘密と嘘』（96）、エリック・ロメール『グレースと公爵』（01）、イム・グォンテク『酔画仙』（02）などがあります。自分が探してきた映画が大きな評価を得ることは、ピエールにとってはどんな思いだったのでしょうか？

BT　それはもう、ものすごく喜んでいました。彼は常に多くの映画監督たちとの間に、人間的な繋がりがあった。シャッツバーグの『スケアクロウ』やキアロスタミの『桜桃の味』などは映画がカンヌのコンペ入りするまで体を張って闘っていたので、自分自身に対する歓びもあったのです。映画宣伝という職業は、実はそんなに儲かる仕事ではありません。我々は若くて無知だったのかもしれない。損得勘定すると無休で働いていたことなどしょっちゅうでした。低予算の作品や新人監督の映画を多く扱っていたから、宣伝の予算などほとんどなかった。おそらく大手の撮影所の専属で働けば、もっと多くのギャラを得ることができたでしょう。ですが、映画の宣伝という職業で儲けるなどということはあり得ない。少なくとも我々はそんなことのために闘ってきたのではありません。映画をカンヌに持ち込んだり、公開につながるよう尽力したりしたのは、ただ純粋にその映画が好きだったから。あの頃の私たちには、映画宣伝という仕事は映画批評家よりも有益ではないかと私たちには思えました。ピエールと私は上映館を見つける役割も担い、劇場へ直談判に行きました。私はジョン・ヒューストンの『愛と死の果てるまで』（69）の劇場を見つけ、ピエールはクリント・イーストウッド主演、ドン・シーゲルの『白い肌の異常な夜』（71）の劇場を見つけた。ユニバーサルはフランスでの公開を望んでいなかったにもかかわらず上映してくれる映画館を二、三探し出し、強引に公開まで漕ぎ着けたのです。公開館を見つけたのだからユニバーサルは「上映しない」とは言えないでしょう。断る手はないですから。とかくアメリカの大手配給会社は自国の興行成績が芳しくないと、海外で冒険することを躊躇っていたのです。

――映画宣伝という職業がそんな多岐にわたっていたとは知りませんでした。

BT　でも今の宣伝担当は、映画を知らない人間がほとんどです。ピエールのような宣伝マンは「化石」と言っていいでしょう。

――イーストウッドとの友情は生涯にわたって続いたそうですね。

BT　ピエールがロサンゼルスに行く時、イーストウッドは事務所の一室を仕事場として提供してくれました。彼らは硬い友情関係で結ばれていた。イーストウッドに『硫黄島からの手紙』(06)を映画化しないかと持ちかけたのは、ピエールなのです。数年前からは彼のアシスタントのバンジャマン・イリオが引き継ぐまでの間、イーストウッドの英仏、仏英の映画字幕はすべて、ピエールが手掛けていました。

――ピエールがいなければ、アメリカの次世代の才能は世界に見出されなかった気さえします。ピエールは無名時代のスコセッシの『ミーン・ストリート』(73)やタランティーノの『レザボア・ドッグス』(92)も、カンヌに導いています。

BT　ピエールは『ミーン・ストリート』を見た時、ハーヴェイ・カイテルの存在感に目をつけていました。カイテルはスコセッシ映画の常連で翌七四年の『アリスの恋』(74)でも素晴らしい演技を見せていた。スコセッシとロバート・デ・ニーロの陰に隠れて目立たない俳優ではありましたが、その彼が出演するフィルム・ノワールならば、とピエールは喜び勇んで『レザボア・ドッグス』を見たのです。そして二年後、『パルプ・フィクション』（94）でタランティーノは、パルムドールの栄冠に輝きます。

——アジア映画もまた、ピエールによって世界に紹介されました。エドワード・ヤン、ホウ・シャオシェン、チェン・カイコー、イ・チャンドン……。ピエールはヨーロッパにおいて、アジア映画のパイオニア的な存在でもあります。

BT　アジアには七四年か七五年から定期的に行くようになったと思います。例えばリノ・ブロッカの『インシアン』を見つけた時は製作段階から相談に乗り、資金の工面をし、編集を手伝い……と、全面的に協力しました。キン・フーの『俠女』（71）においては、完全に断裂されていたフィルムを二部構成にして繋げあわせることに、成功しています。第一部「チンルー砦の戦い」と第二部「最後の法力」に分けてカンヌに持ち込み、賞を獲得したのです。このような例は枚挙にいとまがありません。日本映画を除けば、最初にカンヌへアジア映画を持ち込んだのは、ピエールです。日本映画は歴史がありますから既に独自のパイプが確立されていました。ですが、大島渚の『愛のコリーダ』（76）をカンヌの監督週間に出品するように奔走したのは、ピエールに他なりません。フランス公開にこぎつけるため、彼はプロデューサーに交渉し、尽力していたのです。

常に彼は新しい才能を見出すだけではなく、一〇年以上も前に作られたような過去の良作をも探し出してくる。興味深い作品なのに、忘れられ、葬り去られる可能性がある作品を発掘し、それらに命を吹き込む。それも彼の仕事でした。「現在は過去を隠すことはできない」、彼は口癖のようにそう言っていました。その情熱は新たな作品を見つけ出すことだけではなく、素晴らしいクラシック映画に光を当てることにも向かっていたのです。私がリヨンのリュミエール研究所の所長として映画修復に取り組んでいるのも、ピエールと志を同じくするからです。

――あなたが修復された中で、最も記憶に残っている作品は何でしょうか。

BT ハンス・シュワルツ監督の『ニーナ・ペトロヴナ』です。これは一九二九年のドイツ映画で、そして音楽家モーリス・ジョベールが音楽を手掛けた二本目の作品でもある。素晴らしく美しい映画です。

――ピエールは多くの映画作家と親密な関係を築いてきました。自ら発掘した才能とは、常によい関係を築いてこられたのでしょうか？

BT 彼はヒッチコックをさほど評価していなかった一方で私は大ファンでした。しかし、意見の相違はあっても、それで仲違いするようなことはなかった。たとえばわざわざピエールの前で、エリア・カザンのことを話す必要はないでしょう？

それとピエールは、ある一人の監督がいい映画を撮るようになれば、それまでの評価を改めることがありました。例えばデビュー当時のオリヴィエ・アサイヤスの映画を、ピエールは好きではなかった。けれど、三〜四作目あたりから良い映画を撮るようになったと高く評価するようになり、以降亡くなるまでの間ずっと、アサイヤスの映画を応援していた。二〇一八年に製作された『冬時間のパリ』は素晴らしい映画になると、彼は確信していましたよ。

あの偉大なる批評家アンドレ・バザンですら、作家に対する評価を翻すことがあった。それに繰り返し見るうちに、だんだんその映画の魅力に気付くことだってあるのです。

我々が最も嫌いだったのは、固定観念に囚われている批評家です。彼らの大半は自分自身の見解など持っていない。例えば、トリュフォーやロメールの好みを真似てみたり、権威による評価を模倣しているだけに見えるのです。

ピエールの場合、監督に対する考えを改めても、作品についての評価を変えることは稀でした。

でも16ミリの劣悪なコピーでしか見たことがない映画の場合は別です。例えば、ジャック・ターナーの作品を美しいプリントで見た時、我々はこの映画への考えを完全に改めた経験があります。そういえばピエールが亡くなる直前、電話でこんな会話を交わしたことを覚えている。「ついさっき、アンリ・ドコワンの『家の中の見知らぬ者たち』(42)を見直したんだ。そうしたら見事な光の効果で、白黒の素晴らしい陰影が表現されていた。あんな場面があったなんて驚きだ！　上映環境の問題で、以前にはその美しさに気付かなかったのだろう……」。そして我々は、映画を修復するという仕事がどれほど大切かということについて、話し合ったのです。

——ピエールは意識を失う直前まで、イ・チャンドンの『バーニング』(18)を絶賛する電話をアメリカの映画関係者にかけまくっていたそうですね。本当に最後の最後まで、彼の頭の中は映画のことでいっぱいだったのですね。

BT　ピエールとは新たな作品を発見する歓びを、幾たびも分かち合いました。私たちが支持している映画が批評家たちに高く評価されると、まるで自分たちが映画史に偉大な作品を献げたかのような気持ちになったのです……。

(二〇一八年六月六日　パリ一区、ベルトラン・タヴェルニエの自宅にて)

追記　タヴェルニエは、二〇二一年三月二五日、七九歳で逝去した。

二〇一八年五月二二日、パリ一九区、ペール・ラシェーズ墓地にて、ピエール・リシアンの葬儀がとり行われた。以下は、葬儀の際、ティエリー・フレモー、ジェリー・シャッツバーグ、イ・チャンドンの三名により読まれた弔辞を、抜粋し訳出したものである。掲載を承諾してしていただいた各氏、英語、韓国語を翻訳してくださった、近藤希実さん、ソン・ヨンヒさんに御礼申し上げます。

ティエリー・フレモー *Thierry Frémaux*

彼は映画が良くなることだけを考えていたのです

二〇一八年五月六日、ヨンヒ夫人からピエール・リシアンの死を伝え聞いたティエリー・フレモーは、各メディアに訃報を伝えた。カンヌ映画祭の作品選定ディレクターであるフレモーは、四〇年もの歳月をカンヌ映画祭に捧げたリシアンの、同志的な存在だった。その彼がリシアンの葬儀で読んだ弔辞を本書への掲載にあたり、自ら加筆・修正したのが、以下の文章である。

ピエール・リシアンという人物がこの世界に存在した……それは私たちとって、とても大きな意味があることでした。なぜならば、スクリーンに映し出される以上の何かを、ピエールは映画にもたらしてくれたからです。映画にとって重要人物は、カメラの前にだけではなく、その後ろにもいるのです。

クリント・イーストウッドはピエールのことを、“Mister Everywhere”と呼んでいました。このことばは、彼の発言をまとめた伝記のタイトルにもなっています[1]。この本はピエールの言葉を後世に伝えるべきだと思って、私のイニシアティブの下に作られたものです。Mister Everywhere とはまさに、言い得て妙！　彼は映画のあるところならば、世界中のどこにでも飛んで行ったのですから。

遠方への長い旅から持ち帰った、映画をめぐる発見……偉大なる映画人たちとの膨大な会話、長くシビアな交渉……などについてピエールは、いつも熱に駆られたように喋りつづけていました。偉大なるアメリカ映画の監督を敬愛しながら、同時に彼は若い才能を支援することも忘れなかった。また映画監督だけではなく、映画ジャーナリスト、映画祭の作品選定委員として映画にかかわる若者たちに知識を分け与えることを、ピエールは惜しまなかったのです。私自身、ベルトラン・タヴェルニエの仲介でリヨンのリュミエール研究所に迎え入れられた。そしてさらにピエールから声をかけられて、彼が長年にわたって貢献したカンヌ映画祭に招かれたのです。人と人とを繋げる、確かなちから。それがピエールにはあったのです。

映画業界における彼の仕事、それは映画評論家でも映画史家でも、映画作家でもない。けれどもとにかく彼は、三つの分野で素晴らしい才能を発揮したと言えます。

まずピエールは長年、ベルトラン・タヴェルニエと組んで映画宣伝（アタッシェ・ド・プレス）の仕事に携わってきました。そしてこの仕事の持っている可能性を追求していったのです。映画宣伝が映画産業の一角を担う重要な仕事であることを、実践してみせたのです。また彼は、映画製作の優れたアドバイサーとしても活躍しました。

ティエリー・フレモー
Thierry Frémaux
一九六〇〜。カンヌ国際映画祭選定ディレクター、リヨンのリュミエール研究所所長。フランス、イゼール県チュランで生まれリヨン郊外で育つ。長年にわたり、シネマトグラフを発明したリュミエール兄弟の作品の保存と初期のシネマトグラフ映画の復元に携わる。二〇一七年にはリュミエール兄弟の一〇八本の作品から構成したドキュメンタリー『リュミエール！』を自ら製作し、監督、脚本、編集を務めた。柔道愛好家であり、柔道に関する著作がある（*Judoka*, Stock, 2021）。

▼1　Marc Bernard, Samuel Blumenfeld, *Mister Everywhere*, Actes Sud, 2016

でもピエールの本領は、超一級の映画の語り手だったことにあるでしょう。昼夜問わずいつだって、映画について語る幸福感が、身体中からみなぎっていました。

ピエールは社会の規範・常識といったものに、一切とらわれない男でした。カンヌ映画祭授章式後の晩餐会ですら、タキシードで正装することはなかった。ドレスコードなど無視してフィリピンの市場で買ってきた派手なカラーシャツで現れ、周囲を仰天させたものです。

彼とカンヌ映画祭の関係は四〇年もの長きにわたりました。その間、彼はほぼ黒子に徹しながらも、世界中の映画作家に影響を与えてきたのです。

ピエールは生涯にわたって、映画の国境を広げつづけた、最も偉大な人物の一人だと思います。何しろ彼は、シャンゼリゼ近くの名画座「シネマ・マクマオン」で赤狩りの犠牲になったアメリカ人監督たちを擁護したことに始まって、クリント・イーストウッドが世界的な映画監督の地位を築くまで、奮闘したのですから。

さらにピエールは、映画の世界地図を塗り替えもしました。東南アジア、オーストラリア、中国、シンガポール、韓国……それまであまり語れることのなかった地域から、多くの才能を発見した、パイオニア的存在と言えるでしょう。彼が存在しなかったら、キン・フー、リノ・ブロッカ、イム・グォンテク、ジェーン・カンピオンらの名がこれ程までに早くそして広く、世界に知れ渡ったでしょうか？　ピエールは彼らの創意を刺激し、アドバイスを与え擁護した。その素晴らしさを説いて回り、映画祭、映画館、シネクラブなどで上映の機会を作りもした。

映画人から送られてきた脚本を読み、若い映画監督を世に送り出し、復元され蘇ったフィルムを見ること——それをピエールは、何よりも楽しみにしていました。彼の好奇心はとにかく、汲めども尽きぬものでした。

辛辣で容赦のない批判のことばを浴びせ、才能ある映画監督に叱咤激励することもありました。例えばウォン・カーウァイのように、キャリアを重ねる事で作品がマンネリ化してきた監督に奮起を促すような事も、何度かあったのです。とにかく彼は、映画が面白くなることだけを考えていた。その姿勢は徹底していて、だからしばしば周囲と軋轢《あつれき》が生じることもありました。

またピエールは、貪欲な蒐集家でもあった。名刺、マッチ箱、石鹼、Tシャツ、野球帽など……手当たり次第に旅先から持ち帰ってきた雑多なものを、嬉しそうに身につけていました。だから私は海外に行ったときには、珍しい土産物を贈って彼を喜ばせたものです。

彼はいつもこう言っていました。「重要なのは、ただ盲目的に映画を愛することではない。正当な理由をもって、それを愛することだ」と。

私たちが最後にことばを交わしたのは、彼が亡くなる前日でした。ピエールはイ・チャンドン監督の『バーニング』を構想の段階から七年近く、粘り強く支援してきました。だからカンヌ映画祭関係者があの作品を熱狂的に受け入れたと聞いて、心の底から喜んでいた。

ピエールが亡くなる八日前に、スリランカのレスター・ジェームス・ピーリス監督[▼2]が亡くなりました。その日私は、リヨンのリュミエール映画祭[▼3]かリュミエール研究所で毎年、ピーリス監督の上映することを、ピエールに約束させられました。世界的にはまだ知られていないピーリス監督のフィルムの復元作業を進めるために、ピエールは資金集めに奔走していたからです。

ピエールは激しい気性の持ち主です。陽気に振る舞っていたかと思えば次の瞬間、雷のごとく怒りをあらわにして、神経をピリピリさせているなんてこともあった。でもとにかく生きる歓びに溢れていて、だからタヴェルニエはその豹変ぶりを笑いながら、大らかに見守っていました。ベルト

▼2 一九一九年、スリランカ、コロンボ生まれ。五四年にドキュメンタリー『乾燥地帯の克服』を製作。五六年に発表した初のフィクション『運命線』は、スリランカ映画のルネッサンスと評価される。代表作は『変わりゆく村』(64)、『時の終焉』(85) など。二〇一八年四月、九九歳で逝去。

ラン・タヴェルニエとピエール・リシアンの五〇年間以上に及ぶ関係は、私が見た最も感動的な友情のかたちのひとつです。

ピエールは八〇歳を超えてもなお、何千キロという距離を超えて旅をして、あらたな映画を観客の手に届けようとしてきました。未知の映画を発見することが難しくなってきても、とにかくピエールは、それを夢見つづけた。映画への思いを同じくする同志たちに、彼は純粋に映画を愛する姿を見せてくれたのです。

私はリヨンのリュミエール映画祭に、ピエール・リシエン賞を創設することを決めました。この賞を授与する人物……それは病的なまでのシネフィル、映画を広めることに命を賭けた配給人、未踏の領域に飛び込んでいった勇気あるアーティスト……すなわちピエールのような人物であることだけは、間違いありません。

（仏語翻訳：魚住桜子）

▼3　リヨンのリュミエール研究所で二〇〇九年から始まったクラシック映画の祭典。カンヌ国際映画祭の選定ディレクターで、リヨンのリュミエール研究所のディレクターを務めるティエリー・フレモーが仕切っている。ベルトラン・タヴェルニエは二〇二一年三月に亡くなるまで同研究所の所長を務めた。

ジェリー・シャッツバーグ　あるがままの映画を愛する

Jerry Schatzberg

ピエール、あなたのお葬式なんて決して素晴らしいことじゃないけれど、ここに集《つど》ったのは皆、あなたを深く愛した人たちばかりです。あなたのことを思いながら彼らと語り合えるのは、深い悲しみの中にある私たちにとって、いくらかなりとも美しいことじゃないでしょうか。この会場の設《しつら》えも、実にピエールらしい。中央にモニターがあり、そこにはしゃべっているあなたの姿が映っている。そして私たちは周りに座って、それを見ているのです。ピエール、あなたが部屋に入ってくると、いつも私たちはあなたが落ち着く場所を見つけるのを待ち構えて、周囲に集まって話を始めたものです。映画のこと、人生のこと、それに最もフランス人らしく、食べ物のことについても。

ピエール・リシアンはとても誠実な人でした。彼から何度も聞かされたエピソードを、ここで紹介しましょう。

私はもともとファッション誌のカメラマンとして活動していました。最初の監督作『ルーという女』（70）がサンフランシスコの映画祭に招待された時のことです。ピエールは上映スケジュールに私の名前を見つけ経歴を知るや、「ファッション・カメラマンの撮った映画なんて、興味ないね！」と一蹴したそうです。でも上映当日、他に見たい映画もないし、かといって別にすることも

ジェリー・シャッツバーグ
Jerry Schatzberg
一九二七〜。監督、脚本家。ニューヨーク生まれ。映画監督になる前は『ヴォーグ』『エスクァイア』などのファッション雑誌で活躍する写真家であった。一九七〇年『ルーという女』で監督デビュー。監督第三作目の『スケアクロウ』（73）でカンヌ国際映画祭パルム・ドールを受賞。

ない。それで「しょうがない、一〇分だけ見てやるか」と思って、会場に向かいました。幸運にもその一〇分が彼の心を摑み、ピエールは私の映画を最後まで見てくれました。ピエールの言葉をそのまま借りれば、〝くだらないファッション写真家〟の映画に予想外の感銘を受けたのです。彼はすぐさま配給元のユニバーサル・スタジオに電話をかけ、フランスでの上映権を交渉してくれました。

この時点でユニバーサルが私の映画が成功すると思っていたか、定かではありません。とにかくこの映画に興味を持っている人がいると知っただけで喜んだでしょう。

私がロサンゼルスに帰ると、ユニバーサルのエグゼクティブが「私の家で私的な上映会をしてくれないか？」と言ってきました。ここで知っておいて欲しいのは、私は当時、映画業界についてまったく無知だったということです。私はこの申し出を素直に喜びました。彼の家に行くと、エグゼクティブの友達だという人たちは飲んだり食べたり、すっかりご機嫌で楽しんでいる。そんな場所で私は、映画の上映を始めたのです。私は今でも彼らの感想のいくつかを覚えています。映画をある程度まで見た後、ある人は「この映画を見ると前の妻と再婚したくなるね」とつぶやきました。出演していた女優が、彼の元妻だったからです。とにかく神経質になっていた私の耳には、「全く理解できない」「何の話なの？」といったネガティブな声しか入ってきません。そして上映が終わって会場の明かりが点くや、エグゼクティブは「ちょっと二人で話さないか？」と言って、私を狭い化粧室の中へ押し込みました。そして「映画の冒頭に主演のバリー・プリマスとフェイ・ダナウェイのボイスオーバーを入れるべきだ」、そう二〇分にわたって私を説得しにかかったのです。人がどのようにして出会い、そのことで彼らの人生に何が起きたのか。ボイスオーバーがあれば、もう少し説明がつく、というわけです。彼はそれを映画の始まりに三～四分も加えたいと主張してきました。そんなの見ればわかるはずだ、そう私は言いました。「別に、君が嫌なら改変しないよ」と彼。「もちろん変えたくない」と私。そうしたら彼は最後に、こう言い放った。「まあ結局、最後は私の判断になるけれどね」。

さあ、ハリウッドへようこそ！　というわけで、私はすっかりうろたえてしまいました。

ちょうど次の監督作『哀しみの街かど』（71）に取り掛かるところだったので、そちらの仕事に集中して気を紛らわすことはできました。でもピエールが『ルーという女』をどんなに気に入ったか伝えようとわざわざ二度も電話をくれた時、私はその一件についてぶちまけてしまいました。ピエールはまだ私と会ったこともなかったのに、私の次作について知っていたばかりか、『ルーという女』のフランスでの公開について、できるだけ早く私と会って話したいと言ってくれたのですから。ピエールは事の顛末を黙って聞き、私との電話を終えるとすぐユニバーサルにかけました。そして「シャッツバーグの『ルーという女』は、オリジナルのままでなければ買わない」と伝えたそうです。もしその場に化粧室があれば、例のエグゼクティブは、この時もピエールを連れ込んだでしょう。その代わりに彼は電話口で、ピエールを説得しようとしました。「あなたもボイスオーバーを加えたバーションをきっと気に入るだろう。アメリカの観客も、映画をより理解できるはずだ」と。それに対してピエールは、こう答えたのです。「私はあなたの国の観客ほどには自由に英語を操れない。それでも映画は完全に理解できた」。結局ユニバーサルはピエール向けに、オリジナルをヨーロッパ版として残しました。どうせ誰も見ないだろうと、たかを括ってね。そしてアメリカの観客向けに冒頭、バリー・プリマスのボイスオーバーを二、三分加えました。彼らは、フェイ・ダナウェイにもボイスオーバーを吹き込ませたかったでしょう。でも、私はフェイに引き受けないで欲しいと言った。それに彼女自身、二本の映画で出演契約を破棄するという問題の渦中にありました。だからバリーだけに落ち着いたのです。バリーも私にどうすべきか訊いてくれましたけれど、当時の彼に発言力はなかった。だから私は「やったらいい、そして忘れよう」と伝えました。後に私はアメリカ版の冒頭を見ましたが……全く気に入りませんでした。

一方その頃、パリに戻ったピエールは私の映画について、仲間たちに広め始めていました。パートナーであるベルトラン・タヴェルニエ、映画誌『ポジティフ』の批評家ミシェル・シモン、カンヌ国際映画祭の前会長ジル・ジャコブ……およそ思いつく限りのすべての人に、ピエールは私の映画について伝えて回ったのです。私はフランスでは「?」、クエスチョンマークそのものだったでしょう。ファッション写真家としてそれなりにキャリアがあったとしても、映画の世界での私は完全に無名だったのですから。幸運なことに何年か後、ユニバーサルは、『ルーという女』のボイスオーバーのないバージョンを、オリジナル版として認めました。改変を加えたスタジオのお偉方は、もう舞台から退場していたからです。だから今ではヨーロッパ版が、オリジナルとなっています。

このエピソードが教えてくれること……それは自分なりの見解を持ち、何かに身を捧げようとする人が、どれほど誠実に振る舞うかということです。ピエールは私がファイナル・カットだと言った、あるがままの映画を愛し、それを守るため大スタジオのどんな論理にも屈しなかったのです。

最後に、人生にピエールのような友を持つことができ、私は幸せだと言って締めくくりましょう。この場にいる皆さんもまた、そんな友人を持つことができますように。

（英語翻訳：近藤希実）

イ・チャンドン　Lee Chang-dong

彼が亡くなったことで、映画の一つの時代も終わったのだと思います

私がピエールに初めて会ったのはおよそ二一年前の一九九七年です。場所は私の初監督作品『グリーンフィッシュ』が上映された、釜山映画祭のパーティ会場でした。ピエールはまるでその場のボスのように、威厳たっぷりでした。その後、映画祭に招待されてパリに行った際、オフィスにピエールからのメッセージが届いていました。そこには「パリへようこそ！　上映が終わったら食事に行こう」と記されていた。「釜山で一度会ったきりなのに……」と、驚いたものです。

上映後、雨の中を彼は本当に待っていてくれました。そして、一〇〇年前に創業されたという、由緒あるレストランに連れて行ってくれた。そこで食事をしながらピエールから、次のプロジェクトについて訊ねられたのです。でもその時点では長編二作目となる『ペパーミント・キャンディー』（99）について、時間軸を逆行させる構成であることと、最初のシーンが最後のシーンと同じように終わることしか考えていなかった。ところが目の前のピエールは、まるで教師が宿題をチェックする時のように厳しいながらも、好奇心に満ちた眼差しで、私を見つめている。それでいつの間にか私は、即興的にストーリーを語っていたのです。話を最後まで聞き終えたピエールはテーブルを叩き、「ぜひ撮るべきだ！」と言ってくれました。だから『ペパーミント・キャンディー』は

イ・チャンドン
Lee Chang-dong
一九五四〜。監督、脚本家。韓国、大邱市生まれ。八一年から八七年まで高校教師として勤めるかたわら、八三年に小説家デビュー、文学賞を多数受賞。一九九七年に長編『グリーンフィッシュ』で映画監督としてデビュー。監督第二作『ペパーミント・キャンディー』（99）は韓国のアカデミー賞とされる大鐘賞の主要部門を独占し、カンヌほか多数の国際映画祭に出品。続く『オアシス』（02）でヴェネツィア国際映画祭、銀獅子賞（監督賞）を受賞。アジアと代表する映画監督のひとり。

あの夜、あのレストランのテーブルで生まれたのです。あのピエールとの会食の席がなければ、あの映画は生まれなかったかも知れません……。

私がなぜこのような個人的な話をするのか――それはピエールがどのように才能を発見し、支援し、光が当たるようにしたのかを、知っていただきたいからです。ピエールは『ペパーミント・キャンディー』の字幕翻訳まで手伝ってくれて、そしてカンヌ映画祭の監督週間に出品することができました。

ピエールは今に至るまでずっと私の映画制作に関心を持ち、絶えず助言と勇気を与えてくれた。私が長く作品を撮れなかった時期も、彼は温かく見守り続けてくれました。だから『バーニング』がクランクインした時、ピエールは他の誰よりも喜んでくれました。この映画の撮影場所は仁川空港の近く。釜山映画祭に参加するため韓国を訪れた際、ピエールは空港に着いたその足で直接、撮影現場を訪ねてくれました。一二時間の飛行時間の疲れを微塵も感じさせずに丹念にフィルムを見てくれた彼の姿には、スタッフ一同感激したものです。出来上がった映画を見て喜んでくれました。私が感謝の言葉を伝えると、彼は逆に「このような映画を作ってくれてありがとう」と返礼してくれたのです。

韓国の映画監督では私だけではなく、イム・グォンテク、ホン・サンス、イム・サンスを支援していました。まだ駆け出しの監督からクリント・イーストウッドのような巨匠まで、才能を発掘し世の中に出すために、ピエールは亡くなる直前まで惜しみない支援を続けました。

ピエール・リシアンはもう、この世にはいません。彼が亡くなったことで、同時に映画の一つの時代も終わったのだと思います。彼が生きた映画の時代に幕が降りたこと……私はそれが悲しくてなりません。新しい映画の時代がどのようなものになるのか、分からない。でも映画の純粋性を貫くためにも、私は映画を通して何かしなければと思っています。なぜならピエールがそのように言っているように思うからです。

（韓国語翻訳：ソン・ヨンヒ）

謝辞

フランスに移住してしばらく経ったころ、映画人へのインタビューを細々と始めた当初は、まさか自分の活動が一冊の本になるなんて想像すらできないことだった。

本書を刊行することができたのは、まず何よりも、貴重な時間を割いてそれぞれの「映画の声」を聴かせてくださったインタビューイーの方々のご厚意の賜物であると思っている。そして、熱意をもって本にまとめてくださった、森話社の秋元優季さんに大変お世話になった。

本書は、『映画芸術』での連載を中心に構成されている。発表の場を与えてくださったおかげで、現在までこのような活動を続けることができた。荒井晴彦編集長と、いつも的確にフォローしてくださる編集者の近藤希実さんに御礼を申し上げたい。キネマ旬報社の平嶋洋一さんからも、さまざまなかたちでご助力を賜った。

また、渡仏以来、家族ぐるみの親交のなかで映画人との輪に導いてくれた故ピエール・リシアン氏と妻のヨンヒさん、映画評論家のマックス・テシエ氏とN・T・ビーン氏、つねに惜しみないサポートをしてくれる夫と母にも、心から感謝する。

最後に、心の師・山田宏一さんに感謝を。山田さんからは、始終、温かい励ましやアドバイスをいただいた。さらに、素晴らしい帯文を寄せてくださり、本書の船出に力を貸してくださるとは、何と幸せなことであろうか！　私にとってこの上ない歓びである。

魚住桜子

初出一覧

※一部のインタビューは初出から形式を変更し再構成した。そのほかも適宜、加筆・修正を加えている。

1 アンナ・カリーナ　『映画芸術』二〇一八年春号（四六三号）

2 クロード・ド・ジヴレー／ジャン・グリュオー／セルジュ・トゥビアナ　『キネマ旬報』二〇一四年一〇月下旬号

3 エリック・ロメール　『ユリイカ』二〇〇九年一月号
バーベット・シュローダー　『映画芸術』二〇一五年夏号（四五二号）
ジャン・ドゥーシェ／フランソワーズ・エチュガライ／クロード・シャブロル／マリー・リヴィエール
『映画芸術』二〇一五年秋号（四五三号）
アマンダ・ラングレ　『CINEMA VALERIA』二〇一六年、二号
シャルロット・ヴェリ　『CINEMA VALERIA』二〇一七年、四号

4 パスカル・ボニゼール　『映画芸術』二〇一六年春号（四五五号）

5 アニエス・ヴァルダ　『映画芸術』二〇一三年冬号（四四二号）

6 ラウル・クタール　『映画芸術』二〇一二年秋号（四四一号）
レナート・ベルタ　『映画芸術』二〇一四年春号（四四七号）、『キネマ旬報』二〇一六年一二月下旬号
カロリーヌ・シャンプティエ　『映画芸術』二〇一六年夏号（四五六号）
ピエール・ロム　『映画芸術』二〇一四年春号（四四七号）

7 ジャン=クロード・カリエール　『映画芸術』二〇一三年春号（四四三号）

8 フィリップ・ガレル　『キネマ旬報』二〇一六年一二月下旬号
ルイ・ガレル　『映画芸術』二〇一九年秋号（四六九号）

9 ジュリエット・ビノシュ／オリヴィエ・アサイヤス　『映画芸術』二〇二〇年冬号（四七〇号）
アヌーク・エーメ　『映画芸術』二〇一二年夏号（四四〇号）
クロード・ルルーシュ　『映画芸術』二〇一九年夏号（四六八号）

10 マチュー・アマルリック　『映画芸術』二〇一五年冬号（四五〇号）
ドニ・ラヴァン　未発表

11 マノエル・ド・オリヴェイラ　『キネマ旬報』二〇一〇年一〇月上旬号

12 ベルトラン・タヴェルニエ／ティエリー・フレモー／ジェリー・シャッツバーグ／イ・チャンドン
『映画芸術』二〇一八年夏号（四六四号）

ろ

わ

ま

み・む・め

や・ゆ・よ

ら

り

る

れ

ひ

ふ

へ

ほ

と

な・に・の

は

し

す

せ・そ

た

ち・つ

て

か

き

く・け

こ

主要人名索引

り・る・れ・ろ

わ

な・に・の

は

ひ

ふ

す

せ・そ

た

ち

つ・て

と

け

こ

さ

し

映像作品名索引

あ

い

う・え

［著者略歴］
魚住桜子（うおずみ　さくらこ）
1973年生まれ。パリ在住ジャーナリスト。
1998年から3年間のフランス留学を経て、2004年からパリ在住。
『映画芸術』『キネマ旬報』などに映画人のインタビュー記事を中心に寄稿。映画のほかにも、食やフランス文化、暮らしにまつわる取材、執筆を行う。
フランス映画批評家協会、フランス外国人映画記者協会「リュミエール」会員。

映画の声を聴かせて――フランス・ヨーロッパ映画人インタビュー

発行日……………………………2021年7月30日・初版第1刷発行

著者………………………………魚住桜子
発行者……………………………大石良則
発行所……………………………株式会社森話社
〒101-0047　東京都千代田区内神田1-15-6　和光ビル
Tel　03-3292-2636
Fax　03-3292-2638
振替　00130-2-149068
印刷・製本………………………株式会社シナノ

ISBN　978-4-86405-161-3　C0074